JN441364

교회교육 길라잡이

Church Next ❶

교회교육 길라잡이

초판 1쇄 | 2008년 2월 28일
11쇄 | 2022년 3월 22일
저자 | 현유광
펴낸이 | 총회출판국
펴낸곳 | 도서출판 생명의 양식
등록 | 1998년 11월 3일. 서울시 제22-1443호
주소 | 06593 서울특별시 서초구 고무래로 10-5
전화 | (02) 533-2182
팩스 | (02) 533-2185
총판 | 생명의 말씀사
전화 | (02) 3159-7979
팩스 | (080) 022-8585
교열 | 김성수
북디자인 | 이성희

ISBN 978-89-88618-21-9 03230

www.qtland.com

Church Next ❶

교회교육 길라잡이

현 유 광 지음

생명의 양식

발간사 'Church Next' 시리즈를 펴내면서

한국교회가 위기에 처해 있다는 경종이 계속되고 있습니다. 우리 사회에서 교회의 신인도가 크게 추락하고 있고, 무엇보다도 젊은이들이 교회를 떠나고 있으며 어린이들과 청소년들의 수가 급격하게 줄어들고 있습니다. 다음 세대의 한국교회를 생각할 때 큰 위기가 아닐 수 없습니다.

한국교회가 이러한 위기상황임에도 불구하고 우리는 여전히 한국교회를 사랑하며 교회교육을 사랑합니다. 칠흑 같이 어두운 밤에 작은 등불이 더욱 빛나는 것을 아는 우리들은 이제 다시 한국교회의 미래를 위한 희망의 씨앗을 뿌립니다. 하나님의 교회는 본질적으로 교육하는 교회여야 하고, 교육과 훈련을 통해 다음 세대를 계속하여 양성할 수 있음을 알기 때문입니다. 교회의 교육 발전을 위해서는 잘 훈련되고 구비된 교사들이 필요하고, 그들이 교육을 새롭게 할 수 있습니다.

이제 우리는 한국교회 교육의 새로운 부흥을 기대하며, 교회의 미래를 준비하는 교회학교 교사 교육과정으로 'Church Next' 시리즈를 간행합니다. 한국교회에서 학문적이고도 실천적인 기독교교육으로 잘 무장된 복음주의권 기독교교육학자들과 교육전문가들을 중심으로 성경과 신학, 기독교교육학 이론과 실천의 에센스를 뽑아 모두 8권의 시리즈로 기획, 출판합니다. 지난 23년 동안 14,000명의 훈련된 교사와 평신도 리더들을 양성하고 배출한 경험을 토대로 한국교회의 교사 양성을 위한 새로운 교육과정으로 제시합니다. 이 시리즈의 저자들은 신학과 기독교교육의 이론에서 정통하면서도 교육실천의 현장에서 오랜 경험과 축적된 경험이 교사로 입문하는 이들에게 의미있는 도움을 줄 것입니다. 이 시리즈의 여덟 권의 교재로 1년 두 학기 동안 교사들을 훈련할 수 있으며, 교사들이 개인적으로 전문교사로 성장하는 일에도 많은 도움이 될 것입니다. 이 시리즈가 한국교회 교회교육을 새롭게 하고, 교회의 다음 세대를 양성하는 일에 크게 쓰여질 것을 믿습니다.

2008년 3월

기획 · 책임편집자 _ 나삼진

머리말

할렐루야! 하나님께 감사와 찬양을 돌립니다. 책을 쓴다는 것은 수고로운 일입니다. 더욱이 좋은 책을 쓴다는 것은 정말 힘든 일입니다. 책을 출판한다는 것은 자신을 세상에 적나라하게 드러내는 것입니다. 더욱이 해당분야에 탁월한 실력이 없는 사람이 책을 출판한다는 것은 너무나도 부끄러운 일입니다.

고려신학대학원에 와서 교수생활을 한지도 이제 16년째가 됩니다. 교회교육 과목을 올해로 열여섯 번째 가르치게 됩니다. 이쯤 되면 무엇인가 작품이 나올 법도 한데, 탈고를 하고 교정을 하면서 막상 출판을 하려니 너무나도 부끄러움을 느끼게 됩니다. 그러나 주위 사람들의 격려와 교회교육을 알고자 하며, 교회교육에 참여하고 있는 사람들에게 조금이라도 도움이 되리라는 기대를 가지고 용단을 내립니다.

교회교육은 담임목사의 역할이 매우 중요하며, 현장에서 학생들을 직접 가르치는 교사의 활동은 너무나도 중요합니다. 미국 교회학교 역사에서 중요한 역할을 한 두 사람의 매우 대조적인 교사 두 사람이 있습니다. 에드워드 킴볼(Edward Kimball)과 헨리에타 미어즈(Henrietta Mears)입니다. 킴볼은 무명의 사람이었고, 매우 소심한 사람이었습니다. 몇 번의 망설임 끝에 무디가 일하는 제화점의 문을 열고 들어가 복음을 전함으로써 무디를 예수 그리스도께 인도했습니다. 그 결과 19세기 중엽에 미국 대부흥 운동에 기여했습니다.

미어즈는 미네소타 주의 중등학교 화학교사면서 뛰어난 성경교사였습니다. 37세 때에 그는 헐리우드제일장로교회의 부름을 받아 교육사로 부임합니다. 당시에 450명의 교회학교 학생이 있었는데, 2년 반 만에 4000여명의 교회학교로 성장하게 됩니다. 미어즈 여사를 통해 빌리 그래함, 빌 브라이트와 같은 지도자들이 배출되었습니다.

이 책을 읽는 많은 분들은 킴볼과 비슷할 수 있습니다. 그리고 여러분 중에 몇 분은 미어즈처럼 큰 은사를 가지고 있을 수도 있습니다. 여러분이 누구와 비슷한 형편에 있든지 간에, 분명한 것 한 가지는 하나님은 교회학교 교사를 통해 한 영혼을 변화시키시며 나아가 세상을 변화시키시는 위대한 일을 하고 있다는 것입니다. 이 책을 통해 여러분이 하나님의 쓰임을 받으시는데 조금이라도 도움이 되기를 바랍니다.

이 책을 집필하는데 총회(고신) 교육원장이신 나삼진 박사님의 격려가 저에게 큰 힘이 되었습니다. 그리고 이 책을 출간하는데 많은 수고를 하신 교육원의 김성수 목사님을 비롯한 연구원들께 감사를 드립니다. 항상 저의 신실한 후원자가 되는 아내 이명숙과 저의 어머니(심재연 권사)와 장모님(양해자 권사)께 깊은 감사를 표합니다.

저를 위해 광주샘물교회(담임 김재술 목사)가 특별히 연구비를 지원해 주셔서 큰 도움이 되었습니다. 이 자리를 빌려 감사의 말씀을 드립니다.

모든 영광을 하나님께 돌립니다.

2008년 봄이 머지 않는 때 천안 선지동산에서

저자 _ 현유광

차례

Contents

| 제1부 |

교회교육의 기초

1장

교회교육의 현장(現場)

산행(山行)을 하다가 깊은 산중(山中)에서 길을 잃어버려 어려움을 겪을 때가 있다. 이런 경우 산 밑으로만 내려가면 되리라는 막연한 기대를 가지고 사람들은 아래로 아래로 내려간다. 하지만 이렇게 무작정 내려가면 도리어 더 깊은 산 속으로 들어가게 되는 경우가 많다. 설령 이때에 좋은 지도와 나침반을 가지고 있다 할지라도, 지금 내가 어디에 있는가를 알지 못한다면 길을 찾기 어렵다. 나의 현재의 위치를 정확하게 알 때에, 우리는 지도와 나침반의 도움을 받아 목적지를 향하여 쉽게 나아갈 수 있다. 그래서 산행의 경험이 많은 사람들은 깊은 산에서 길을 잃으면 아래로 내려가지 말고 일단 높은 곳으로 올라가라고 충고한다. 그러면 봉우리에서 현재의 위치와 목적지를 확인할 수 있게 되고 길을 찾게 된다.

교회교육에 있어서도 마찬가지이다. 교회학교가 수적성장에 급급하다 보면, 진정한 교육과는 거리가 점점 더 멀어질 수 있다. 하나님이 기뻐하시는 교회교육을 위해, 교회교육의 출발점이 되는 오늘 우리의 현장을 바로 파악하는 것은 매우 중요하고 시급한 일이다. 따라서 본 장에서는 한국사회와 교회교육의 현장을 간략하게 살펴보도록 하겠다.

1. 한국사회와 시대정신

한국사회의 변화

사회의 발전은 대략 다음과 같은 순서로 이루어진다. 초기 사회는 농업이나 어업과 같은 1차 산업을 중심으로 촌락이 생겨나고, 자급자족하는 농경(農耕)사회가 형성된다. 다음으로 상거래(商去來)가 활발해짐에 따라 시장(市場)이 형성되고 이와 더불어 중산층이 생겨나면서 성(城)이나 도시가 만들어진다. 이때에 서구의 경우 영주(領主)와 귀족, 관리(官吏)와 지주(地主) 그리고 상인들을 중심으로 성(城)이 형성된다. '부르주아' (bourgeois)라는 단어는 원래 '성내(城內)에 사는 사람' 을 뜻하며, 성(城)을 뜻하는 프랑스어 부르(bourg)에서 나왔다. 과학이 발달하고 기계가 발명됨에 따라 공장이 세워지고 2차 산업(제조업 등)이 발달하면서 큰 도시들이 생겨나게 된다. 서비스업(3차 산업)의 발달로 말미암아 산업후기사회가 도래하였고 메가폴리스(megapolis 초대형 도시)가 생기게 되었다. 2007년을 기점으로 전 세계인구의 50% 이상이 도시에서 살게 된다.

이러한 급변하는 세계적인 상황에서 한국사회가 겪고 있는 몇 가지 변화를 살펴보면 다음과 같다.

경제성장

대한민국은 1960년대 후반부터 군사독재 정권 아래서 괄목할만한 경제성장을 이루었다. 2006년도 우리나라의 1인당국민소득은 18,372달러이고, 국내총생산(GDP)은 8,873억 불(弗 dollar)이다.[1] 국내총생산 2006년 총액에 의하면 한국은 세계 13위의 자리를 차지하고 있다.[2] 2007년 조사에 의하면, 교역액(交易額)은 세계 12위(6349억달러)를 기록했다. 선박과 D램 반도체 생산은 부동의 세계 1위를 고수하고 있고, 100명당 초고속인터넷 이용자수는 덴마크, 네덜란드, 아이슬란드 등에 이어 세계 4위, 외환보유액과 자동차 생산은 세계 5위에 랭크되어 있다.

이러한 산업화와 경제발전의 결과로 오늘날 대다수의 한국인들은 물질적인 풍요를 경험하고 있다. 산업화를 통한 경제의 발전은 생활의 편리함과 풍요로움을 가져다주며, 건강을 증진시키며 수명(壽命)을 연장하는데 큰 도움을 준다. 그러나 공장이 생김에 따라 이농(離農)현상이 생기고 대도시가 형성됨에 따라 개인주의와 물질만능주의 그리고 쾌락주의가 사람들의 마음을 지배하게 된다.

도시화

산업화는 젊은이들을 공장과 직장이 있는 도시로 불러내고 노년층의 사람들은 농촌에 머물러 있게 만들어, 대가족 형태의 가정을 핵가족 중심으로 바꾸어 놓았다. 도시화는 군중 속의 고독을 가져온다. 나아가 도시생활은 공동체성을 약화시키고 익명성(匿名性)을 보장해 줌에 따라 성(性)의 자유를 즐기며 쾌락을 추구하는 많은 사람들을 생겨나게 했다. 이러한 쾌락주의적인 생각과 생활은 도덕의 문란을 가져왔고, 이혼을 쉽게 생각하게 만들어 가정의 파괴를 가져왔다.

---

1) 통계청, http://www.kosis.kr/OLAP/Analysis/

2)http://kr.img.search.yahoo.com/search/

민주화 · 개인화

경제의 발전과 소득의 증가는 개인의 자유와 권리를 신장(伸張)시켜 유교문화와 군사문화에 젖어있던 사회의 분위기에 민주화의 바람을 불어넣고 있다. 그리하여 많은 사람들이 권위주의를 거부하고 자기중심의 생각과 주장을 자유롭게 그리고 강하게 표현하는 사회로 만들어가고 있다. 개성을 자유롭게 표현하고 민주적인 절차를 중시하는 가운데, 이해(利害)가 상충하는 상황에서 갈등이 빈번하게 발생하는 현상도 나타난다.

지구촌화

더욱이 컴퓨터와 인터넷의 발달은 세계를 지구촌화(地球村化 globalization)하고, 개개인을 세상의 중심에 있게 하며, 인터넷을 통하여 지구 어느 곳이나 쉽게 접근할 수 있게 만들었다. 그리고 가상현실(假想現實) 컴퓨터 프로그램이 발달하고 여기에 몰입하는 사람들은, 때때로 현실에서 부닥치는 자신의 한계와 무력함을 언어폭력(악플) 또는 물리적 폭력(총기사건 등)으로 표현하기도 한다.

현 시대의 시대정신

포스트모더니즘 · 종교다원주의(Post-modernism · religious Pluralism)

한국사회는 서구사회와 마찬가지로 20세기 말부터 포스트모더니즘(post-modernism)의 강한 영향 아래 있다. 포스트모더니즘은 절대 진리를 배격하고, 모든 것을 상대적으로 본다. 이에 따라 종교다원주의가 나타났고, 기독교만이 아니라 모든 종교에는 궁극적으로 구원이 있다고 생각한다. 성경의 "오직 예수 그리스도를 통한 구원"을 부인(否認)하며, 나아가 개신교의 배타적인 가르침과 전도 · 선교활동을 독선으로 치부한다. 2007년 여름의 아프간 인질사태에 대한 일부 한국인들의 거부반응은 이를 극명하게 보여준다. 이에 따라 한국 교회는 전도와 선교에 위축을 당하고 있다. 한국사회의 비판에 대해 교회는 자신을 반성해야 한다. 그러나 이러한 비판을 두려워하기보다 하나님의 뜻을 분별하는 가운데 개혁되어지며, 세상의 소금과 빛의 사명을 감당하는 교회가 되어야 한다.

과학주의(scientism)

현대는 6T의 시대라고 한다. 6T는 생명기술(Biology Technology), 환경기술(Environment Technology), 정보기술(Information Technology), 나노기술(Nano Technology), 우주기술(Space Technology) 그리고 문화기술(Culture Technology)을 가리킨다. 유전공학이나 인터넷 그리고 각종 전자기기의 발명을 가져온 과학과 기술의 발전은 문명을 꽃 피우고, 수명을 연장시키며, 생활을 편리하게 만들었다. 이와 함께 사람들은 하나님 보다 과학을 더 신뢰하게 되었고, 과학주의와 인본주의를 종교보다 더 신봉하게 되었다.

혼합주의(syncretism)

이러한 과학의 발달과 종교다원주의의 분위기는 많은 개신교인들에게도 영향을 끼쳐 자신의 신앙을 변증하는데 자신감을 잃고 대세(大勢)에 휩쓸려 혼합주의자로 살게 만든다. 그리하여 교회에서는 교인으로, 사회에서는 자신의 그리스도인으로서의 신분을 숨기며 사는 이중성을 부추긴다. 하나님은 그의 백성들이 일어나 빛을 발하기를 원하신다. 말 아래 둔 등불이 아니라 등경 위에서 세상의 빛으로 사는 성도들이 요구되는 시대이다(마5:14-16).

포스트모더니즘(post-modernism)은 개인중심의 가치관을 찬양하는 가운데, 다른 사람에게 폐해(弊害)를 끼치지만 않으면 모든 것이 가능하고 또 좋은 것이라고 권장한다. 이러한 풍조는 교회 내에 하나님의 말씀과 거리가 먼 혼합주의(syncretism)와 거룩함을 상실한 삶과 문화를 가져오게 한다. 하나님은 그리스도인이 모든 사람과 화평하기를 원하시지만, 동시에 오직 하나님만을 섬기는 길에서 그의 백성들이 떠나지 않기를 소원하신다(신6:4-5).

쾌락주의(hedonism)와 자기중심주의(egoism)

산업화와 도시화 그리고 물질문명의 발달과 포스트모더니즘의 풍미는 절대 진리를 부정하고 모든 것을 상대화시키며, 쾌락주의와 자기중심적인 삶을 높이 평가한다. 사람들은 자신의 내면을 돌아보며 인격을 가꾸려고 하지 않는다. 세상은 외모와 소유만을 가지고 사람들의 성공을 평가하기 때문이다. 이에 따라 사람들은 외모를 꾸미며 소유를 늘이기 위해 돈을 추구하며 황금만능주의의 사고를 사회에 팽배케 만든다.

이러한 외모지상주의와 황금만능주의는 사람의 마음에 결코 만족을 줄 수 없다. 기쁨과 만족을 얻으려면 지금보다 더 높은 강도의 자극과 쾌락이 필요하기 때문이다. 이러한 결과로 나타나는 것이 술중독과 마약과 동성애와 같은 현상이다.

신비주의(mysticism)

돈과 쾌락에 탐닉해 보았음에도 불구하고 현실에 만족을 얻지 못하는 사람들은 그 다음 단계로 신비주의에 빠지게 된다. 과학이 발달하면 영적인 것에 무관심해질 것 같으나, 현실은 그 반대현상을 보인다. 우리나라의 1990년대 말 IMF 위기가 있기 전에 청소년들 사이에 귀신놀이가 유행하였고, '여고괴담'과 같은 귀신과 관련된 프로그램이나 영화들이 방영되었다. 사주팔자나 점성술을 비롯한 점(占)치는 일에 대해 사람들이 많은 관심을 보이는 것은 "사람이 빵으로만" 살 수 없음을 보여준다.

파스칼(Blaise Pascal, 1623-1662)이 말한 것처럼 사람의 마음에는 오직 하나님만이 채울 수 있는 진공상태가 있고, 칼빈(John Calvin, 1509-

1564)의 말처럼 사람에게는 종교의 씨앗이 있어서 하나님과의 사귐으로써의 영성(spirituality)을 추구하는 성향이 있다. 하나님은 예수 그리스도를 통해 하나님께로 나아오는 길을 보여주셨다. 그러나 사람은 지혜로운 것 같으나 어리석어서 하나님의 길을 외면하고 신비주의와 같은 사이비 영성을 추구함으로써 더욱 큰 혼란에 빠지고 있다.

2. 교회교육의 현장

가정의 신앙교육에 대한 관심 저조

신앙교육에 있어서 가장 중요한 책임은 부모에게 있다. 신명기 6:4-9 쉐마("들으라") 본문은 부모가 먼저 유일하신 하나님을 알고 믿고 사랑할 것을 명하고, 그후에 자녀들에게 부지런히 하나님을 사랑하도록 교육할 것을 명하고 있다.

오늘날 한국가정에서 신앙교육이 제대로 이루어지지 않고 있는 이유는,[3] 첫째로 핵가족화와 자녀를 하나 또는 둘만 낳음으로써 가족공동체 의식이 붕괴되었기 때문이다. 과거 대가족일 때에는 여러 사람들이 더불어 함께 살아가는 가운데 명문화(明文化) 되어 있지는 않아도 규칙이 있고 질서가 있는 가운데 가정교육과 신앙교육이 자연스럽게 이루어졌었다. 그러나 핵가족화가 되면서 자녀들에게 지나칠 정도로 자유를 주면서 신앙교육마저도 소홀하게 되었다.

둘째로, 부모 모두가 직장생활을 하는 맞벌이와, 학교교육과 과외교육

---

3) 뉴스미션, "핵가족화 · 성적지상주의, 가정교육 부재의 '주범'", 2007. 5. 1. http://www.newsmission.com/news/2007/05/01/1112.17345.html#ok 참고

(課外 敎育)으로 말미암아 가정교육을 등한히 하거나 포기하게 되었다. 이에 대해 최낙민(학성중학교장)은 다음과 같이 말하고 있다.

"부모가 맞벌이를 하는 경우 자녀들이 가정에서 교육을 받을 만한 시간이 없다는 것도 문제지만, 더 큰 문제는 아이들과 많은 시간을 보내지 못한다는 이유로 아이들이 원하는 대로 모든 걸 다 해주는 지나친 허용적인 태도와 과잉보호' 라며 '잘못된 가정교육의 기초 위에는 아무리 좋은 학교교육을 올려놓아도 사상누각에 불과하다."[4]

셋째로, 가정교육이 흔들리는 가장 큰 요인은 '대입(大入)지상주의' 또는 '성적지상주의' 이다. 오늘날 한국의 부모들은 자녀들의 신앙보다는 성적을 더 중요하게 여기는 것 같다. 이혜성 전 청소년상담원 원장은, "요즈음 가정교육이 '학교성적으로 모든 게 용서되기도 하고, 용납되지 않기도 하는 쪽' 으로 가고 있다 … 학교 성적만 좋으면 인간적으로 잘못을 저질러도 면죄부를 받는 반면, 성적이 나쁜 아이는 아무리 인격이 형성돼 있더라도 인정받지 못하는 게 요즈음 가정교육의 실태이다."[5] 대부분의 교회에서 중간고사나 학기말시험이 있는 경우 교회학교의 출석률이 크게 떨어지는 데서 이와 관련된 증거를 볼 수 있다.

개신교회에 대한 한국사회의 반감(反感)

한국교회는 1970년대와 80년대를 지나면서 괄목할만한 성장을 이루었다. 그러나 90년대를 지나면서 성장은 둔화되었고 도리어 감소하는 실정이다. 얼마 전까지만 해도 한국의 기독교인이 전인구의 약 25%를 차지한다는 생각은 대부분의 사람들이 동의하는 것이었다. 그러나 2006년 5월 25일에

---

4) 앞의 글.
5) 앞의 글.

발표된 통계청의 《2005 인구주택총조사》는 한국교회에 큰 충격을 주었다. 통계에 의하면 1995년에서 2005년 사이에 한국의 절대인구는 237만 명이 증가했고, 종교인구도 2.4% 증가하였다. 따라서 한국인들은 10년 전보다 종교적인 관심이 전체적으로 늘어났다. 그런데 종교인구를 종교별로 보면 천주교는 74.4% 증가하였고, 불교 역시 3.9% 증가했으나, 개신교는 1.6% 감소로 나타났다. 개신교 신자수는 1995년 876만 명에서 2005년 861만 명으로 약 14만 명이 감소되고, 총인구 4,728만 명(2005년 11월 1일 기준) 중 18.3%를 차지하고 있음이 정부에 의해 수치(數値)로 정확하게 제시되었다.[6] 교회나 교회의 지도자들을 평가할 때에 교인의 숫자가 가장 중요한 판단기준이 되어서는 안된다. 그러나 교인의 숫자의 증감은 교회와 그 지도자를 평가함에 있어서 중요한 자료가 된다는 것도 부인할 수 없는 일이다. 따라서 한국교회는 천주교나 불교가 성장했는데 반하여 개신교인의 숫자가 1.6% 감소한 일에 대해 원인을 찾고 효과적인 전도와 선교 방안을 마련해야 한다.

이러한 한국의 개신교 신자의 감소 원인은 어디에 있는가? 이기춘은 한국교회의 목회구조의 수직적인 성격에 치중하는 현실을 그 원인으로 들고 있다. 즉 현재 한국교회가 선교(전도)와 설교에 치중함으로써, 신자들의 삶과 윤리, 인간과 인간의 수평적 관계 등에 대한 고려가 부족하다는 것이다. 이러한 선교와 설교중심의 목회는 교회의 양적 팽창과 대형화는 이룰 수 있었으나, 신자들의 무의식 속에 있는 유교, 불교, 도교와 샤머니즘 의식을 성경적인 의식으로 바꾸는데 기여할 수 없었다고 지적한다.[7] 따라서 한국사회는 개신교에 대해 반감을 갖게 되어 교회의 양적인 성장이 이루어지지 않게 되었다는 것이다.

---

6) 대한민국 통계청, 《2005 인구주택총조사》, 2006.
7) 이기춘, "한국교회 목회구조 갱신의 방향," 《신학과 세계》 1982(제8호), 516이하.

정일웅은 한국개신교의 마이너스 성장에 대해 일곱 가지의 이유를 제시한다. 첫째, 복음의 사회적 책임을 간과한 것. 둘째, 교회생활 및 사회생활의 이중적 윤리관. 셋째, 잘못된 교회 성장의 목회관. 넷째, 경쟁하는 한국교회와 개교회주의의 모습. 다섯째, 한국교회가 개인의 사적(私的) 기관으로 전락한 모습. 여섯째, 한국 사회의 영적(종교적)욕구에 한국교회가 적절히 대응하지 못한 것. 일곱째, 한국교회 지도자들의 전통적 리더십의 문제를 들고 있다.[8] 이러한 이유들 대부분은 교회의 지도자들의 책임이 큼을 나타낸다. 개신교회에 대한 한국사회의 반감은 교회교육의 잘못을 지적하며 새로운 각성을 촉구한다.

교회학교에 있어서 관심을 가져야 할 부분들

지도자

어떤 기관이나 어떤 일을 막론하고 지도자의 역할은 매우 중요하다. 아무리 시설이나 재정 상황이 열악한 교회학교라 할지라도, 신실하고 유능하며 꿈과 열정을 가진 지도자(담당 교역자나 부장 또는 교사)가 있다면, 효과적인 교육은 가능하다. 현재 그러한 지도자가 없다면, 담임목사는 설교와 교육과 훈련을 통해 지도자를 세워나가야 한다.

가정교육과의 연계성

믿음의 가정에 있어서 신앙교육의 제1차 책임은 부모에게 있다. 그러나 많은 부모들이 신앙교육에 대한 책임을 소홀히 하고 있다. 따라서 교회는 부모교육에 힘써야 한다. 부모들이 가정에서 주의 교양과 훈계로 자녀들을

8) 정일웅, "신학적 관점에서 본 원인 분석과 대안," 목회와 신학 2007년 2월. 134이하.

가르칠 수 있도록 신앙교육에 필요한 자료들을 제공하고 그 자료들을 활용할 수 있도록 교육해야 한다. 아울러 교회는 부모들이 신앙생활에 모범을 보일 수 있도록 지도해야 한다. 교회학교(교사)는 학생들의 교회생활과 신앙발달 상황을 부모들에게 알리고 상담의 시간을 가짐으로써 신앙교육을 위해 동역해야 한다.

교육철학과 교육목적의 확립과 적용

오늘날 "꿩 잡는 것이 매"라는 생각이 지배적이다. 그러나 하나님은 결과도 중요하게 생각하시지만 과정도 지켜보시는 분이시다. 교회학교의 숫적 증가도 중요하다. 그러나 하나님이 기뻐하시는 방법을 사용하여 숫자가 늘어나야 한다. 나아가 교회학교에 나오는 사람들이 무엇을 배우며 어떤 사람이 되어가느냐 하는 것은 더 중요하다. 이를 위해서 올바른 교육철학이 세워져야 하고, 올바른 교육목적 위에 모든 가르침과 프로그램이 운용되어야 한다.

전인(全人)교육과 관계성의 회복

교회학교는 단순히 성경의 내용을 잘 아는 사람들을 키우는 것을 목표로 하지 않는다. 신앙교육이란 교회학교 학생의 지적인 면뿐만 아니라, 감정적인 면과 의지적인 면에서의 변화를 추구한다. 즉 하나님의 사랑을 성경을 통해서 알고[지(知)], 그 사랑을 경험하는 가운데 하나님께 감사하며[정(情)], 하나님의 영광을 위해 살기로 작정하며[의(意)] 실제의 생활에서 그렇게 살기를 힘쓰는[행(行)] 사람을 세우는 것이 신앙교육의 목적이다.

하나님의 영광을 위한 삶이란 보통 이웃을 사랑하는 삶으로 나타난다. 따라서 신앙교육은 하나님 그리고 이웃과의 사랑의 관계성을 회복하고 풍성하게 하는 것이 궁극적 목적이다.

성경적 세계관에 입각한 그리스도인 양육

교회교육이 구원에만 치중하는 경향이 있다. 그러나 성경은 예수 그리스도를 믿음으로 얻는 구원을 중요하게 다루긴 하지만 그것이 전부는 아니다. 이런 점에서 세계관을 바로 정립하는 것이 필요하다. 성경적 세계관의 핵심에는 창조, 타락, 구속, 심판의 네 가지 사건이 있다.

우주만물과 사람은 하나님의 창조의 결과로 선하게 지음을 받았다. 그런데 첫 사람 아담의 범죄로 말미암아 죄가 세상에 들어왔고, 인류가 타락하게 되었다. 범죄의 결과 죽음이 있게 되었고, 질병과 고통 그리고 불화와 분쟁이 있게 되었다. 하나님은 예수 그리스도를 통하여 인간을 구원하신다. 예수 그리스도를 믿는 자에게 죄 용서함과 하나님의 자녀가 되는 권세와 천국의 시민권을 허락하신다. 구원을 받은 사람은 교회를 이루며 하나님의 나라를 확장할 책임을 가진다. 그리스도인은 우주적 종말(예수님의 재림)과 개인적 종말(죽음)과 이에 따르는 심판을 믿는다. 그리고 심판의 날을 바라보며 세속에 물들지 않고 깨어서 의를 행하는 삶을 이룬다.

자신과 이웃과 세상을 하나님의 관점에서 이해하는 그리스도인을 세울때에, 세상을 변화시키는 교회가 될 수 있다.

교육투자 확대

많은 교회들이 교육에 더 많은 재정투자를 해야 함을 자각하고 있다. 매우 고무적인 현상이라고 하겠다. 교육 시설의 확충과 기자재의 업그레이드, 그리고 프로그램 개발을 위해 교회는 재정을 많이 투입해야 한다. 아울러 교회는 교육에 필요한 전문인들을 양성하며 초빙하는데 투자를 해야 한다. 교육은 당장 효과가 나타나지 않기 때문에 투자에 인색하기가 쉽다. 그러나 오늘 교육을 위한 투자를 하지 않을 때에, 교회는 얼마 있지 않아 쇠퇴하게 될 것이다.

한국의 사회적 상황과 교회교육 현장을 지금까지 간략하게 살펴보았다.

성경의 지도와 성령님의 나침반을 의지하여 하나님이 기뻐하시는 교회교육을 이루어가야 한다.

✢ 학습 문제

1. 한국사회에 일어난 변화 중 대표적인 것을 네 가지 정도 말해라.

2. 지금부터 10년전 또는 20년 전의 한국사회와 오늘을 비교할 때에 당신이 느끼는 가장 큰 변화는 무엇인가?

3. 현시대의 사조 중 대표적인 것 5가지를 말해 보라.

4. 당신의 어린 시절과 오늘날의 어린이나 청소년을 비교할 때에 어떤 차이를 느끼는가?

5. 당신이 출석하고 있는 교회의 성도들은 가정에서 신앙교육을 어느 정도 철저하게 하고 있다고 보는가? 10점 만점에 몇 점을 주시겠는가? 아래에 O표 해보라.

전혀 안한다 철저히 한다

|← 0 1 2 3 4 5 6 7 8 9 10 →|

6. 위의 점수를 준 이유를 말해 보라.

7. 가정에서의 신앙교육을 잘하기 위한 방법을 한 가지만 말해 보라.

〈읽을 거리〉

강용원, 《기독교교육의 과제와 전망》, 한국기독교교육학회 , 2004.
현용수, 《IQ는 아버지 EQ는 어머니 몫이다》, 쉐마, 1999.

2장

성경 위에 세우는 교회교육

교회교육의 목적과 목표, 내용, 방법, 그리고 교회교육에 관계하는 교사와 학생의 상태와 자세 등은 성경의 가르침에 근거해야 한다. 성경은 우주 만물을 창조하신 능력과 지혜의 하나님을 증거한다. 성경은 또한 첫 사람 아담과 하와가 선악을 알게하는 나무의 실과를 먹으므로 말미암아 하나님의 진노와 저주가 임하였고 인류가 죽게 되었음을 가르쳐 준다. 그러나 진노 중에라도 긍휼을 베푸시는 하나님은 여자의 후손을 통해 인류를 구원할 것을 약속하시고(창3:15), 예수 그리스도 안에서 그의 백성들을 구속(救贖)하신다. 예수님을 믿음으로 죄를 용서 받고 하나님의 자녀의 권세를 얻고 천국의 기업을 상속받은 하나님의 사람들은 이제 예수님의 증인으로, 세상의 소금과 빛으로 하나님의 영광을 위해 살아간다. 예수님의 재림을 통해 최후의 심판이 있게 되고 믿는 자는 천국에서 영생의 복을 누리며, 불신자는 지옥에서 영벌을 받게 된다.

하나님의 창조, 인간의 타락, 하나님의 구속(救贖 구원), 그리고 하나님의 심판(완성), 이 네 가지는 성경의 핵심 진리이다. 이것을 성경적 세계관(Biblical world-view)의 기본구조(構造 structure)라고도 부른다. 교회교육은 다른 모든 기독교의 가르침이나 학문과 마찬가지로 이 진리 위에 세워진다.

1. 성경의 핵심진리와 교회교육

하나님의 창조

성경은 "태초에 하나님이 천지를 창조하시니라."(창1:1)는 선언으로 시작한다. 하나님은 엿새 동안에 우주만물과 사람을 창조하셨다. 하나님은 사람을 흙으로 지으시고 그 코에 생기를 불어넣으시므로 생령(生靈)이 되게 하셨다. 하나님은 그의 형상을 따라 사람을 지으셨다. 하나님은 만물과 사람을 "보시기에 심히 좋"게, 선하고 완전하게 창조하셨다. 하나님은 특별히 인간에게 자유의지를 주시고, 세상만물에 대한 통치권을 위임하셨다. 그리고 하나님의 영광을 위해 땅에 충만하고 세상을 다스릴 것을 사명으로 주셨다.

창조에 나타난 질서를 보면, 사람은 위로 하나님을 예배하며 그에게만 영광을 돌리는 존재로 지음을 받았다. 사람은 하나님으로부터 사랑을 받고 사명을 받아, 아래로 세상 만물을 다스리며 그 모든 것을 활용하여 하나님을 예배하고 이웃을 돌아보는 책임을 받았다. 하나님-사람-만물의 수직(垂直)질서를 하나님은 창조와 더불어 세우셨다. 하나님은 이와 함께 사람과 사람 사이에 수평질서를 세우신다. 사람들은 서로를 이용의 대상이 아니라, 서로 사랑하며 도우며 살도록 하나님은 계획하셨다.

시편 24:1은 "땅과 거기 충만한 것과 세계와 그 중에 거하는 자가 다 여호와의 것이로다"라고 하며, 모든 것의 소유권이 하나님께 있음을 선언한다. 이사야 43:7은 "무릇 내 이름으로 일컫는 자 곧 내가 내 영광을 위하여 창조한 자를 오게 하라 그들을 내가 지었고 만들었느니라"고 하심으로써 하나님께서 자기 영광을 위하여 사람을 창조하셨음을 분명히 밝히신다.

하나님의 창조를 믿는 사람은 교회교육의 절대적인 필요성을 인정한다. 창조주 하나님을 인정할 때에 비로소 사람은 자신이 어떠한 존재이며 무엇을 위한 존재인가를 알게 된다.

우주만물이 우연히 존재하게 되었다고 생각하거나 생명체의 진화를 신봉하는 사람들은 하나님의 존재를 불필요하게 여긴다. 그들은 하나님을 사람들이 만든 것으로 여긴다. 따라서 그들은 하나님을 최고의 권위를 가지신 분으로 인정하지 못한다. 그들은 하나님의 계시의 말씀을 들으려고 하지 않고, 인간의 이성(理性)을 성경보다 더 높은 위치에 둔다. 하나님을 떠난 인생은 생명과 복을 누리지 못하고, 인간을 섬기던가 아니면 우상숭배에 빠지며 결국 쾌락주의나 허무주의에 빠지게 된다.

하나님의 창조를 인정할 때에 하나님이 어떤 분이시며 나와 무슨 관계에 있는가를 가르칠 필요를 느끼게 된다. 창조주이신 하나님을 알 때에 내가 누구인지, 내가 어떻게 존재하게 되었고, 무엇을 위한 존재인지를 비로소 알게 된다. 이것은 성경과 성령님의 사역을 통하여 알고 믿을 수 있다. 교회학교는 이 일을 돕기 위해 존재한다. 교회교육은 하나님의 창조 위에 이루어진다.

사람의 범죄와 타락

성경은 첫 사람 아담과 하와가, 하나님이 금(禁)하신 선악을 알게 하는 나무의 실과를 먹음으로써 범죄 하였고 타락하였음을 증거 한다. 그들의 불순종은 하나님과 같이 되려고 하는 교만에서 시작되었다. 그들의 범죄는 하나님과의 친밀한 관계가 깨어지는 영적 죽음을 가져왔고, 흙으로 돌아가는 육적인 죽음이 인류에게 임했다. 사람은 에덴동산에서 추방되었고, 이마에 땀을 흘려야만 먹고 살 수 있게 되었다.

사람은 죄와 죽음의 문제를 자기 힘으로는 도무지 해결할 수 없는 전적 무능력의 자리에 있다. 하나님의 은혜가 없이는 하나님의 진노와 저주 가운데서 구원을 얻을 수 없게 되었다. 사람의 범죄와 타락은 하나님의 진노와 저주를 모든 인류에게 가져왔을 뿐만 아니라, 자연의 모든 부분에까지 임하게 했다. "땅은 너로 인하여 저주를 받고 너는 종신토록 수고하여야 그 소산을 먹으리라 땅이 네게 가시덤불과 엉겅퀴를 낼 것이라…"(창3:17하-18상)

사람의 타락은 창조 때에 하나님이 세우신 수직질서와 수평질서에 혼돈을 가져왔다. 사람은 더 이상 하나님을 하나님으로 인정하지 않고 도리어 하나님을 대항하게 되었다. 창세기 11장에 기록된 바벨탑 사건이 이를 잘 보여준다. 뿐만 아니라 사람과 사람 사이의 관계에서도 사랑과 섬김 대신에 시기와 질투와 미움이 팽배하게 되었다. 창세기 4장에 나오는 가인이 아벨을 쳐죽이는 사건을 통해 잘 알 수 있다.

하나님을 떠난 인생은 남녀노소 빈부귀천을 불문하고 불안과 고통과 두려움 가운데 살아간다. 인생은 하나님을 믿지 않을 때에 돈과 권력과 쾌락의 우상을 통해 안전과 만족을 추구하게 된다. 그리고 약육강식의 정글의 법칙이 인간사회를 지배한다. 오늘 이 세상의 모든 문제는 하나님을 인정하지 않으므로 죄와 죽음과 사단의 권세 아래 있기 때문이다. 그러나 하나님을 떠난 인생은 이러한 사실 조차 인정하지 않고 인간의 이성을 의지하여 철학과 종교와 과학으로 인생의 문제를 해결해 보려고 한다.

교회교육은 개인과 사회와 인류 전체의 문제가 근본적으로 하나님을 떠난 데서 비롯되었음을 가르친다. 교회교육은 사람의 죄인 됨을 깨우치며, 예수 그리스도 안에 있는 구속을 통한 회복의 복음을 가르치기 위해 존재한다.

하나님의 구속(救贖, 구원)

하나님은 그의 백성들을 예수 그리스도 안에서 예정 선택하시고 때가 되어 부르셔서 구원하신다. 하나님은 오직 은혜, 오직 믿음의 방법으로 그들의 죄를 용서하시고, 그들을 하나님의 자녀로 삼아주시며, 천국을 기업으로 그들에게 주신다.

하나님의 구원은 단번에 은혜로 주어지나, 그 후에 성화(聖化)의 과정이 있다. 성화는 그리스도인이 이 세상을 떠날 때까지 계속되는 과정이다. 성화는 중생의 은혜를 경험한 성도가, 하나님의 말씀을 배우며 기도로써 성령님의 도우심을 힘입어 하나님의 뜻에 순종하는 가운데 점진적으로 이루어진다. 성도는 예수 그리스도를 닮아가며, 전도하며 세상의 소금과 빛으로서 살아간다.

하나님은 그의 택한 백성들을 세상에서 불러내어 거룩한 공회(교회)를 이루게 하신다. 교회는 성도들을 완전케 하기 위해 존재한다. 신자의 가정에서 출생하여 언약의 백성으로서 유아세례를 받은 사람은 신앙고백을 통하여 입교(入教)를 통하여 교회의 정회원(正會員)이 된다. 유아세례를 받지 않은 사람은 성령님의 은혜로 중생(重生)을 경험하게 될 때에 세례를 받음으로써 교회원이 된다.

교회학교는 첫째로, 예수 그리스도를 알지 못하거나 믿지 않는 사람들에게, 예수 그리스도의 구원의 복음을 알게 하고 믿어 세례를 받을 수 있도록(마28:19) 돕기 위해 존재한다. 둘째로, 이미 예수 그리스도를 믿어 세례를 받은 사람들이,그가 분부하신 모든 것을 배우고 지키게 하는 일(마28:20)을 위해 존재한다.

하나님은 언약의 백성들을 통해 구원의 역사를 이어가신다. 따라서 믿는 자들은 언약의 백성인 자녀들에게 신앙교육을 시킬 일차적인 책임을 가진다. 하나님은 또한 전도의 미련한 것을 통해 믿지 않는 자들을 구원하신다. 따라서 교회는 불신자들에게 전도할 책임이 있고, 불신자들과 불신자의 가정에서 나오는 학생들에 대한 신앙교육의 일차적인 책임을 진다.

믿는 부모들 가운데는 자녀들의 신앙교육에 열심이 있는 성도들도 있으나, 때로는 소홀히 하는 이들도 있다. 따라서 교회는 교인들을 신앙으로 살도록 교육시켜야 할 뿐만 아니라, 그들이 자녀들을 신앙으로 잘 가르치고 지도할 수 있도록 부모교육을 시킬 책임이 있다. 교회교육은 단지 어린이들과 청소년들만을 위한 것이 아니라, 성인들을 위한 교육에도 관심을 가져야 한다. 교회교육은 평생교육을 지향한다.

불신가정에서 나오는 학생들의 신앙교육은 불가피하게 교회학교가 전적으로 책임을 져야 한다. (교회학교를 통해 불신부모들을 지속적으로 접촉하고 전도를 해서 그들도 믿음으로 살도록 교회는 힘써야 한다.) 특별히 어린아이들이나 청소년들은 비교적 복음에 대한 수용성이 성인들에 비해서 높다. 따라서 교회학교는 이들을 위한 전도 전략을 개발하고 개인전도와 아울러 교회적으로 전도운동을 펼침으로써, 지역의 사람들을 그리스도에게로 인도해야 한다. 나아가 선교를 통해 타 문화권의 사람들에게 구원의 복음을 전해야 한다.

하나님의 심판(완성)

땅 위에 세워진 교회를 가리켜 전투적 교회라고 부른다. 왜냐하면 사단은 부단히 교회를 공격하고 있고, 교회는 이에 대항하여 싸워야하기 때문이다. 사단은 교회 안에 불화와 분열을 조장하면서 교회를 무너뜨리려 한다. 사단은 세상 권세를 이용하여 교회를 위협하고 핍박하며, 자기에게 굴복하도록 때로는 강하게 때로는 은밀하게 공격한다. 교회는 하나님의 전신갑주를 입고 기도하며 사단에 대항해야 한다. 성도는 주님이 다시 오실 날을 사모하며 항상 깨어 있어야 한다. 그러므로 지상(地上)교회는 전투적 교회이다.

그러나 예수 그리스도께서 재림(再臨)하사 심판하심으로써, 사단은 멸망한다. 성도들은 생명의 부활의 영광에 참여한다. 눈물이 없고 죄가 없고 사망이 없는 천국에 들어가게 된다. 나라와 족속과 백성과 방언을 달리하는 큰 무리의 교회는 찬송과 영광을 하나님께 돌리며, 주님으로부터 오는 충만한 기쁨과 소생(蘇生)을 얻고 영원토록 영광의 나라에 거하게 된다. 그래서 천상(天上)의 교회를 가리켜 승리의 교회라고 일컫는다.

교회학교의 사역이 때로는 반대에 부딪칠 수 있고, 최선을 다함에도 불구하고 결과가 미미할 수도 있다. 그러나 하나님 앞에서 성실히 행하는 교회학교의 사역자들은 어떤 상황 가운데서도 낙심하지 않는다. 하나님의 심판은 교회의 소망의 근거이며, 불신자들에게는 두려움의 대상이다. 교회학교의 사역자들은 그 날을 기다리며 견고하며 흔들리지 않고 항상 주의 일에 더욱 힘쓴다. 왜냐하면 이김을 주시는 하나님이 함께 하심을 믿기 때문이요, 자신의 수고가 주 안에서 헛되지 않은 줄을 알기 때문이다(고전15:57-58).

2. 교회교육의 성경적 기초

성경은 하나님을 모르는 사람들에게, 하나님이 누구시며, 과거에 어떤 일을 하셨고, 지금 어떤 일을 하고 계시며, 장차 어떤 일을 하실 분이신가(person and works)를 알리기 위한 책이다. 성경은 구약시대에는 육신적 이스라엘을 교육하기 위해, 신약시대에는 그리스도 안에서 하나님의 자녀가 된 영적 이스라엘을 교육하기 위해 주신 하나님의 말씀이다. 성경은 교회교육에 대하여 어떻게 말하고 있는가를 살펴본다.

구약이 제공하는 교회교육의 기초

구약은 하나님께서 아브라함의 후손인 이스라엘을 교육하는 방법과 내용을 보여줌으로써 교회교육의 기초를 제공한다.

찾아와 말씀하시고 언약하시는 하나님

하나님은 말씀으로 천지만물을 창조하시고, 사람을 자기 형상대로 지으신 후, 사람과 더불어 언약(言約)을 세우셨다. 하나님은 선악을 알게 하는 나무의 실과를 에덴동산 중앙에 세우시고 하나님과 인간 사이에 수직질서를 유지해 가시고자 하셨다. 아담과 하와는 그 나무를 볼 때마다 하나님의 존재와 언약을 기억해야 했고, 하나님의 명령에 순종함으로써 하나님께 영광을 돌려야 했다.

하나님은 거룩하셔서 만물 위에 초월(超越)해 계시는 분일뿐만 아니라, 사람에게 찾아오셔서 내재(內在)하시면서 말씀하시며 언약을 맺으시는 하나님이시다. 꿈과 이상 그리고 선지자들을 통해 자기를 계시(啓示)하시던 하나님은, 이 모든 날 마지막에 예수 그리스도를 통하여 말씀하셨다. 교회교육은 초월자이시나 사람을 찾아와 말씀하시고 언약을 맺으시는 하나님이 근원이시다. 하나님의 계시인 성경에 기초하여 교회교육은 이루어진다.

자유의지를 존중하시는 하나님

하나님은 인생을 하나님의 형상을 따라 창조하셨다. 하나님은 인간에게 자유의지를 주시고 이를 존중하신다. 루이스(C.S. Lewis)는 "하나님께서 자유의지를 인간에게 주신 이유가 [반역의] 위험성이 없기 때문이 아니라, 비록 그 자유의지를 사용하여 악을 행할 가능성이 있다 할지라도 [인간의 자유로운 선택에 의해 하나님에 대한] 사랑과 선함과 즐거움을 진정으로 가치 있게 만들어 유익한 것이 되도록 하기 위함이다."라고 하였다.

하나님은 사람을 로봇으로 만들지 않았다. 하나님은 하와가 뱀의 유혹에 넘어가 선악과를 따먹을 때에 그리고 그녀가 그것을 아담에게 줄 때에도 강압적으로 막지 않으셨다. 하나님은 사람에게 주신 자유의지를 최대한 존중하신다. 교회교육의 지도자들도 하나님을 닮아 학생들의 자유의지를 존중해야 한다.

아브람을 선택하신 하나님

하나님은 아브람을 선택하여 언약을 맺으신다. 그를 통하여 큰 민족을 이루게 하시며, 그를 복의 근원으로 삼으셔서 땅의 모든 족속이 복을 얻게 하신다(창12:2-3). 하나님은 이스라엘을 제사장 나라(출19:6)가 되게 하시사, 그들로 인하여 열방이 복을 받도록 하신다.

하나님은 한 사람 또는 소수의 사람들을 택하시고 언약을 맺으시며, 그들의 순종을 통하여 많은 사람들이 그와 같은 복을 얻도록 하신다. 교회교육도 소수의 사람들을 대상으로 하지만, 그들을 통하여 많은 사람들이 하나님을 알고 복을 받게 하려는 비전과 함께 이루어져야 한다.

부모의 교육적 책임

구약시대에 있어서 신앙교육의 일차적인 책임은 부모에게 있었다. 신명기 6:4-9은 '쉐마' 라고 하는 본문이다. 하나님은 한 가정의 아버지가 먼저 진심으로 하나님을 사랑할 것을 명하신다. 그리고 아버지가 자녀들을 부지런히 가르쳐서 하나님을 사랑하는 사람이 되도록 교육할 것을 요구하신다.

신앙의 부모는 자녀들에 대한 신앙교육의 책임이 자신들에게 있음을 분명히 알아야 한다. 부모들은 자녀들을 하나님을 사랑하는 사람들로 양육하기 위해 가정에서 모범을 보이며 성경을 가르쳐야 한다. 그리고 교회학교의 일에 관심을 가지고 협력해야 한다. 교회학교도 부모의 신앙교육의 책임을 존중해야 한다. 교회학교는 믿는 부모가 자녀들의 신앙교육을 가정에서 잘 할 수 있도록 돕는 일에 최선을 다해야 한다. 그리고 언약의 자녀들의 교육을 위해 학부형들과 전화, 편지, 이메일, 면담 등을 통하여 유기적인 협력관계를 맺어야 한다.

공동체의 책임

하나님은 이스라엘 백성들이 가정을 중심으로 신앙교육을 할뿐만 아니라, 공동체적으로 교육하도록 하신다. 하나님은 이스라엘 백성들이 유월절과 맥추절과 초막절에 예루살렘에 함께 모여 예배할 것을 명하신다.(레위기 23장) 하나님은 또한 이스라엘 공동체에 죄가 들어오며 확산될 것을 경계하시고, 공동체적인 징계를 명하셨다(민15:32-36).

구약시대의 이스라엘은 신정국가에 가까웠다. 오늘 우리는 국교를 인정하지 않으며 개인의 신앙의 자유를 인정하는 시대에 살고 있다. 따라서 구약에 나타난 일들이 오늘 우리에게 그대로 적용될 수 없다. 우리는 구약에 있는 사건들과 율법들에 숨겨진 법의 정신을 복음의 빛 아래서 잘 고려하여 교훈을 삼아야 한다.

예나 지금이나 공동체적인 교육은 절대적으로 필요하다. 그러므로 교회학교가 필요하다. 교회학교는 가정의 신앙교육이 한계가 있으므로 이를 보완하는 역할을 해야 한다. 또 교회학교는 공동체적으로 성도들을 교육해야 한다.

제사장, 선지자, 왕의 책임

하나님은 이스라엘을 위해 세 가지 직분을 두셨다. 이 직분들은 각각 하나님이 택하신 자에게 기름을 부어 세운다. 예수 그리스도는 성령의 기름 부음을 받아 이 세 가지 직분을 모두 받으셨다. 예수 그리스도를 믿는 자에게 하나님은 또한 이 세 직분을 맡기신다.

하나님은 이 직분들을 이스라엘의 신앙교육에 사용하신다. 왕은 이스라엘의 우두머리이다. 왕은 백성들의 사표(師表)가 되었다. 왕이 하나님 앞에 바로 설 때에 백성들은 하나님 중심의 생활을 했다. 그러나 왕이 우상숭배에 빠질 때에 백성들도 하나님을 버렸다. 왕의 바른 믿음은 나라를 회복하고 부흥케 했으며, 왕의 불신앙은 백성들로 방자하게 하며 나라를 망하게 했다.

제사장은 백성들을 가르치며, 제사를 통하여 하나님의 거룩하심을 나타내 보인다. 백성들을 축복함으로써 하나님의 긍휼과 인자의 풍성하심을 선포한다.

선지자들은 나라가 평화로울 때도 활동을 했으나, 특별히 나라가 하나님을 떠나 위기가 올 때에 나타났다. 선지자는 왕과 방백, 제사장들과 백성들의 죄를 지적하고 책망하여 하나님께로 돌이키는 역할을 하였다.

흥미로운 것은 제사장과 선지자 사이에 대조적인 점이 많다는 것이다. 제사장은 아론의 가문에서 세습하여 세워지며, 항상 존재하는 직분이다. 그들은 특별한 의복을 입고, 성전을 중심으로 일하며, 백성의 편에서 하나님께 나아가도록 중보(仲保)하는 일을 했다. 이와는 대조적으로 선지자는 혈통과 상관없이 부름을 받았고, 특별히 국가의 위기적 상황에서 하나님이 세우셨다. 그들에게는 특정한 의복이 없었고, 왕궁에서나 성전에서나 거리에서 예언을 했으며, 하나님의 편에서 백성들에게 나아가 메시지를 전했다. 바벨론 포로기 이후에는 랍비(교사)가 등장하여 이스라엘 백성들을 교육하는 책임을 진다. 교회학교는 하나님의 사람들이 제사장, 선지자, 왕의 삼직(三職)을 이 세상에서 효과적으로 수행하도록 돕기 위해 존재한다.

다양한 교육매체의 활용

하나님은 이스라엘을 교육함에 있어서 다양한 교육매체를 사용하신다. 안식일과 3대 명절을 비롯하여 나팔절, 대속죄일 그리고 안식년, 희년 등의 절기를 사용하시고, 무교병과 쓴 나물, 양고기를 먹게 하거나 초막을 지어 7일 동안을 거기서 지내게 하심으로써 역사를 기억하도록 하신다. 하나님은 다양한 제사법을 제정하시고 시행토록 함으로써 이스라엘 백성들을 하나님과의 교제의 자리로 이끄시며 그들에게 복을 주시고자 하신다.

교회교육에 있어서도 다양한 교육 매체(媒體)를 활용할 필요가 있다. 특별히 어린아이들은 추상적인 개념을 이해하는 능력이 발달하지 않은 상태에 있다. 따라서 시청각자료를 활용할 필요가 있다. 그리고 교회력을 따른 절기를 잘 활용하며, 체험적인 교수방법을 활용해야 한다.

상(償)과 벌(罰)

하나님은 질투하시는 분이시다(출34:14). 질투가 없는 사랑은 거짓 사랑이다. 하나님은 그의 백성들을 진정으로 사랑하신다. 하나님은 그의 백성들이 우상을 섬기는 것을 미워하신다. 하나님은 이스라엘이 믿음으로 살 때에 생명과 복을 주시며, 우상을 섬길 때에 죽음과 저주를 통해 징계하신다.

하나님은 예수 그리스도께서 나무에 달려 저주를 받으심으로써 그를 믿는 자에게 더 이상 저주가 없게 하셨다(갈3:13). 그러나 하나님은 그의 사랑하는 적자(嫡子)들이 순종할 때에 백배로 갚으시고(막10:30), 범죄할 때에 징계하신다(히12:8).

교회교육에 있어서도 상과 벌은 필요하다. 그러나 과도하지 않아야 하고, 적당해야 한다. 그 기준은 상과 벌이 하나님과의 관계를 증진시키는데 도움이 되는가 아니면 해(害)가 되는가에 달려 있다.

신약이 제공하는 교회교육의 기초

예수 그리스도 중심

구약은 신약의 그림자이다. 구약은 예수 그리스도께서 오실 것을 증거한다. 구약의 예언대로 메시야가 오셨다. 따라서 신약시대의 모든 교육은 예수 그리스도로부터 새롭게 시작된다. 예수 그리스도를 하나님의 아들, 나의 구주(救主), 나의 주(主)로 믿음으로 말미암아 하나님과의 관계가 시작되고, 예수 그리스도를 닮아가고 그의 명령에 순종하는 것이 교육의 내용이 된다.

랍비 중의 랍비[9]

예수님은 하나님의 아들, 구주이시며 주(主)가 되실 뿐만 아니라, 랍비 중의 랍비가 되신다. 사복음서에 '선생'(디다스칼로스)이라는 단어가 48회 나오는데 그 중 41회는 예수님께 붙여졌다. 이와 함께 '랍비'라는 명칭이 14회나 예수님께 돌려졌다. 예수님은 랍비이시며, 랍비 중의 랍비이시다.[10]

예수님의 말씀에는 서기관과는 달리 권위(權威)가 있었다(마7:28-29). 또 예수님은 다양한 교육방법으로 제자들과 무리를 가르치셨다. 예수님은 질문을 많이 하셨는데 복음서에 100개 이상이 기록되어 있다. 우리 주님은 시청각 실물교수법도 사용하셨는데 "공중 나는 새를 보라, 들의 백합화를 보라"(마6:26, 28)에서 알 수 있다. 예수님은 사례연구 방법도 이용하셨는

---

9) 헤르만 호온, 박영호 역, 《예수님의 교육방법론》, 기독교문서선교회, 1980.
10) 천정웅, 《교사이신 예수님》, 말씀의집, 1988. 15.

데, 누가복음 10장에 나오는 선한 사마리아인의 비유에서 볼 수 있다. 예수님은 갈릴리 바다에 풍랑이 일어났을 때에 제자들을 일시적으로 내버려두심으로써 그들이 문제를 해결하도록 두셨다(막4:35-41). 예수님은 문제해결방법(problem-solving method)으로 제자들에게 교육하셨다. 예수님은 또한 세족식이나 성찬식 같은 상징적인 의식(symbolic rituals)의 방법을 통해 대대로 겸손과 대속의 진리를 가르치신다(요13장).

성령님의 사역

예수님은 부활 승천하신 후 성령님을 보내셔서 그의 백성들과 교회를 돌보시고 교육하신다. 성령님의 사역의 대표적인 것 7가지를 살펴본다. 요한복음 14:26에 의하면 성령님은 말씀을 생각나게 하시고 가르쳐 주신다. 요한복음 3장 3,5절은 성령께서 사람을 거듭나게 하심으로써 하나님의 나라에 들어가게 하신다. 성령께서는 성도들의 인격을 변화시켜 예수님을 닮아가게 하는 열매를 맺게 하신다(갈5:22-23). 성령님은 은사를 각 사람에게 나누어주셔서 교회의 덕을 세우게 하신다(고전12,14장). 성령께서는 권능을 주셔서 그의 백성들로 하여금 예수님의 증인이 되게 하신다(행1:8). 성령님은 그의 백성들을 위해 기도해 주심으로써 세상을 이기게 도우신다(롬8:26-27). 성령께서는 그의 백성들로 하나가 되게 하셔서 세상에서 하나님의 영광을 나타내게 하신다(엡4:3).

성령께서는 각 사람에게, 또 교회에 임하셔서 일하신다. 성령께서는 교회교육의 주체가 되시고, 사람을 그의 동역자로 사용하신다. 교회학교는 성령께서 친히 역사하시도록 기도해야 하며, 그의 인도하심에 순종하므로 그와 동역해야 한다.

성령님의 사역과 관련하여 두 가지 극단적인 태도가 있다. 하나는 성령님을 무시하여, 성령님의 도우심을 구하지도 않고 자기 힘으로만 가르치려고 하는 태도이다. 다른 하나는 성령님을 전적으로 의지한다는 이유로 교수준비도 하지 않고 기도만 하고 성령님의 인도하심을 빙자하여 즉흥적으로 일을 하는 경우이다.

교사가 지녀야 할 바른 태도는, 고린도전서 3:6-7에서 볼 수 있다. 교사는 심고 물을 주고 하는 일, 곧 기도하고 성경공부를 열심히 준비하여 가르치는 일을 해야 한다. 그러나 자라게 하시는 이는 하나님이시다. 따라서 교사는 성령께서 친히 일하시기를 구하며, 그를 의지하므로 평안함과 자유함을 누리는 동시에 열심히 최선을 다해 일해야 한다.

직분을 세우심

승천하시는 예수님은 교회에 직분을 세우셔서 그의 교회를 돌보신다(엡 4:1-16). 교회의 설립을 위해 사도, 선지자, 복음 전하는 자를 세우시고, 교회를 지속적으로 돌보시기 위해 목사와 교사를 세우시고, 장로와 집사를 세우셨다. 교회학교도 효과적인 행정을 위해 일군을 세우며, 유기적인 조직을 활용해야 한다.

개인적 신앙

신약은 특별히 개인적인 신앙을 강조한다. "하나님에게는 손자가 없다."는 말이 있다. 예수님을 믿을 때에 모든 사람은 하나님의 자녀가 된다. 공동체적인 믿음이 도움은 되고 필요하나, 하나님 앞에 설 때에는 각각 개인적으로 책임을 져야 한다. 교회교육에 있어서 집단적인 교육이 불가피하나, 개인적인 상담이 꼭 있어야 한다. 예수 그리스도와의 관계는 개인적인 신앙고백을 통해 실제적으로 시작되기 때문이다.

제자양육

예수님은 큰 무리를 대상으로 가르쳤을 뿐만 아니라, 소수의 사람들을 때로는 선택하셔서 집중적으로 교육하셨다. 사복음서에 나타난 예수님의 교육상황을 보면 275회가 나온다. 그 중 큰 무리를 대상으로 71회, 12제자를 대상으로 48회, 그리고 두 사람을 대상으로 17회, 한 사람을 대상으로 63회의 교육이 있었다. 예수님은 무리와 소수의 제자들을 균형 있게 가르치셨다.

예수님은 공생애 3년 중 첫 번째 해에는 무리, 두 번째 해에는 무리와 12제자, 그리고 마지막 해에는 제자들에게 관심을 쏟으셨음을 본다. 예수님은 특별히 열둘을 구별하여 사도로 세우시고, 그들과 동고동락(同苦同樂)하시면서, 삶을 통해 모범을 보이시면서 제자로 세우셨다. 때로는 전도여행을 보내시어 실습(internship)을 하게 하셨다. 예수님은 그들을 끝까지 사랑하셨다(요13:1).

예수님은 부활하신 후 제자들에게 지상명령(至上命令)을 내리신다. "너희는 가서 … 모든 족속으로 제자를 삼아라."(마28:18-20) 제자를 삼는 일은 두 가지 단계로 이루어지는데, 첫째는 전도해서 세례를 받도록 돕는 일이요, 둘째는 그들로 하여금 예수님의 말씀에 철저히 순종하도록 돕는 것이다. 제자양육은 교회학교가 항상 관심을 갖고 해야 할 일이다.

교회학교도 자리 잡고 있는 지역의 모든 사람을 대상으로 사역을 해야 한다. 아울러 소수의 사람들을 선택하고 그들에게 집중적으로 교육해야 한다. 주님의 제자는 훈련과 양육을 통해 세워진다. 소수의 준비된 제자들이 세워질 때에 많은 사람들을 돌볼 수 있다.

전인(全人)에 대한 관심

예수님은 사람들의 영혼에만 관심을 가지시지 않았다. 무리가 배고플 때에 먹을 것을 주심으로 육신의 문제를 돌보셨다. 예수님은 문둥병자를 고치신 후 제사장에게 보이라고 하셨다. 이를 통해 주님은 육신의 병을 고쳐주실 뿐만 아니라 사회적인 공민권(公民權)의 문제도 관심을 가져주셨다.

교회교육에 있어서도 학생들의 전인에 대한 관심을 가져야 한다. 학생들의 교회생활에만 관심을 가질 것이 아니라, 그들의 가정과 학교와 친구관계를 살피고 성경적인 태도와 행동을 그들에게 가르쳐야 한다.

앎과 깨달음과 삶의 통합

예수님은 그의 교육이 지식의 양(量)을 증가시키는 데만 두시지 않으셨다. 예수님은 하나님의 뜻을 알고 이해하고 그것을 행동으로 옮기는 데까지 가르치셨다. 누가복음 10:25-37에 보면, 한 율법사가 일어나 예수님을 시험하였다. "내가 무엇을 하여야 영생을 얻으리이까?" 이에 대해 예수님은 이렇게 물으신다. "율법에 무엇이라 기록되었으며 네가 어떻게 읽느냐?" "무엇이라 기록되었으며"라는 질문은 율법의 내용이 무엇이냐를 묻는 것이고, "네가 어떻게 읽느냐"는 어떻게 해석하고 이해하느냐와 관련된 것이다. 그리고 예수님은 "이를 행하라" 또 "가서 너도 이와 같이 하라"고 하심으로써 행동을 촉구하신다. 예수님의 교육은 앎과 깨달음과 삶이 통합되어 있었다.

교회교육도 지식과 감정과 행동이 함께 다루어지는 교육이 되어야 한다.

✤ 학습 문제

1. 성경의 핵심진리 네 가지를 말해 보라.

2. 그 네 가지는 교회학교에 어떤 의미를 주는가? 각각 한 가지씩 말해 보라.

3. 구약과 신약이 제시하는 교회교육의 기초가 무엇인가? (각 여덟 가지)

4. 예수님은 어떤 점에서 랍비 중의 랍비가 되시는가?

5. 당신이 교사로서 예수님으로부터 꼭 배우고 싶은 한 가지를 말해 보라.

6. 교회교육의 주체로서 성령께서 하시는 일 일곱 가지는 무엇인가?

7. 성령과 동역하는 교사로서 가져야 할 자세는 어떠해야 하는가?

〈읽을 거리〉

베르나르 베르베르, "내겐 너무 좋은 세상", 《나무》 열린책들, 2003.

천정웅, 《교사이신 예수님》, 말씀의집, 1988.

헤르만 호온, 박영호 역, 《예수님의 교육방법론》, 기독교문서선교회, 1980.

3장

교회교육의 역사

"과거의 실수들을 무시하는 사람들은 똑같은 잘못을 되풀이 할 수밖에 없다."라고 산타야나(George Santayana)는 경고한다. 과거의 실수를 되풀이하지 않고 미래를 향하여 힘차게 전진하려면 역사를 공부해야 한다. 역사는 오늘에 영향을 끼친 과거의 사건과 인물에 대해, 오늘의 관점에서 조명하고 해석하고 원인과 결과를 연결해서 기록한 것이라고 하겠다. 교회교육의 역사를 간단하게 살펴본다.

1. 구약시대

구약시대에 하나님의 양무리로서의 이스라엘은 신약교회의 그림자라고 할 수 있다. "기독교 교육은 구약성경에 커다란 부채를 가지고 있다"라는 말에서 볼 수 있듯이 구약이 없이는 기독교교육을 말하기란 쉽지가 않다.

족장시대

아브라함을 비롯한 족장시대의 신앙교육은 가정을 중심으로 이루어졌다. 하나님께서 아브람을 부르시고, 그에게 명령과 약속을 주셨다. 아브람은 명령에 순종함으로써 약속을 소망하며 살며, 하나님의 도우심과 인도하심을 누린다. 그리고 가는 곳마다 단(壇)을 쌓는 삶을 통하여, 그리고 구전(口傳)을 통하여 하나님을 후대(後代)에 전하였다.

가장 효과적인 신앙교육은 부모를 통하여 이루어지며, 모범과 가르침을 통해 이루어진다. 하나님은 언약의 후손들에게 나타나셔서 그들에게 언약을 회상시키며 언약을 따라 살 것을 요구하시고 복을 약속하신다. 그러나 특이하게도 창세기에 의하면, 하나님께서 요셉에게 직접 나타나신 경우는 없다. 그럼에도 불구하고 요셉은 선조들과 맺으신 하나님의 언약을 알고 있었고, 그 언약을 믿고 하나님 앞에서 신실하게 살며 야곱의 가족을 기근(饑饉)에서 구원하였다. 그가 믿음으로 살 수 있었던 이유는 하나님의 전적 은혜요, 조상으로부터 구전과 삶과 예배의식을 통해 좋은 교육을 받았기 때문이다.

모세시대

모세시대는 이스라엘이 애굽의 노예로 전락하여 약 400 년가량이 흐른 때이다. 하나님은 모세를 부르시고 그를 통하여 이스라엘 나라를 해방시키시고 가나안 땅으로 인도하신다.

이때는 하나님께서 모세에게 율법을 주시고 율법에 근거하여 나라를 세워가는 시기이다. 가정을 중심으로 한 신앙교육에 더하여, 공동체적으로 신앙교육이 이루어진 시기이다. 모세는 하나님으로부터 율법을 받아 이스라엘 백성들에게 선포하고 가르쳤다. 이를 통해 가나안 땅에 신정(神政)국가로서의 이스라엘 나라가 세워졌다.

신명기 6:4-9에서 보는 대로 율법에 의해, 자녀들의 신앙교육이 아버지에게 위임 되었다. 그리고 죄가 공동체 안에 틈타지 않도록 공동체적으로 경계하며 징벌할 것을 율법은 요구한다(민15:32 이하 참고). 또 안식일이나 국가적인 명절(유월절, 칠칠절, 초막절 등)과 축제를 통해 공동체적인 삶을 통한 교육이 이루어졌다.

오늘날은 개인주의가 팽배해가며, 핵가족으로 살아가는 시대이다. 이런 환경 속에서, 교회 공동체는 주일을 비롯한 명절과 축제를 통해 하나님께 함께 나아가는 계기를 지속적으로 마련해야 한다. 주일 예배와 함께, 다양한 행사를 통하여 신앙생활의 즐거움을 나누는 것은 어린이들뿐만 아니라 노인들까지도 유익한 일이다.

사사시대

모세시대의 신앙교육은 가정과 지역 공동체와 이스라엘 국가가 유기적으로 상호 협력하면서 이루어지도록 구상되었다. 그러나 사사기에서 볼 수 있는 바처럼 이스라엘 백성들은 자주, "범죄-타락-징계받음-부르짖음-

(사사를 통한) 구원-평화-다시 범죄"의 악순환을 되풀이 하였다.

신앙교육에 있어서 부모의 역할은 가장 중요하다. 이와 함께 지역과 국가 공동체의 지원(支援)과 환경 조성이 또한 필요하다. 가정과 공동체가 후손들을 말씀으로 가르치며, 모범으로 가르칠 뿐만 아니라, 공동체적인 명절과 축제를 통하여 신앙으로 양육할 때에 가장 효과적인 신앙교육이 있게 된다. 부모와 공동체 지도자의 모범과 신앙교육에 대한 열심이 요구된다.

왕정시대

왕이 세워짐으로써, 왕, 제사장, 선지자 세 직분의 견제와 균형(check and balance) 가운데 이스라엘 나라를 이루게 되었다. 그러나 이스라엘의 역사를 보면 세 직분 중 왕의 역할이 매우 중요하였다. 왕이 하나님 보시기에 악을 행하면 나라 전체가 우상숭배에 빠졌다. 또 왕이 하나님 보시기에 정직히 행하면 백성들도 하나님 중심의 삶을 이루었다. 다윗과, 여로보암과 아합 왕(왕상 22:52)은 선한 왕과 악한 왕의 대표적 인물들이다.

왕정시대의 신앙교육은 모세의 율법에 근거하여 제사와 절기를 매개로 이루어졌다. 선지자 양성을 위한 학교 형태(왕하2,4,5,6,9장)는 보이나 일반인을 위한 공식 학교는 없었다. 아동교육은 계속하여 가정에서 부모를 통해 이루어졌고, 공동체적인 명절과 축제를 통하여 보완 되었다. 성인들을 위한 교육은 제사장과 선지자들을 통해 이루어졌고, 왕의 신앙 상태는 모든 백성들에게 큰 영향을 끼쳤다.

디모데전서 2:1이하에 의하면 왕을 비롯한 위정자들을 위해 기도할 것을 명한다. 그 이유는 그들이 신앙생활의 자유를 보장하며 건실한 삶을 이루는데 큰 영향력을 행사하고 있기 때문이다. 왕적 권위를 가진 목사들과 부모와 위정자들은 그들에게 맡겨진 교회와 가정과 국가의 영역에서 올바르게 주권을 행사하며, 상호 견제와 균형을 이룸으로써 신앙의 자유가 보장되어야 한다. 그리고 가정과 교회를 통하여 역동적인 신앙교육이 계속 이루어져야 한다.

포로시대

북왕국 이스라엘이 주전 722년에 앗수르에 의해 점령되고, 이어 남왕국 유다도 주전 586년에 바벨론에 의해 완전히 멸망되어 바벨론 포로가 된다. 바벨론에 의한 성전의 파괴는 제사가 중단되고 회당을 중심한 예배로 대치(代置)된다. 율법을 버리고 하나님을 배반함으로써 나라가 망하고 포로가 되었다는 깨달음은 유대인들로 하여금 율법주의의 싹을 키우게 했다.

포로시대임에도 불구하고 유대인들은 가정에서의 교육을 통해 하나님의 택한 백성으로서의 정체성(正體性)을 유지한다. 에스겔과 다니엘 그리고 모르드개와 에스더 같은 지도자들을 통해 유대인들은 하나님 중심의 신앙을 유지하는데 큰 도움을 받는다. 특별히 모르드개는 부림절을 제정하여 지키게 함으로써 후대들의 여호와 하나님을 향한 신앙교육을 도모한다.

세상이 어떻게 변하든지 간에 가정에서의 신앙교육은 하나님이 사용하시는 지도자를 세상에 배출하는 중요한 수단이다. 자녀를 믿음으로 양육하는 부모나 신앙지도자를 통하여 하나님은 새로운 역사를 이루어 가신다. 신앙교육에 있어서 명절과 축제를 통해 살아계신 하나님을 새롭게 체험하도록 하는 것은 중요하다.

포로후 귀환 시대

예레미야의 예언대로 70년이 차게 되었을 때에, 고레스 왕에 의해 유대인들은 예루살렘으로 귀환하게 된다. 그들은 스룹바벨의 지도 아래 성전을 건축하고, 느헤미야의 리더십 아래 예루살렘 성벽을 재건하였다. 에스라는 서기관들과 더불어 율법을 가르치며, 성별된 삶을 살도록 백성들을 강권하였다.

에스라 9장에 보면 에스라는 두렵고 떨리는 마음으로 하나님의 계명을 지키려했다. 느헤미야는 유대인들이 십일조와 안식일을 거룩히 지킬 것을 엄명한다. 그리고 유대인의 자녀들이 유다 방언을 못하는 것에 대해 그 부모들을 책망하고 저주한다(느13장).

이 시기의 신앙교육의 특징으로는, 다시금 성전 중심의 예배가 회복되었고, 이와 동시에 율법을 지키려는 열심을 가진 자들을 통해 율법교육과 실천이 강조되었다. 부모들에게 유대인 정체성과 관련된 자녀교육이 강조되었다. 아울러 지도자들을 통해 선민으로서의 구별된 삶이 촉구되고 사회의 문화를 형성해 갔다.

2. 신약시대

예수님 당시

이때에는 성전과 더불어 회당 교육이 있었다. 그러나 형식적인 예배와 의식(儀式)이 강조되고, 신령과 진정의 예배는 찾아보기 힘들었다. 율법과 장로들의 유전에 대한 여자적(如字的)인 준수를 강조한 바리새파는 의(義)와 인(仁)과 신(信)을 버림으로써 예수님께 책망을 들었다. 신앙교육은 지식과 외면적인 행동과 습관형성도 필요하지만, 하나님이 가장 원하시는 것은 마음의 변화임을 알 수 있다.

예수님은 이적(異蹟)을 통해 자신의 메시야 되심을 증거하시고, 많은 무리들을 자기에게로 이끄셨다. 예수님은 대중(大衆 무리)을 향해 선포하시고 가르치시고 능력을 행하심으로써 그들의 믿음을 자라게 하신다. 신앙교육은 선포와 가르침과 가난과 병과 불의에서 자유케 함이 함께 이루어질 때에 효과가 있다.

뿐만 아니라 예수님은 소수의 사람들을 구별하여 부르시고, 그들에게 집중하여 그들을 성숙한 하나님의 사람으로 세우신다. 예수님은 가능성과 잠재력을 보시고 제자들을 선택하셨고, 그들과 삶을 함께 하심으로써 마음의 변화를 유도하신다. 신앙교육은 시간을 같이 보내며 삶을 나눔으로써 생각과 말과 행동에서 예수 그리스도를 닮아가게 하는 것이 목적이다. 제자양육은 유행이 아니라 항상 순종해야 할 주님의 지상명령이다.

예수님은 십자가에서 죽으시고 부활하심으로써 구속(救贖)사역을 완수하셨다. 그리고 예수님은 이를 통해 제자들에게 "나를 따라오려거든 자기를 부인하고 자기 십자가를 지고 나를 좇으라"라고 말씀하신다. 예수님의 교육방법은 모범을 통해 제자들이 따라오게 하시는 것이었다. 교회학교 지도자들에게도 하나님 앞에서 먼저 순종하는 모범이 중요하다.

예수님은 성찬식을 제정하시고, 믿는 자에게 세례를 베푸시도록 명령하셨다. 상징(象徵)과 의식을 통한 교육의 방법을 예수님도 사용하셨다. 예수님이 제정하신 두 가지 성례 외에 더 이상의 다른 성례는 있을 수 없다. 그러나 시대와 지역을 따라 전통적이거나 새로운 상징과 의식들을 활용하여 교육의 도구로 사용하는 것은 시도할만한 일이다.

사도들과 초대교회 시대

오순절에 성령충만을 받은 사도들의 설교를 통해 3천명, 5천명이 회심함으로써 예루살렘 교회가 설립되었다. 예루살렘 성도들은 성전에서 모이고 또 집에서 모임으로써 대그룹과 소그룹 형태의 예배와 신앙교육이 시행되었다. 나아가 그들은 재산을 팔아 사도들의 발 앞에 놓으며 유무상통(有無相通)하였다. 율법주의의 멍에에서 죄의식과 고통 속에 살던 유대인들은 예수 그리스도를 믿음으로써 주어지는 구원의 은혜에 감격하였고, 주님의 영광을 위해 기꺼이 헌신적인 삶을 살았다.

신앙의 출발점은 자신의 죄인 됨을 인정하고, 예수 그리스도를 하나님의 아들, 구주(救主)와 주(主)로 알고 믿고 고백함으로써 세례를 받는 데 있다. 예수님을 믿음으로써 얻게 된 구원의 기쁨과 감격이 있을 때에 헌신이 있고, 순교까지도 가능하다. 많은 예루살렘 성도들이 그런 삶을 살았다.

오늘도 구원의 진리를 바로 알고 믿고 고백하도록 학생들을 도와야 한다. 그리고 구원의 은혜에 감격하여 헌신적인 삶을 사는 하나님의 사람들을 세워야 한다. 이를 위해 모든 성도들이 한 자리에 모여 예배하는 대그룹이 있어야 한다. 그리고 소그룹을 통하여 삶을 나누며 하나님의 말씀을 삶에 구체적으로 적용하며 실천하도록 학생들을 이끌어야 한다.

교부시대

안디옥 교회는 할례를 받아야 구원을 얻는다고 주장하는 율법주의자들과 큰 다툼이 있었다. 그리고 초대교회는 유대주의(Judaism)와 영지주의(靈知主義)를 비롯한 헬라의 철학과 이단 사상들과의 논쟁이 계속 있었고, 이를 통해 구원론과 삼위일체 신관(神觀)과 기독론(基督論) 등을 확립하였다. 교회 지도자들은 앞장서서 진리를 변증하며 성도들을 이단적인 가르침에서 보호하였다.

이 시기의 전도자들은 회당을 이용하여 복음을 선포하였고, 신앙교육은 가정을 중심으로 형성된 교회를 통해 이루어졌다. 성도들 상호 간에 피차 가르치며 권면함으로써 신앙교육을 하였다.(골3:16, 살전5:11, 히3:13)

새로이 교회에 들어오는 이들을 위한 세례교육이 4세기에 제도화 되었다. 교회의 문을 두드리는 사람들을 위해 교회는 세례문답학교(catechumenal school)를 운영하였다. 공부는 2-3년에 걸쳐 이루어졌다.

이 학교의 목적은 교리와 신앙생활 훈련에 있었다. 이 학교의 학생들에는 4종류가 있었다.

- 탐구자(inquirer, seeker)
- 세례예비생(catechumen, hearer)
- 교화자(enlightenment, kneeler)
- 세례를 받음으로써 정식 교회원이 된 신도(faithful)가 그것이다.

세례문답학교와 함께 성직자들의 교육을 위한 교리문답학교(catechetical school)가 있었다.

중세시대

기독교의 국교화(381년)는 신앙생활의 나태와 방종을 불러왔으며, 야만인들이 교회로 들어오게 되었다. 글을 모르는 야만인들을 교화시키기 위해 미술, 연극, 성지순례, 성물숭배, 교회당 건축양식, 미사(mass) 등의 상징물을 통한 교육이 도입되었다. 상징물을 통한 교육은, 상징이 드러내고자 하는 본질이 쉽고도 정확하게 가르쳐진다면 바람직하다. 그러나 본질은 희미해지고, 상징물만이 남는 기현상(奇現象)이 생겨나기가 쉽다. 중세기가 암흑시대로 불리우는 이유도 본질인 복음은 감추어지고 상징과 의식(儀式)과 형식만이 남게 되었기 때문이다. 이와 더불어 사람들의 흥미를 끄는 신비주의가 횡행하였다.

타락한 세상에서 순결하게 살고자 하는 사람들은 수도원을 찾는 가운데 수도원 제도가 발전하였다. 수도원은 얼마 있지 않아서 대학으로 발전하게 된다.

오늘날의 신앙교육에 있어서도 과도하게 동영상이나 시청각 교재를 사용하는 경향이 많다. 이는 일면 바람직한 일이지만, 다른 한편으로는 학생들의 사고능력을 저해하며 피상적인 지식과 흥미유발에만 머무르게 할 위험이 있다. 따라서 다양한 기자재(機資材)를 활용해야 하나, 신앙의 본질을 가르치며 깊은 생각과 올바른 신앙적인 결단을 할 수 있는 교육방법이 병행되어져야 한다.

문예부흥운동이 확산됨에 따라 교회는 안팎으로 저항에 직면하게 된다. 문예부흥의 중심사상으로 다음의 네 가지를 들 수 있다.

- 계시보다 이성(理性)을 더 중요시하며, 권위대신에 과학을 더 신뢰한다.
- 신(神)중심에서 인간중심으로, 개인의 자유와 권리를 더 중요하게 여긴다.
- 내세에 대한 관심보다는 현세를 더 중시한다.
- 헬라와 로마의 인문주의와 고전(古典)의 가치를 재발견하고 중시한다.

이러한 사상은 사람들로 하여금 교회를 등지게도 하였지만, 교회의 진정한 개혁을 가져오게 하는 도화선(導火線)이 되기도 했다.

종교개혁과 그 후

로마 가톨릭 교회가 부패함에 따라 개혁의 분위기가 고조되었다. 1517년 루터(Martin Luther)의 면죄부 판매에 대한 질의를 포함한 95개조항의 질문은 종교개혁의 기폭제가 되었다. 신앙교육과 일반교육에 있어서 획기적인 발전이 있게 되었다. 남녀 모두가 교육을 받을 권리가 신장되었고, 의무교육이 제도화 되어 빈부를 막론하고 교육을 받을 기회가 주어졌다. 루터의 독일어 성경번역은 종교개혁을 확산하는데 결정적인 역할을 했으며, 만인제사직을 구현하는데 큰 도움을 주었다.

칼빈(John Calvin)은 특별히 신앙교육에 있어서 가정과 교회의 역할을 강조하였다. 그는 교회를 신앙인의 '어머니' 라고도 불렀다. 그는 주일에는 반드시 교리문답 학교에 가도록 했고, 성경의 권위를 존중하고, 인문주의 교육과 경건생활 훈련을 강조하였다. 그는 제네바 아카데미를 설립하여 오늘날의 신학교육의 원형(原形)을 마련하였다.

이 시기의 종교개혁자들은 부모에 의한 자녀교육을 강조했고, 성경의 권위를 인정하며, 아동에 대한 관심을 보였다. 그리고 성경과 교리를 가르치는 일에 관심을 가지고 교회교육을 함으로써, 이러한 지식을 갖춘 신앙인을 양육하려고 노력하였다. 교회교육의 지도자들은 이런 종교개혁자들의 모범을 신실하게 본받아야 한다.

근세

경건주의

교리교육이 종교개혁 초기에는 매우 강조되었으나, 1-2세기 정도가 지난 후에는 주지주의(主知主義)에 빠져, 다시금 형식적인 교육으로 전락하였다. 이러한 매너리즘(mannerism)을 극복하기 위해 경건주의 운동이 나타났다. 이 운동의 뿌리에는 코메니우스(J. Comenius)가 있다.

경건주의는 형식적이고 제도적인 신앙생활을 거부하고, 교리에 의해 교회가 분열되는 현실을 벗어나, 그리스도 안에서 하나되는 공동체를 이루고자 하였다. 특별히 진젠돌프(1700-1760)와 모라비안 공동체는 경건주의의 이상을 현실화하는데 크게 공헌하였다. 성경과 교리뿐만 아니라 삶을 강조하였고, 지성(知性)을 강조하는 것과 더불어 감성(感性)을 중요하게 여겼다. 이러한 강조는 시간이 지남에 따라 지나치게 감성을 중요시 여기는 잘못으로 나타나기도 했다.

공립학교의 발전

합리주의와 계몽주의의 확산은 교육의 주체를 교회에서 시(市)나 국가로 넘어가게 만들었다. 빈부귀천과 남녀를 불문하고 정부가 교육을 시켜야 한다는 공감대가 형성되었다. 이에 따라 공교육 제도는 확립되었으나, 빈부귀천의 사회계층에 따라 사립학교(private school), 교회학교(parish school), 자선(慈善)학교(charity school) 등으로 차별화가 이루어졌다.

감리교 운동

존 웨슬리(John Wesley, 1703-1791)를 중심으로 옥스퍼드에서 일어난 운동이다. 웨슬리는 신성구락부(Holy Club)를 조직하여 엄격한 신앙생활의 규칙을 정하고 생활하도록하였다. 사람들은 그 회원들을 가리켜 '규칙벌레', '성경클럽', '엄격한 종교주의자(Methodist)' 라고 놀렸고, 후일에 '감리교회' 라는 이름이 여기서 유래 되었다. 비록 비방을 받기도 하였으나 감리교운동은 구태의연한 영국국교회에 큰 영향을 주었고, 영국사회를 개혁하는 데 중요한 역할을 하였다.

주일학교 운동

산업혁명이 시작됨에 따라, 제3의 계층(지주와 농민이 아닌 노동, 생산업, 상업에 종사하는 중산층)이 출현하였고, 합리주의가 대두되며 계몽사조가 풍미하였다. 신앙교육에 대한 관심은 상대적으로 약화되었다. 농촌인구가 대거 공장이 위치하고 있는 도시로 몰려들었다. 도시는 빈부의 격차가 더 심하여졌고, 하층민들은 노동착취와 열악한 노동환경, 그리고 어린아동들까지도 노동에 투입되는 가운데 심히 어렵게 살고 있었다.

이런 상황에서 레이크스(Robert Raikes, 1736-1811)는 신문발행인으로서, 산업혁명으로 말미암아 양극화로 치닫고 있는 영국사회의 개혁을 꿈꾸게 되었다. 그는 먼저 교도소의 수감자들을 대상으로 갱생(更生)교육을 시도했으나 성과가 미미하였다. 이에 어린이들을 대상으로 1780년에 주일학교(Sunday school)를 시도하게 되었다. 영국의 글로체스터(Gloucester)시의 한 가정집에서 평신도를 교사로 하여 주일(일요일)에 읽기, 쓰기, 셈하기와 생활교육, 그리고 성경과 교리를 가르쳤다. 주일학교 교육이 성과가 나타남에 따라 레이크스는 그가 발행하고 있는 신문을 통해 세상에 알렸고, 많은 사람들이 이에 호응하므로 짧은 시간 안에 주일학교가 영국 각지에 확산되었다. 1785년에는 주일학교 협회가 조직될 정도로 급속하게 성장하였다. 1831년 통계에 의하면 영국의 주일학교에는 당시 아동인구의 25%에 해당하는 125만명이 등록하고 있었다. 주일학교 운동은 영국의 일반교육제도에까지 큰 영향을 끼쳤다. 주일학교 운동은 미국에 전파되었고, 1824년에는 전국주일학교연맹(ASSU)이 결성되기에 이르렀다. 주일학교는 점차 성경과 교리문답 중심의 교육으로 바뀌어 갔다.

우리나라의 주일학교는 19세기 말 선교사들의 사역과 함께 시작되었다. 주일학교는 어린이 전도와 성경공부를 통한 신앙양육 그리고 성도들의 봉사를 통한 성인교육과 훈련을 겸하는 효과적인 프로그램으로 자리잡았다.

19세기 중반의 미국의 부흥운동은 신앙교육에 있어서 중요한 문제를 제기하였다. 그것은 부흥회에 참석하여 갑작스럽게 변화를 받았다고 주장하는 사람들에 대해, 그들의 신앙의 진정성(眞正性)을 의문시하는 것과 관련있다. 특별히 부쉬넬(Horace Bushnell)은 부흥주의에 반대하였다. 그는 신앙교육에 있어서 가정과 교회의 공동책임을 강조하며, 격변적인 회심보다 교육에 의한 점진적인 변화를 중요하게 여겼다.

현대

20세기에 들어서 신학의 자유주의와 교육에 있어서 실용주의가 전세계를 강타하였다. 그리고 1,2차 세계대전을 경험하면서 인간에 대한 회의와 함께 실존주의를 확산시켰다. 과학문명의 발달과 함께 성도덕의 문란과 가정의 파괴, 가치관의 세속화가 이루어졌다. 20세기 말을 전후하여 포스트모더니즘이 풍미하게 되었고 종교다원주의의 등장으로 절대적인 진리에 대한 회의와 예수 그리스도의 유일성에 대한 거부감이 확산되었다. 그러나 이와 함께 오순절 운동이 일어났다. 지나치게 체험을 강조함으로써 성령운동이 역기능적인 면도 있으나, 체험적인 신앙을 통하여 세속의 물결을 거부하고 성경의 진리를 세우고 부흥을 경험하는데 기독교회가 도움을 얻기도 하였다.

성경과 역사를 살펴볼 때에 신앙교육은 성령님과 불가분리의 관계에 있다. 성령님은 주권적으로 일하시나 하나님의 계시인 성경에 근거하여 일하신다. 따라서 부모나 교회교육의 지도자는 성경과 성령님의 사역 두 가지 모두에 주의해야 한다. 그럼으로써 진리 안에서 생명력을 누리는 진정한 신앙교육을 이룰 수 있다.

성령께서는 주권적으로 일을 하시나 성경에 근거하여, 그리고 사람을 통해 신앙교육을 이루어 가신다. 따라서 교회학교의 지도자들은 하나님의 말씀인 성경에 철저하게 부합되며, 성령님의 인도하심에 민감하게 순종하며 신앙교육을 수행해야 한다. 그럼으로써 주님의 교회를 건강하게 세우며 열매가 풍성한 교회학교를 이루게 할 것이다. 나아가 세상을 변혁시키며 하나님의 나라를 흥왕케 하는 하나님의 백성들을 세울 수 있을 것이다.

✤ 학습 문제

1. 구약시대의 신앙교육의 방법에 있어서 인상에 남는 것을 세 가지 이상 말해 보라.

2. 구약시대의 신앙교육에 있어서 당신에게 주는 교훈을 세 가지 이상 말해 보라.

3. 신약시대의 신앙교육의 방법에 있어서 인상에 남는 것을 세 가지 이상 말해 보라.

4. 신약시대의 신앙교육에 있어서 당신에게 주는 교훈을 세 가지 이상 말해 보라.

〈읽을 거리〉

반피득,《기독교 교육》, 대한기독교서회, 1993.

케네스 O. 갠글, 워렌 S. 벤슨 공저, 유재덕 역,《기독교 교육사》, 기독교문서선교회, 1992.

4장

교회교육의 본질

교회교육을 이해하기 위해 '교육'의 정의와 내용을 살펴보고, 그 다음 '교회교육'의 실제적인 내용을 구체적으로 알아본다.

1. '교육'이란 무엇인가

교육

교육이란 무엇인가? 이 질문을 당신이 받았을 때에 당신의 머리에 떠오르는 단어를 하나 말해보라. "시험, 공부, 입시지옥, 미래, 준비, 실력" 등의 단어를 말할 수 있을 것이다. 교육과 관련하여 반드시 생각해야 할 단어는 '변화'이다. 변화 중에서도 긍정적인 변화를 교육은 지향한다. 교육이란 간단히 말해서 "긍정적인 변화를 학습자에게 가져오게 하는, 가르치는 사람의 의도적인 활동"이라고 정의할 수 있다.[11)]

긍정적인 변화

교육은 긍정적인 변화를 추구한다. 소매치기 대장이 부하에게 소매치기 하는 방법을 가르칠 때에 그것을 교육이라고 하지 않는다. 왜냐하면 소매치기 기술은 긍정적인 변화가 아닌 부정적인 변화이기 때문이다. 교육은 항상 개인이나 사회에 유익을 끼치는 변화를 추구한다.

의도성

교육은 긍정적인 변화를 가져오게 하려는 의도성이 포함된 가르침이다. 어떤 대학생이, 고입 검정고시에 통과하게 하기 위해 장애우 학생에게 영어를 열심히 가르칠 때에, 그 대학생은 교육을 하고 있다. 그런데 지나가던 어떤 학생이 우연히 그 대학생을 보고 나도 어려운 장애우를 도와야 하겠다고 결심을 한다고 할 때에, 그 대학생은 교육을 한 것은 아니다. 왜냐하면 그 학생을 가르칠 의도가 그 대학생에게 없었기 때문이다. 그러나 그런 결심을 한 학생은 다른 사람을 도와야 한다는 것을 배운 것(학습이 이루어진 것)은 틀림이 없다.

---

11) 미국의 교육학자인 크레민(Lawrence A. Cremin)은 다음과 같이 '교육'을 정의 내린다.
교육이란 "지식, 태도, 가치, 기술, 또는 감수성과 더불어, 그 외의 다양한 결과를 전달하고 발생케 하고 습득케 만드는 의도적이고 체계적이고 지속적인 활동이다."

긍정적 변화

교육에 있어서 긍정적인 변화는 어디에서 발생하는가? 긍정적인 변화는 지적(知的)인 면, 정적(情的)인 면, 의지적(意志的)인 면, 그리고 행동적인 면에서 일어난다. 대부분의 학교교육은 명목상으로는 전인교육을 지향한다고 밝힌다. 그러나 지정의(知情意)의 세 가지 요소를 모두 강조하는 학교는 찾기 어렵고, 대부분은 지적인 면만을 강조한다.

이러한 현상은 교회학교에서도 마찬가지이다. 교회교육의 주된 통로가 되는 분반공부는 성경지식의 전달에 거의 모든 시간을 할애하고 있다. 성경공부 시간에 주어진 본문의 내용--언제, 어디서, 누가, 무엇을, 어떻게, 왜--을 교사가 학생들에게 전달하고 학생들의 머리에 주입시키려고 하는 활동이 큰 비중을 차지한다. 그러나 교회교육은 단순히 지식의 전달에 머물러서는 안된다. 왜냐하면 하나님은 긍정적인 변화가 그의 백성들의 지식과 감정과 의지와 행동 즉 전인적인 면에서 일어나기를 소원하시기 때문이다.

하나님은 신명기 6:4-9의 쉐마에서 이스라엘의 부모들이 자녀들을 부지런히 가르쳐서 하나님이 누구신가를 알게 하기를 원하신다. 믿음이란 하나님을 아는 지식을 기초로 해서 이루어진다.

로마서 12:15에서 하나님은 그의 자녀들이 공감을 가질 것을 명하신다. "즐거워하는 자들로 함께 즐거워하고 우는 자들로 함께 울라." 하나님의 뜻을 이루는 과정에서 우리의 감정이 포함됨을 가르쳐 준다.

여호수아 24:15에서 여호수아는 이스라엘 백성들에게 그들의 마음을 정하여 하나님만을 섬길 것을 촉구한다. 곧 신앙생활에는 의지적인 결단이 있어야 함을 보여준다. "만일 여호와를 섬기는 것이 너희에게 좋지 않게 보이거든 너희 열조가 강 저편에서 섬기던 신이든지 혹 너희의 거하는 땅 아모리 사람의 신이든지 너희 섬길 자를 오늘날 택하라 오직 나와 내 집은 여호와를 섬기겠노라."

야고보서 2:26에서 "영혼 없는 몸이 죽은 것 같이 행함이 없는 믿음은 죽은 것이니라."고 하였다. 신앙생활은 아는 것으로 그쳐서는 안되고, 반드시 행함이 따라와야 한다. 따라서 교회교육을 통해서 전인적인 교육이 이루어질 때에 하나님의 뜻에 합당한 교육이 이루어지게 되며, 하나님을 기쁘시게 하는 교육이 가능하다.

그러면 교회학교 교사가 전인적인 교육을 통해 긍정적인 변화를 학습자에게 가져오기 위해서 구체적으로 어떻게 해야 하는가?

전인적(全人的)인 긍정적 변화를 가져오게 하는 방법

지적(知的) 변화

지적인 면에서의 변화는 교사가 강의를 하거나, 성경구절을 암송시키거나, 인터넷을 포함하여 시청각교재를 사용할 때에 일어난다. 때로는 성경목록가와 같은 노래를 가르쳐 줌으로써 유익한 정보를 기억하게 할 수도 있다. 현장학습, 체험학습 같은 것을 통해서도 지적인 면에서의 변화를 일으킬 수 있다.

정적(情的) 변화

정적인 면에서의 변화를 가져오게 하는 교육을 하려면 어떻게 해야 하는가? 교사는 성경에 나오는 인물들의 인적사항(어떤 사람이고, 언제, 어디서, 어떤 일을 왜, 어떻게 했는가?)을 가르칠 뿐만 아니라 그들이 여러 상황 속에서 느끼게 되는 그들의 감정을 학생들이 생각하게 해 보고, 학생들이 공감하게 될 때에 가능하다. 이러한 변화가 일어나려면 교사가 먼저 성경에 나오는 인물들의 감정을 알아보고 느껴봐야 한다. 감정은 전염(傳染)되기 때문이다. 특별히 정적인 면에서의 변화가 배우는 사람에게 일어나려면, 가르치는 사람에게 열정(熱情)이 있어야 한다. 교사의 열정은 학생들의 마음에 교사에 대한 신뢰와 존경 그리고 가르치는 내용에 대한 공감과 확신을 불러일으킨다.

의지(意志)의 변화

의지적인 면에서의 변화는 교사가 성경을 다 가르친 후 배운 말씀을 학생들로 하여금 개인적으로 적용할 기회를 제공함으로써 가능하다. 많은 성경공부 모임이 성경의 내용을 전하는 것으로 끝내는 것 같다. 주어진 본문의 내용을 가르칠 뿐만 아니라, 교사는 그 본문을 통해 주시는 하나님의 교훈을 가르쳐야 한다. 한 걸음 더 나아가서 교사는 학생들이 그 교훈을 어떻게 각자의 삶에 적용하며 순종할 것인가를 생각하도록 도전하고 또 결단하도록 도와야 한다. 이러한 의지적 결단을 할 때에 그 학생은 비로소 믿음의 성장이 있게 된다.

행동의 변화

긍정적인 변화의 마지막 단계는 행동적인 면에서 일어나야 한다. 의지적인 결단을 한 학생은 결단한 것을 잊어버릴 수도 있고, 순종하려고 했으나 실패할 수도 있다. 또 일부의 학생들은 결단한 것을 잘 이루기도 할 것이다. 교사가 학생들의 삶(행동)에 변화가 있도록 도우려면, 먼저 결단한 것을 구체적으로 실천하는 일을 숙제로 주어야 한다. 그리고 그 다음 주일의 성경공부 시간에 학생들이 그 과제의 성공 또는 실패의 일들을 간증할 기회를 주던가, 아니면 교사가 학생들과 일대일의 관계에서 점검해야 한다. 그리할 때에 학생들에게 성장과 열매가 있게 될 것이고, 효과적인 교육이 이루어지게 된다.

교육의 양면성

교육(敎育)이라는 단어는 '가르칠' 교(敎)와 '기를' 육(育)으로 구성되어 있다. '교'(敎)는 교사가 이미 갖고 있는 어떤 지식의 내용이나 기술 또는 태도를 학생의 머리에나 가슴에 넣어주는 활동이다. 영어 단어 중 '인상을 남긴다/심는다'를 의미하는 '임프레션'(impression)과 연관이 있다. 이와 대조적으로 '육'(育)은 학생의 편에서 이루어지는 활동으로서 교사가 가르친 내용을 학생이 받아들이고 소화시켜서 자기의 것으로 만들고 나아가 발전시키는 일을 가리킨다. 영어 단어 중 '표현한다/나타낸다'를 의미하는 '익스프레션'(expression)을 생각하면 된다.

지난 주일에 있었던 공과공부 시간을 떠올려보라. 교사인 당신이 가르친(敎) 시간이 전체 시간에서 차지하는 비중(%)이 얼마나 되는가? 공과공부 시간에 당신이 학생들에게 생각하며 발표할 수 있는 시간은 전체 시간 중 얼마나(%) 되는가? 교육은 교사인 당신이 얼마나 많이 가르쳤느냐 하는 것과, 학생들이 당신의 가르침을 얼마나 이해하고 공감하며 결단하면서 그들의 생각을 발표했느냐에 달려있다. 그러나 교육의 결과란 당신이 무엇을 가르쳤느냐 보다는 학생들이 얼마나 배우고 그들의 삶에 어떤 변화가 일어났느냐 하는 것에 있다.

2. 교회교육이란?

교회교육이란 교회학교에서 이루어지는 모든 교육활동을 가리킨다. 정확하게 이야기하면 '교회학교'는 초등학생만이 아니라 모든 연령층을 포괄하는 기관이다. 그러나 이 책에서 교회 학교라고 할 때에는 어린이와 청소년을 중심으로 생각한다.

교회학교에서 이루어지는 활동에는 예배, 교제, 교육, 전도와 선교, 그리고 봉사가 있다. 이러한 다섯 가지 활동은 각각 그 본연의 목적이 있다. 따라서 이 중에 "교육"을 제외한 예배, 교제, 전도와 선교, 그리고 봉사의 활동은 혹시 교육이 아니라고 생각할 수도 있다. 그러나 이러한 모든 활동도 교육적인 역할을 포함하고 있다. 따라서 모든 교회학교의 프로그램들은 직접 간접적으로 교육의 기능을 가진다.

예배

예배는 예수 그리스도 안에서 죄 용서함을 받고 하나님의 자녀의 권세를 받은 사람들이 정한 시간에 함께 모여 하나님께 산제물로 자신을 드리는 것이다. 따라서 예배에는 하나님의 은혜를 감사하며 찬송하는 순서가 포함되어야 한다. 그리고 하나님이 받으시기에 합당한 제물이 되기 위해 흠과 점이 없어야 하므로, 회개의 시간이 있어야 한다. 나아가 하나님께서는 예배에 참예하는 자들에게 말씀과 성령 그리고 성도의 교제를 통해 임재하신다. 예배자들은 이러한 하나님의 은혜에 응답하여 기도와 헌금 그리고 찬송을 통해 순종과 헌신을 결단하게 된다. 이러한 예배의 요소들은 성인을 위한 예배뿐만 아니라 어린이들을 위한 예배에도 꼭 있어야 한다. 이를 통해 예배자는 하나님의 얼굴을 뵈오며 하나님이 받으시기에 합당한 영광을 돌려드리게 된다. 또 하나님을 만나는 가운데 치유와 충만의 은혜를 경험하게 된다.

하나님이 기뻐하시는 교회교육이 되기 위한 출발점은 예배에서 이루어진다고 할 수 있다. 일반적으로 초등학생이나 특별히 중학생의 경우 예배에 적극적으로 참여하는 경우가 드물다. 이 연령층의 학생들은 주의집중시간 (attention span)이 짧고 신앙에 대한 관심이 희박한 시기여서, 이들이 예배에 흥미를 느끼지 못하는 것이 어쩌면 자연스런 현상이라고도 할 수 있다. 그러나 그렇다고 해서 이들을 예배의 국외자(局外者 outsider)로 방치해서는 안될 것이다.

교회학교에서 하나님이 기뻐하시는 예배를 드리기 위해서는 무엇보다도 예배의 인도자와 설교자를 비롯한 순서 담당자들이 하나님을 예배하는 의미를 알고 감격을 회복하는 것이 급선무이다. 예배 인도자가 예배의 의미와 기쁨을 느끼지 못할 때에 떠들고 장난치는 아이들을 압도할 수가 없다. 설교자가 하나님의 말씀을 증거하는 일에 준비되지 않고 또 열정을 잃어버리면 학생들이 설교에 흥미를 느낄 수가 없다. 예배를 통하여 하나님의 얼굴을 뵙게 되며, 성령님의 임재를 경험하게 될 때에 교회교육을 통해 하나님을 기쁘시게 하는 일이 회복될 수 있다.

이와 더불어 초등부나 중고등부 예배에 있어서 예배로의 부름에서부터 축도나 마지막 기도까지 순서 하나하나와 순서 담당자 한사람 한사람이 일사불란(一絲不亂)하게 진행되어야 한다. 이를 위해서 예배순서 콘티를 짜고, 각 순서의 담당자가 함께 기도하며 성령님의 인도하심을 구하며 순종해야 한다.

설교에 있어서 본문과 주제를 분반공부와 일치시키는 것도 고려해야 한다. 학생들에게 있어 설교와 분반공부의 성경본문과 주제를 다르게 하는 것은 합당하지 않다. 설교에서는 본문의 내용과 중심 교훈을 전달하고 일반적인 적용을 다루고, 분반공부 시간에는 교제의 시간과 설교시간에 들은 말씀을 개개인에게 적용하며 나눔의 시간을 갖는 것이 바람직하다. 신앙교육이란 지식의 전달에만 목적이 있는 것이 아니라, 정서적이고 의지적인 면에서의 변화를 추구해야 하기 때문에 더욱 그러하다.

오늘날의 학생들은 참여를 원하며 감성적이고도 시각적인 문화에 익숙해져 있다. 따라서 교회학교 예배에서도 학생들에게 예배에 참여할 수 있는 길을 모색해야 하고, 멀티미디어를 활용하여 순서를 진행하는 것은 적극적으로 고려해 볼만한 일이다.

교제

교제는 성도들이 예수 그리스도 안에서 한 형제자매가 된 은혜 가운데 서로 사랑하고 돕는 것이다. 예수님은 "내가 너희를 사랑한 것 같이 너희도 서로 사랑하라."고 그의 제자들에게 명하신다. "너희가 서로 사랑하면 이로써 모든 사람들이 너희가 내 제자인 줄 알"게 될 것이라고 하셨다.(요 13:34-35) 교제는 믿음의 사람들이 마땅히 가져야 할 일이다. 학생들이 예배 시간이나 분반공부 시간에만 잠간 얼굴을 마주치고, 그 후에는 서로 간에 아무런 사귐이 없다면 하나님이 기뻐하시는 교회를 이루고 있다고 할 수 없다. 따라서 교회학교는 소속된 학생들이 서로를 알아가고 서로를 섬길 수 있는 기회를 만들어야 한다.

이 일을 위해서 가장 핵심적인 역할을 해야 할 사람은 각 반의 교사이다. 오늘날 셀교회나 가정교회에 대한 관심이 높아지고 있다. 그 이유는 문명이 발달할수록 사람들은 소외감을 느끼게 되기 때문이라고 하겠다. 한 통계에 의하면 오늘날 15 - 19세의 하루 평균 문자메세지 이용건수는 60.1건이라고 한다.[12] 이는 그들이 누군가와의 친밀한 관계를 필요로 하고 있음을 보여준다고 하겠다. 따라서 교사는 맡은 학생들과 친밀한 관계를 발전시키는데 노력해야 한다. 나아가 교사와 학생의 관계뿐만 아니라, 학생과 학생 사이에 이러한 관계가 형성되도록 교사는 격려해야 하고 분위기를 만들어야 한다. 또한 교사는 학생들 가운데 교제의 은사가 있는 사람을 발굴해서 이러한 관계를 촉진시키도록 할 필요가 있다.

하나님이 기뻐하시는 교제의 네트워크를 마련하기 위해서 교회학교는 분반(分班)에 있어서 고정관념을 깨뜨릴 필요가 있다. 즉 전통적으로 분반은

---

12) 국민일보, "15-19세 가족 만족도 60.8% 그쳐… 2007 청소년 통계" 2007년 5월 2일자 인터넷 판. http://www.kukinews.com/news/article/

학년단위로 이루어져 왔다. 그러나 이제는 구역제도와 같이 지역적으로 반을 형성하도록 한다든지, 아니면 가정교회와 같이 학생들이 자기가 원하는 교사를 선택하게 하여 반을 만들 수도 있겠다. 이러한 분반제도는 각 교회학교가 처한 상황을 잘 살피는 가운데 가장 효과적인 분반의 원칙을 세워야 한다. 또한 획일적으로 제도화하기 보다는 지금까지 시행한 방법을 그대로 하면서, 한 두 교사가 새로운 방법을 실험적으로 시작하여 결과를 평가하는 가운데 점차로 확산해 나아가는 방법도 바람직하다.

교제는 자동적으로 이루어지지 않는다. 교회 안에 갈등과 분열이 있는 것을 볼 때에 하나님이 기뻐하시는 교제가 이루어지기 위해서는 교육이 필요함을 알게 된다. 또 아름다운 교제가 이루어질 때에 그것이 교육적인 효과를 교회에 가져오게 된다.

교회학교에서 전 학생이 야외로 나가 놀이를 하던가, 아니면 소그룹으로 게임이나 특별활동을 한다. 이런 때에 교사의 지도를 통하여 또는 서로 간의 부대낌을 통하여 사회성이 발달하고 나눔과 섬김의 정신이 고양되는 결과를 낳게 된다. 표면적으로는 교육이 아닌 교제였으나, 내면적으로는 교육적인 활동이 된다.

교육

교회학교에서 행하는 예배, 교제, 전도와 선교, 그리고 봉사의 활동 모두가 교육적인 의미가 있다. 그러나 특별히 분반공부를 비롯한 다양한 교회학교의 활동은 교육적인 의미를 지닌다. 따라서 교회학교의 교사를 비롯한 지도자들은 모든 교회학교의 프로그램과 활동을 통해 하나님이 기뻐하시는 제자양육이 이루어지도록 노력해야 한다.

교회학교의 교육활동의 중심에 분반공부가 있다. 한국교회의 분반공부는 일반적으로 강의식으로 이루어져 왔다. 그리고 강의식 성경공부는 지식의 전달에 국한될 수밖에 없다. 이러한 교육은 결국 전인적인 삶을 변화시키는 데는 효과를 나타내지 못했다. 따라서 하나님이 기뻐하시는 교육을 하기 위해서는 새로운 시도가 필요하다.

이를 위해서 분반공부 시간에 교사는 질문 - 응답식 방법과 발견학습이나 협동학습의 방법을 활용해야 한다. 그리고 분반공부의 후반부에 교사는 학생들로 하여금 자신들의 삶을 나누는 시간을 주어야 한다. 나아가 특별히 설교를 통해서 깨닫게 된 하나님의 뜻을 자신에게 구체적으로 적용하도록 격려하고, 그것을 나누도록 해야 한다.

오늘날 포스트모더니즘의 영향으로 하나님의 진리까지도 상대화 시키는 시대에 학생들이 살고 있다. 이런 상황에서 이단들이 횡행하고 있고 쾌락주의의 유혹이 학생들을 위협하고 있다. 이런 환경에서 학생들을 진리 가운데 굳게 세우기 위해서, 교회학교는 특별히 교리교육에 관심을 기울여야 한다. 하나님은 진리의 하나님이시오 질서의 하나님이시다.

전도와 선교

전도와 선교는 부활하신 주님이 그의 제자들에게 주신 지상명령이다.(마 28:18-20) 전도와 선교를 하지 않는 교회는 정상적이라고 할 수 없고, 하나님을 기쁘시게 할 수 없다. 전도와 선교 역시 구원 받은 기쁨과 감격을 누리는 성도들에 의해 개인적으로 자연스럽게 이루어지기도 한다. 그러나 교육과 훈련에 의해 전도와 선교가 교회적으로 수행되기도 한다.

전도와 선교는 이론적인 교육이 필요하기도 하나, 실제로 전도해 봄으로써 전도와 선교가 효과적으로 이루어진다. 예수님도 제자들을 둘씩 짝을 지어 내보내심으로써 전도자로 양성하신다.

따라서 전도와 선교에 참여함을 통해서 교육이 이루어진다. 학생들이 직접 전도활동에 참여할 때에 학생들은 사람의 죄성(罪性)과 하나님의 사랑을 알게 된다. 또 한 영혼의 귀중함을 알게 된다. 그리고 전도의 방법을 체득하게 된다. 나아가 믿음이 하나님께서 주시는 귀한 선물임을 깨닫게 된다. 전도를 하는 가운데 학생들은 많은 것을 배우게 된다. 단기선교에 참여하거나 선교사를 위한 기도와 헌금 그리고 편지쓰기를 통해서도 학생들은 하나님의 마음과 선교사들의 수고와 선교전략 등을 배우게 된다.

봉사

교회는 마땅히 교회 밖의 잃어버린 영혼들을 돌보아야 한다. 그들의 영혼을 구원하기 위한 접촉점을 만들기 위해, 다양한 상담과 의료적인 도움과 실질적인 의식주(衣食住)의 문제에 도움을 베푸는 것이 필요하다. 전도와 마찬가지로 봉사에 있어서도 이론적인 교육이 필요하다. 그러나 이론적으로 봉사의 필요성을 아는 것으로 충분하지 않고, 실질적인 봉사활동이 요구된다. 성도들이 실제 봉사에 참여함으로써 교육이 이루어진다.

봉사의 대표적인 활동은 거리청소, 하천청소, 복지기관 방문, 상담, 의료봉사, 시민운동 또는 NGO에 참여하는 것이다. 이러한 봉사를 통해 학생들은 사회의 현실을 알아가고 하나님의 나라의 확장에 대한 구체적인 사실과 자신의 역할을 알아가게 된다.

기타활동

기타 활동에는 심방, 상담, 편지쓰기 등이 포함된다. 이러한 활동도 역시 학생들을 권면하고 지도하고 격려함으로써 그들을 하나님의 말씀 위에 굳게 세우려는 의도가 있다. 따라서 대부분의 교회에서 이루어지는 활동들은 교육과 연관되어 있다.

✤ 학습 문제

1. '교육' 이란 단어를 들었을 때에 당신의 머리에 즉각적으로 떠오르는 생각은 무엇인가?

2. '교육' 을 생각할 때에 반드시 포함되어야 할 두 가지 내용은 무엇인가?

3. 지, 정, 의, 행 각각에서 긍정적인 변화를 가져오게 하려면 어떻게 해야 하는가?

- 지 :
- 정 :
- 의 :
- 행 :

4. 지난 주일 성경공부 시간에 자신이나 다른 교사의 활동을 평가해 볼 때에 어떤 점에서 잘했고, 어떤 점에서 개선을 해야 하겠는가?

- 잘한 점 :
- 개선할 점 :

5. 교육의 양면성이란 무엇을 가리키는가?

- 교(敎) :
- 육(育) :

6. 당신은 분반공부 시 학생들에게 발표할 시간을 얼마나(전체시간 중 몇 %의 시간) 주는가? 아래 표에 표시해보라.

전혀 주지 않는다 전부 다 준다

|← 0 10 20 30 40 50 60 70 80 90 100% →|

7. 교사의 가르침과 학생들의 발표 사이에 균형을 이루기 위해 당신이 시도할 한 가지를 말해 보라.

8. 교회학교의 가장 기본적인 활동 다섯 가지는 무엇인가?

9. 이러한 활동들이 어떻게 교육의 도구로도 사용되어질 수 있는가 말해보라.

〈읽을 거리〉

김만형, 《SS혁신보고서》, 규장, 1999.

한국기독교교육학회, 《기독교교육》, 대한기독교교육협회, 1992.

5장

교회교육의 목적

옆에 있는 미로(迷路 maze) 게임을 해보라. 출발점에서부터 동그라미가 있는 곳까지 길을 찾아보라.

당신이 만약 입구에서부터 시작해서 길을 찾으려고 한다면, 여러 번의 시행착오를 거쳐야 할 것이다. 시행착오의 횟수를 줄이고 시간을 단축하여 길을 찾는 방법이 있다. 그것은 동그라미 목적점에서부터 시작해서 출발점을 거꾸로 찾아가는 것이다.

우리는 제1장에서 교회교육의 출발점을 확인한 바 있다. 우리가 이제 해야 할 일은 교회교육을 통해 이루어야 할 목표가 무엇인가를 확인하는 것이다. 목표가 분명해지면 출발점으로 나아가는 길을 쉽게 역추적(逆追跡)할 수 있게 된다.

1. 목표 설정의 중요성

하나님의 형상으로 지음 받은 사람은 다른 동물들과는 달리 단기 또는 장기적인 목표를 세우고, 이를 이루기 위한 방법을 생각한 후에 일을 추진한다. 일을 시행해 나갈 때에 계획과 현실 사이에 차이가 있게 되면 계획을 수정하면서 일을 진행한다. 또 모든 일이 끝마치게 된 때에는 계획과 결과를 비교하며 평가하여 다음의 일, 또는 계획에 이를 반영하여 발전을 도모한다.

세상의 대부분의 일들이 그렇듯이 교육에 있어서도 목표를 설정하는 일은 어떤 일보다 우선적으로 해야 할 일이다. 목표는 다음과 같은 기능을 가지기 때문에 목표를 분명히 한다는 것은 매우 중요하다.

방향제시 기능

목표가 분명하면 이를 달성하기 위한 교육의 내용과 조직 그리고 방법을 쉽게 찾을 수 있다. 워터링크(J. Waterink)는 "목적이 확고하지 못한 교육자는 결코 교육이라는 실천 과정에 종사할 수 없는 자"라고 했다.[13] 목표물을 정하지 않고서는 사냥군이 화살을 어떤 방향으로 얼마만한 힘을 넣어서 쏠 것인가를 생각할 필요가 없다. 교회학교에 있어서도 분명한 목표를 가

13) J. 워터링크, 김성린, 김성수 역. 《기독교교육 원론》, (서울: 소망사, 1978), 37.

지지 않는다면 합당한 교육의 내용이나 조직, 효과적인 방법과 효율적인 시간 사용에 대해 생각할 필요가 없게 된다.

목표가 분명하면 교육의 내용, 조직, 방법 등에 일관성이 있게 된다. 목표가 없으면 무엇을, 어떤 순서로, 어떻게 가르칠 것인가에 대해 아무런 생각 없이 하게 된다. 그러나 목표가 분명하면 목표를 달성하기 위해 무엇을 가르쳐야 하겠는가를 생각하게 되고, 또 그러한 교육내용을 쉬운 것부터 시작해서 어려운 내용으로 순서를 정해서 가르칠 수 있게 된다. 나아가 어떤 교육방법을 쓰면 더 효과적인 교육이 될 수 있을까를 찾아내서 가르치게 될 때에 긍정적인 변화가 많이 나타나는 교육이 가능하게 된다.

선택의 기준 제공 기능

목표가 분명하게 되면, 이를 달성하기 위한 자원(인적, 물적, 시간적 등)을 개발하고 분배하는데 공정한 기준을 가질 수 있다. 그리고 이러한 자원들을 효율적으로 사용하는 일을 극대화 할 수 있다. 어떤 목표가 없으면 사람들은 아무런 생각 없이 자원을 낭비하게 된다. 그러나 목표가 주어지면 사람들은 목표를 달성하는데 주어진 자원을 최대한 효율적으로 사용하려고 노력하게 된다.

평가의 기준 제공 기능

목표가 분명할 때에 그 일의 성과에 대한 평가가 쉽게 그리고 객관적으로 타당하게 이루어질 수가 있다. 목표가 없이 활을 쏘면 활을 잘 쏘았는지 잘못 쏘았는지 평가할 수가 없다. 그러나 활을 쏘는 사람이 목표물을 정하고 화살을 날려 목표물에 명중을 시켰을 경우, 그는 성취감과 기쁨을 얻게 된다. 만약 빗나가게 되면, 그는 얼마만한 힘을 더하던가 빼던가, 그리고 상하좌우의 방향을 수정함으로써 다음에는 더 정확하게 목표물을 맞출 수 있게 된다. 목표가 없으면 그냥 개인의 기분에 따라 "잘 했다, 못 했다"라고 평가를 하게 된다. 그러나 목표가 있으면 많은 사람들이 동의할 수 있는 객관적인 평가가 이루어지고, 발전을 가져오게 된다.

관계 발전 기능

목표가 불분명하면 하나님께 기도할 필요를 느끼지 못한다. 또한 다른 사람들에 대해서 별로 관심을 가질 필요가 없다. 그러나 목표가 분명하면 하나님을 의지하게 되고, 함께 일하는 사람들과 의논도 하고 책임을 나누어 가질 수도 있다. 그리고 일이 끝난 후에는 평가를 통하여 하나님의 은혜를 감사하거나, 자신의 부족함을 회개하게 된다. 동역자들과의 관계에 있어서도 마찬가지이다. 목표를 가짐으로써 하나님과의 관계와 이웃과의 관계에서 더 친밀한 사귐을 가질 수 있다. 그리고 목표와 결과를 비교함으로써 하나님의 은혜를 감사하고 잘못한 것은 회개하는 가운데 하나님과의 관계가 더 발전하게 된다.

2. 교회학교의 특수성

교회학교와 일반 학교 사이에는 비슷한 점과 다른 점이 있다. 한 인간을 대상으로 한다는 점에서 비슷한 점들을 이야기할 수 있고, 교육의 강조점이 다른 데서 차이점을 말할 수 있다. 교회학교 목표의 특수성을 중심으로 몇 가지를 생각해 본다.

성령님이 주체이시다

일반 학교의 교육은 인간의 노력만을 고려하나, 교회학교의 교육은 인간의 노력에 앞서 보혜사 성령님의 역사에 관심을 가져야 한다. 교회학교 교육은 인간의 힘으로써는 불가능한 일들을 목표로 삼는다. 즉 죽은 영혼을 거듭나게 하는 일이나, 죄인을 의인으로, 마귀의 종노릇하던 사람을 하나님의 자녀로 바꾸는 일을 추구한다. 이러한 일들은 성령님께서 친히 하시는 일들이다. 그러므로 교회학교의 교육의 목표는 성령 하나님의 일을 포함하여 세워져야 한다.

교회학교의 교육은 평생(平生) 교육이다

오늘날 일반 교육에 있어서도 평생 교육을 많이 강조한다. 그러나 일반 교육에 있어서의 평생 교육은 선택사항이다. 반면에 교회교육에 있어서의 평생교육은 필수사항이다. 따라서 교회학교는 모든 연령층을 망라하는 목표를 세우고 이에 따르는 프로그램을 계발해야 한다.

교회학교에는 항상 신입생이 있다

신입생들은 남녀노소 빈부귀천을 막론하고 다양하다. 더욱이 일정기간에만 교회에 나오는 것이 아니다. 수시로 사람들이 교회에 등록을 한다. 교회학교는 이들이 등록하는 대로 즉시 신앙교육을 시작해야 한다. 그러나 일반학교는 입학하는 시기가 정해져 있다. 대체로 1년에 한 번 또는 두 번 입학을 허용한다.

일반학교에는 입학 기준이 있어서 그 기준에 미달하거나 적합하지 않으면 입학을 허용하지 않는다. 그러나 교회학교는 그 교회가 활발하게 움직이며 전도할수록 더 많은 사람들이 새롭게 교회학교에 등록하게 된다. 따라서 교회학교의 교육목표는 두 가지를 동시에 포함시켜야 한다. 즉 하나는 새로운 사람들이 예수 그리스도의 구원의 복음을 들을 기회를 항시 제공해야 한다. 다른 하나는 이미 구원을 얻은 성도들이 하나님의 자녀로서 성장하도록 교훈해야 한다.

생활화(生活化)를 지향한다

교회학교의 목표는 일반학교와는 달리 '복음진리' 라고 하는 지식의 전달뿐만 아니라 그 지식의 생활화(生活化)를 지향한다. 일반학교는 지식의 전달로써 그 책임을 다했다고 말할 수 있다. 그러나 교회학교는 지식을 전달하고 그 지식을 삶으로 나타내도록 하는 일, 곧 전인(全人)교육을 목표로 삼아야 한다.

3. 교회학교가 추구해야 할 목표[14)]

교회학교에서 행하는 모든 활동 즉 설교, 분반공부, 각종 대회, 야외예배, 찬송, 기도회 등을 통해서 학생들에게 어떤 긍정적인 변화가 있게 할 것인가? 교사는 아래와 같은 목표를 항상 기억하면서 모든 교육활동을 해야 한다. 교육활동을 통하여 아래 목표 중 최소한 하나 이상의 결과가 학생들에게 나타나도록 도와야 한다.

성경(과 소속교회의 신앙유산)을 알고 이해한다 (벧후3:18)

교회학교의 존재 목적 중 가장 중요한 것은 성경을 가르치는 것이다. 성경은 신앙과 삶의 유일한 표준이다. 따라서 교회학교는 때를 얻든지 못 얻든지 하나님의 말씀인 성경을 가르쳐야 한다. 교사는 학생들이 성경에 기록된 내용을 알도록 가르쳐야 하며, 성경이 가르치는 하나님은 어떤 분이시며 어떤 일을 하시는가를 가르쳐야 한다. 나아가 교회가 소속된 교단의 교리와 신앙 선배들의 유산을 알고 이해하도록 도와야 한다. 로마서 10:17은 "믿음은 들음에서 나며, 들음은 그리스도의 말씀으로 말미암았느니라."라고 선언한다. 성경을 가르침으로써 학생들의 믿음은 자라며 열매맺는 인생이 된다.

하나님의 자녀가 되는 권세를 얻고 향유한다 (요1:12)

에베소서 2장은 하나님을 떠난 인생은 모두 죄로 말미암아 죽었다고 선언한다. 하나님은 세상 곧 인류를 사랑하셔서 독생자를 주셨다. 그를 믿는 자마다 멸망치 않고 영생을 얻게 하신다.(요3:16) 예수님을 영접하는 자 곧 그를 믿는 자에게 하나님의 자녀가 되는 권세를 주신다.(요1:12) 예수 그리스도를 믿음으로 주어지는 구원, 이것이 복음의 핵심이다.

---

14) Paul H. Vieth, *Objectives in Religious Education*, (New York: Harper & Bros., 1930), 70-78.

미국의 기독교교육 학자인 비어스(Paul H. Vieth)는 1930년에 일곱 가지의 종교교육의 목표를 다음과 같이 제시하였다.

① 일상생활에서 하나님을 구체적으로 인식하고 예수 그리스도를 통하여 하나님과 개인적인 관계를 증진시키도록 한다.

② 예수님의 성품과 삶과 가르침을 이해하고 음미하도록 함으로써 사람들이 예수님을 주와 구주로 영접하도록 인도하고 그들의 매일의 삶과 행동에서 그에게 순종하고 충성되이 따르도록 가르친다.

③ 성령님의 사역을 통하여 그리스도의 형상이 사람들 안에 지속적이고 점진적으로 배양되도록 한다.

④ 복음의 영적 사회적 책임을 인식케 하고 참여할 수 있는 능력과 준비를 갖추게 한다.

⑤ 기독교 가정의 일원(一員)으로서, 또 대가족이라고 할 수 있는 교회의 일원으로서, 주어진 일에 책임을 질 수 있는 능력과 준비를 갖추게 한다.

⑥ 각 개인의 삶에 합당한 기독교적 세계관을 확립하도록 격려한다.

⑦ 신앙과 생활의 모든 면에 있어서 권위를 지닌 지침서가 되는 기록된 성경에 의거하여 하나님의 전체적인 경륜을 신자들에게 가르친다.

교회학교에는 수시로 예수님을 모르는 사람들이 들어온다. 또 이미 예수님을 영접하여 하나님의 자녀가 되는 권세를 받은 성도들도 은혜로 얻은 구원을 자주 망각한다. 그래서 율법주의에 빠져 전전긍긍한다. 따라서 교사는 아직까지 예수님을 영접하지 않은 이들은 하나님의 자녀의 권세를 얻도록 돕기 위해 예수 그리스도의 구원의 복음을 증거해야 한다. 그리고 율법주의에 빠진 성도들을 위해서는 복음을 다시 전함으로써 구원의 기쁨을 회복하도록 도와야 한다.

예수 그리스도를 믿음으로 하나님의 자녀의 권세를 얻은 성도는 하나님을 사랑하게 된다. 그리고 그를 예배하며 그를 기쁘시게 하는 일에 힘쓰게 된다. 교사는 학생들이 구원의 기쁨과 감격 속에서 하나님을 예배하며 그에게 영광을 돌리는 삶을 살도록 가르쳐야 한다.

예수님의 제자로서 성장한다(마28:19-20)

예수 그리스도를 믿는 자는 그의 제자가 된다. 성도는 예수 그리스도를 믿고 그를 알아가며, 그의 삶을 본받는 그의 제자로서 살아야 한다. 제자는 스승의 가르침을 배우는 자이고 그 가르침을 따라 순종하는 사람이다. 교회학교 교사는 학생들이 예수님의 성품과 하신 일을 학생들이 알아가며 닮아가도록 가르치고 도와야 한다.

예수님의 증인으로 산다(행1:8)

보혜사 성령님의 도우심을 입어 세상에서 거룩한 생활을 하며 예수님의 증인이 되며, 재생산하는 제자가 되도록 돕는다. 시험과 유혹이 많은 세상에서 거룩한 생활을 한다는 것은 우리의 힘만으로는 불가능한 일이다. 그러나 권능을 주시는 성령께서 우리를 도우신다. 따라서 하나님이 원하시는 거룩한 삶을 배우고, 성령님을 의지하여 세상과 구별된 거룩한 삶을 살도록 도전하고 권면하며 돕는 것이 교사의 책임이다.

나아가 믿음이 연약한 성도나 믿지 않는 이웃에게 예수님을 증거하고 믿음으로 살도록 교사는 학생들을 가르치고 훈련하며 전도하도록 도와야 한다. 교회 안에서는 성도들이 각자의 은사를 발견하고 계발하고 활용하여 건강한 교회를 이루며 하나님의 영광을 드러내는 성도가 되도록 도와야 한다.

세상의 소금과 빛의 역할을 한다(마5:13-16)

성도는 예수님을 믿음으로 구원을 얻는 것으로 모든 것이 끝나는 것이 아니다. 믿음으로 구원을 얻게 된 것은 새로운 삶의 출발점이다. 즉 이제는 세상에서 소금과 빛의 역할을 해야 한다. 새생명을 얻은 하나님의 백성들은 두 가지 사명을 받는다. 하나는 앞에서 언급된 전도의 사명(evangelical mandate)이고, 다른 하나는 문화적 사명(cultural mandate)이다.

모든 성도는 가정과 교회와 직장과 세상에서 하나님의 보냄을 받은 사람으로서 자신의 존재의미를 알고, 이웃을 사랑함으로써 소금과 빛의 역할을 해야 한다. 학생들은 자신이 속한 가정과 사회와 세상에서 하나님께 영광을 돌리는 문화의 지혜로운 생산자와 소비자가 되어야 한다.

청지기로서 산다(벧전4:10)

우리 인생은 우주적 종말(예수님의 재림)과 개인적 종말(죽음)을 각각 맞게 된다. 그리고 그 후에는 심판이 있다(히9:27). 어느 누구도 여기서 피할 수 없다. 따라서 교사는 마땅히 창조-타락-구속-심판 이라고 하는 성경의 세계관 속에서 학생들이 역사를 이해하고 주님의 재림을 기대하며 청지기로서 평생을 살도록 도와야 한다.

✤ 학습 문제

1. 교회학교는 일반 학교와 비교할 때에 어떤 점에서 특별한가? (네 가지)

2. 당신의 교회학교는 이런 특수성을 고려하여 어떤 조치를 취하고 있는가?

3. 목표설정이 중요한 이유 네 가지를 설명해 보라.

4. 당신은 올해 어떤 목표를 가지고 살고 있는가?

5. 당신이 가지고 있는 목표는, 위의 네 가지 유익과 비교할 때에 매일의 삶에 어떤 작용을 하는가?

6. 교회교육의 여섯 가지 목표는 무엇인가?

7. 당신이 이미 알고 있는 목표는 무엇이며, 새로 기억하고 시도해야 할 목표는 무엇인가?

    • 알고 있는 목표 :

    • 새로 시도해야 할 목표 :

〈읽을 거리〉

노오만 디종, 신청기 역, 《진리에 기초를 둔 교육》, 생명의말씀사, 1985(1969).
죠지 R. 나이트, 박영철 역, 《철학과 기독교교육》, 침례신학대학출판부, 1987(1980).

| 제2부 |

삶을 변화시키는 교회교육

1장

교회학교 학생 이해

교육이 이루어지려면 세 가지 요소가 반드시 있게 된다. 교육의 3요소는 교사, 학생, 그리고 교육의 내용을 가리킨다. 모든 교육에 있어서 가장 중요한 역할은 교사가 담당한다. 유능한 교사가 되려면, 가르쳐야 할 내용을 잘 이해해야 할 뿐만 아니라, 학생들을 잘 알고 있어야 한다. 교회교육에 있어서 교사는 성경, 교리, 신앙의 유산 등을 잘 알아야 한다. 교사가 이런 것을 가르치는 목적은 학생을 변화시키며 성숙하게 하기 위함이다. 결국 모든 교육은 어떤 내용을 가르치느냐 하는 것도 중요하지만, 학생에게 어떤 변화가 있게 하느냐가 더 중요하다. 교사가 학생들을 잘 이해할 때에 효과적인 교육이 이루어진다.

교사가 학생을 잘 가르치기 위해서는 먼저 성경적이며 신학적으로 사람은 어떤 존재인가를 알아야 한다. 그리고 학생의 가정적, 사회적, 문화적 환경을 알아야 하고, 그의 현재의 신체적, 지적, 감정적, 사회적, 영적 발달 단계를 이해해야 한다. 유치부 교사 중 성경공부 시간에, 이스라엘 백성들이 출애굽한 때는 주전 1445년임을 어린이들에게 가르치는 사람은 아무도 없을 것이다. 왜냐하면 이 연령의 아이들은 시간 개념이 아직 형성되어 있지 않기 때문이다. 그래서 어린이들을 위한 동화는 보통 "옛날 옛날 옛날에"라는 식으로 시작한다. 학생들의 형편을 잘 이해할 때에 교사는 언제, 무엇을, 어떻게 가르쳐야 하는지를 알게 된다.

1. 성경적 신학적 인간관

인간의 본성이 선(善)한가 아니면 악한가에 대한 논란이 오래전부터 있어 왔다. 성선설(性善說)을 동양에서는 맹자(孟子, B.C. 372-289)가 주장하였고, 서양에서는 스토아학파를 중심으로 발전하여 루소(J.J. Rousseau, 1712-1728)에게서 꽃을 피웠다. 이에 대해 성악설(性惡說)을 주장한 동양의 인물은 순자(荀子 313-238B.C.)이며, 서양에서는 주후 5세기 어거스틴(Augustine 354-430)이 확립하였다.

성경은 인간의 본성에 대해 무어라고 하는가? 성경은 사람의 상태를 4가지로 생각한다. 하나님의 창조 때의 원인(原人 original man), 하나님의 언약을 불순종한 후의 죄인(罪人 sinner), 예수 그리스도를 믿음으로 말미암아 의롭다 함을 받은 중생인(重生人 justified man), 그리고 죽음을 통해서 또는 예수 그리스도의 재림을 통해서 완전한 모습으로 변화받은 영화인(榮化人 glorified man)이 그것이다.

원인(原人, original man)

하나님은 창조의 일을 시작하신지 엿새째 되는 날 창조의 정점(頂点 클라이맥스)으로서 사람을 지으셨다. 그리고 "보시기에 심히 좋았더라"라고 자평(自評)하셨다. '좋았더라' 는 말은 선하다는 의미를 포함한다. 하나님은 사람을 선하게 창조하셨다. 창조 때의 사람은 지식과 거룩함과 의로움에 있어서 완전하였다. 자유의지가 주어져 비록 죄를 지을 가능성은 있었으나, 그는 선하고 아름다운 존재였다.

죄인(罪人, sinner)

에덴동산에서 의와 평강과 희락을 누리며 살던 아담과 하와는 사단의 유혹에 넘어가고 만다. 그들은 하나님의 언약의 말씀을 거역하여 선악과를 먹음으로써 하나님의 진노와 저주 아래 있게 되었다. 이로 말미암아 모든 사람은 하나님의 영광을 잃어버리게 되었고, 죄와 죽음의 고통 아래 출생하게 된다. 사람은 자기의 힘으로는 구원을 도무지 얻을 수 없는 전적으로 타락한 존재가 되었다. 사람은 연약하고 부족하며 또 악한 존재로 출생하게 되었다.

죄와 죽음의 문제는 모든 인생고(人生苦)의 뿌리이다. 하나님을 떠난 인생은 선(善)을 도무지 행할 수 없는 존재로 전락하게 되었다. 불신자들 가운데는 기독교인들보다도 더 자비롭고 이웃을 더 잘 도와주는 사람들도 있다. 그러나 그들의 '선행(善行)' 이 하나님 앞에서 의(義)가 될 수 없는 이유는, 그들의 '선행' 이 하나님을 영화롭게 하기보다는 자기에게 영광을 돌리는 일이 되기 때문이다. 따라서 불신자는 결코 진정한 선행을 할 수 없다. 그들의 '선행' 은 오히려 하나님께 대한 반역(叛逆)이 된다.

교회학교는 모든 사람이 죄인인 것과 예수 그리스도 안에서 믿음으로 그리고 은혜로 구원을 얻게 됨을 가르쳐야 한다.

중생인(重生人, justified man)

성령께서 거듭나게 하심으로써 예수 그리스도를 알고 믿고 고백하게 된 사람을 중생인(거듭난 사람)이라고 한다. 중생인은 정죄함이 없게 되고[롬 8:1-2 칭의(稱義 justification)], 하나님의 자녀의 권세를 얻으며(요1:12), 천국을 기업으로 얻는다(빌3:20). 중생인은 세례를 받음으로써 구원의 확증(確證)을 얻게 되며, 교회의 일원(一員)으로서 활동하게 된다. 중생인은 옛 습관을 따라 살므로 악행(惡行)을 할수도 있고, 성령을 좇아 선행(善行)도 할 수 있는 존재가 된다. 중생인은 이제 거룩한 나그네로서 죄를 떠나 하나님의 성품에 참여하는 성화(聖化 sanctification)의 삶을 살게 된다.

교회학교는 학생들이 예수 그리스도가 하나님의 아들, 구주, 그리고 주(主)가 되심을 알고 믿고 고백하도록 도와야 한다. 나아가 예수님이 분부한 모든 것을 지키도록 가르침으로써 예수님의 제자로, 세상의 소금과 빛으로 살도록 도와야 한다.

영화인(榮化人, glorified man)

'영화인' 이란 영광스러운 몸으로 변화된 사람을 가리킨다. 중생인은 죽음이나 예수 그리스도의 재림을 통하여, 부활하신 예수님의 몸과 같은 영광스런 몸을 덧입게 된다. 더 이상 아픈 것이나 노화(老化 늙는 것)나 죽음이 없는 몸을 그리스도인은 소유하게 된다. 하나님의 백성들은 천국에서 어린 양의 혼인잔치에 참여하게 되고, 땅에서의 행위를 따라 상급을 받게 된다.

그리스도인이 천국을 사모하는 것이 현실도피(現實逃避)가 되어서는 안된다. 하나님은 신자들에게 천국의 소망을 주심으로써 그들이 믿음으로 세상을 이기며, 순교(殉教)까지도 할 수 있도록 하신다. 교회학교는 현재의 고난과 족히 비교할 수 없는 영광의 때를 학생들에게 가르침으로써 세파(世波)에 흔들리지 않고 믿음으로 충성하는 하나님의 사람들을 세워야 한다.

2. 학생의 성장과 환경

교회학교 교사가 자기가 맡은 학생들의 성장과정과 그가 처해 있는 모든 환경을 다 알 수는 없다. 그러나 중요한 몇 가지는 알고 있어야 효과적인 교육을 할 수 있다.

가정환경

교사는 학생 하나하나의 가정환경을 알아야 한다. 부모님이 다 계신지, 형제는 몇이나 있는지, 그 외의 친인척들이 함께 살고 있는지, 가족들이 화목한지 아니면 사이가 나쁜지 등을 알 필요가 있다. 그리고 경제적으로는 어떻게 살고 있는지, 여유가 있는지 아니면 궁핍한지 알아야 한다.

신앙교육이란 사람의 영적(靈的)인 면만을 다루는 것으로 생각하여 신체적이나 물질적인 것은 생각할 필요가 없는 것으로 오해할 수 있다. 그러나 성경은 사람의 영혼과 육체가 하나임을 강조한다. 고린도전서 10장 31절에서 교훈하듯이, 사람이 먹는 것, 마시는 것, 무엇을 하든지 하나님의 영광을 위해 할 수 있다. 즉 사람의 하는 일 모든 것이 영적인 것, 곧 하나님의 뜻을 이루는 것이 될 수 있다. 따라서 교사는 학생들의 모든 면을 살피고 하나님의 뜻을 이루는 방편으로 삼아야 한다.

교회학교 교사는 무엇보다도 학생의 부모의 종교가 무엇이며, 신앙의 정도가 어떠한지를 알고 있어야 한다. 그리고 학생이 교회에 나오는 것에 대해 부모가 어떻게 생각하고 있는지, 또 가정에서 신앙교육을 어떻게 하고 있는지를 반드시 파악해야 한다. 교회학교 교사가 학생의 이런 형편을 잘 알고 있을 때에 신앙교육이 올바로 그리고 효과적으로 이루어진다.

신자가정에 있어서 언약의 자녀의 신앙교육은 그 부모에게 1차적이며 최종적인 책임이 있다. 그러나 불신가정에서 나오는 학생의 신앙교육은 교회학교가 책임져야 한다. 따라서 교회학교 교사들은 모든 학생들의 신앙교육에 관심을 가져야 하지만, 불신가정의 학생들에 대해서 신앙적으로 각별한 도움을 베풀어야 한다.

사회적 환경

학생의 사회적 환경이란 그의 친구관계와 학교생활 등을 가리킨다. 초등학생의 친구관계를 교사가 잘 살핌으로써 신앙생활을 지도하는데 도움이 된다. 더욱이 청소년의 친구관계는 그의 모든 생활에 매우 중요한 영향력을 발휘한다. 청소년의 시기(時期)는 부모의 영향력이 줄어들고 친구의 영향력이 극대화 되는 때이다. 학생들은 부모나 어른들의 인정보다 동료 친구들의 인정을 더 중요하게 생각한다.

동류집단압력(peer pressure)이라는 말이 있다. 친구들의 공개적 또는 묵시적인 압력에 의해 청소년들은 자기의 개인적인 생각이나 주장을 포기하고 친구들의 생각과 태도와 행동을 모방하고 동화되는 경향이 많다. 따라서 교회학교 교사들은 학생들의 친구관계를 개인 상담을 통해 살펴보고 지도해야 한다. 교회의 학생들이 세속적인 학생들의 영향을 이기고, 도리어 그들에게 신앙적인 영향력을 발휘할 수 있도록 지원하는 교사가 되어야 한다.

문화적 환경

사람은 사회적인 존재이며 그가 살고 있는 사회의 지배적인 문화(文化)와 함께 살아간다. 사람은 문화의 소비자(消費者)와 생산자(生産者)로 활동한다. 무엇을 사거나 즐기거나 하는 것은 소비자로서의 활동이다. 무엇을 만들거나 팔거나 예술 활동을 하는 것은 문화의 생산자가 되는 것이다.

시대의 사조(思潮)는 정신적 문화를 형성하게 만든다. 오늘날의 포스트모더니즘의 사조는 자신의 삶을 돌아보며 깊이 있는 생각과 성찰(省察)을 통해 사물(事物)을 분별하는 일을 귀찮게 여기는 분위기를 만들었다. 모든 것을 상대적으로 생각하여 성경의 진리마저도 상대적으로 생각한다. 자신이나 자신의 기분을 좋게 만드는 오락거리를 하나님의 자리에 두고 재미와 쾌락을 좇는 문화가 팽배하고 있다. 기분이 나면 "그냥 해버려"(Just do it!)라는 구호가 청소년들의 문화가 되고 있다.

위에서 언급한 거시적(巨視的)인 문화뿐만 아니라, 각 지역과 공동체(가정을 포함해서) 안에는 특정한 문화가 존재한다. 누구의 어떤 풍(風)의 음악을 좋아하고, 어떤 영화를 많이 보며, 어떤 스타일의 옷이나 음식을 좋아하고, 어떤 주제로 대화하기를 좋아하는가 하는 문화가 있다. 어떤 사람을 존경하며 어떤 직업을 선호하는가 하는 것도 문화라고 할 수 있다. 요즘 학생들은 말로는 재미삼아 한다고 하면서도 사주팔자(四柱八字)나 점성술(占星術) 그리고 타로(tarot) 카드 점(占), 귀신놀이 같은 사이비 영성문화에 영향을 받기도 한다.

감성을 좇아 살며 겉사람을 중시하는 오늘날의 문화는결국 많은 돈을 필요로 하게 된다. 결국 사람들은 돈을 가장 중요한 가치로 삼는 문화에 젖어 있다. 문화는 공기와 같이 우리의 주변을 감싸고 있다. 따라서 의도적으로 의식하려 하지 않으면, 우리가 모르는 사이에 현재의 문화에 우리를 동화시킨다.

겉사람만을 중요하게 여기는 세속문화를 경계하고 속사람을 강건하게 만들어 세상의 문화를 변혁하는 교회학교가 되어야 한다. 교사는 학생들이 접하고 있는 문화를 잘 살펴야 한다. 교사는 학생들을 위한 잡지나 방송을 한 번씩 볼 필요가 있다. 또 학생들을 직접 만나서 그들의 이야기를 들어보아야 한다. 그리고 하나님의 진리로 학생들을 가르치며, 세속의 문화에 물들지 않도록 지도할 뿐만 아니라, 세상문화의 지혜로운 소비자가 되며, 세속문화를 거룩한 그리스도의 문화로 변혁하는 일에 기여하는 문화의 생산자가 되는 길로 인도해야 한다.

3. 학생의 성장과 발달상황

성장과 발달의 정의

'성장' (growth)이란, 내용은 같은데 양적으로 증가하는 과정을 말하며, 키나 몸무게 같이 측정이 가능한 것을 가리킨다. 이와 대조적으로 '발달' (development)은, 성장과 함께 발생하는 질적 변화나 기능적인 변화를 가리킨다. 갓난아기가, 신체가 성장함과 더불어 운동신경이나 말(언어)이나 생각하는 능력이 향상되는 것을 발달이라고 한다.

성장과 발달에 영향을 주는 요인

학생들의 성장과 발달에 영향을 주는 요인으로는 유전적인 것과 환경적인 것을 들 수 있다.

유전적인 요인

유전적인 것에는 인종이나 민족과 가족, 그리고 연령과 성별(性別) 등을 들 수 있다. 동양 사람과 서양 사람의 신장(身長)이나 체격을 비교할 때에 서양 사람들의 키가 일반적으로 크다. 이것은 인종적인 면이 신체의 성장에 영향을 주고 있음을 보여준다. 동양인들 가운데서도 한국사람들이 필리핀 사람들보다 키가 크다. 이것은 민족을 따라 성장에 차이가 있음을 알게 한다. 또한 체격이 큰 집안과 작은 집안이 있는 것처럼, 가계(家系)에 따라 성장에 영향을 준다. 남성과 여성은 성장과 발달에 있어서 차이가 있다. 사춘기에 이르기까지 대체로 여성이 남성보다 1-2년 정도 성장과 발달이 앞선다. 초등학교 5-6학년이나 중학교 1-2학년 학생들에게 있어서, 남자 아이보다는 여자 아이들이 더 성숙하게 보이는 것이 보통이다. 성별(性別)에 따라 차이가 있다.

한 개인에게 있어서도, 성장과 발달은 항상 균일(均一)하게 이루어지는 것이 아니다. 사람은 출생에서부터 2세 사이, 그리고 사춘기 동안에 급격한 성장을 하게 된다. 3세에서 10세 사이에는 완만하면서도 지속적인 성장이 있다. 일반적으로 남자는 20세, 여자는 18세 전후에 성장이 정지된다.

환경적인 요인

학생들의 성장과 발달에 학생의 출생 전후의 환경이 또한 큰 영향을 끼친다. 출생 전 환경이란, 임산부의 신체적인 건강상태와 정신적, 정서적 건강상태를 가리킨다. 그리고 임산부가 흡연이나 음주 또는 약물을 잘못 복용할 때에 기형아가 출생할 가능성이 있거나, 태아의 성장과 발달에 큰 악영향을 끼치게 된다.

출생 후 환경이란 산모(産母)의 건강상태나 아이가 살아가는 가정이나 학교와 사회의 문화와, 식생활, 기후, 계절(키는 봄에 많이 크고, 체중은 가을에 많이 증가한다), 운동, 건강상태, 질병의 유무, 사회-경제적 여건 등을 가리킨다. 모유를 잘 먹은 아기와 그렇지 못한 아기는 키나 체중에 있어서 차이가 나타난다. 화목한 가정의 분위기에서 자라나는 아이와 살벌한 분위기에서 성장하는 아이는 성장과 발달의 측면에서 큰 차이가 있다.

우리나라의 초등학교 아동에게 있어서 학교생활의 스트레스로 말미암아 발육이 더딘 경우가 있다. 이런 아동들이 여름방학이나 겨울방학이 되면 심적 부담이 완화되어서 신장과 체중이 증가하는 것을 보여주는 연구보고가 많다.

청소년의 경우 1900년대와 2000년대를 비교해보면, 신장과 체중에 있어서 각각 6-15cm, 9-14 Kg. 정도 증가했다. 또 사춘기도 점차 앞당겨지고 있는데, 이러한 원인이 영양상태의 개선에 의한 것으로 보는 견해가 지배적이며, 더불어 질병의 감소와 사회-경제와 문화의 발달로 말미암은 것으로 본다.[15] 사람의 성장에는 유전적인 요인과 환경적인 요인이 함께 영향을 미친다. 유전적인 요인은 교사가 바꿀 수 없는 부분이다. 그러나 환경적인 요인은, 교사가 학생에 대한 전인적인 관심을 가지고 지도하고 도움을 베풀 때에 어느 정도 극복할 수 있고, 학생의 성장과 발달에 적지 않은 기여를 할 수 있다.

4. 지능의 다양한 요소

우리나라의 대부분의 사람들은 지능지수(IQ)에 대해 관심이 많다. 공부와 성적에 비상한 관심을 가지고 자녀들에게 부담을 주는 부모들이 많다. 그러나 최근 들어 대니얼 골맨(Daniel Goleman) 같은 이는 감성지수(EQ)

15) 박상희, "청소년의 영양과 성장", *Korean Journal of Pediatrics* Vol. 49, No. 12, 2006, 1263이하.

와 사회성지수(SQ)에 대한 부모들과 교육자들의 관심을 요구하면서, 아이들의 성장과정에서 정서적인 면과 인간관계 면에서 격려와 지원과 교육을 촉구하고 있다.[16]

가드너(Howard Gardner)는 1983년에 다중지능(multiple intelligence) 이론을 주창하였다. 가드너는 지능이 높은 아동은 모든 영역에서 우수하다는 종래의 지능을 비판하고 인간의 지적 능력이 서로 독립적이며 상이한 여러 유형의 능력으로 구성된다는 다중지능 이론을 제시하였다. 그는 지능이 단순히 검사 문항에 답하는 능력으로 볼 것이 아니라 실제 생활에서의 적응 능력을 살펴야 한다고 주장했다. 그는 처음에는 일곱 가지 지능을 제시했고, 최근에 한 가지를 추가로 제시하고 있다. 또 새로운 형태의 지능이 나타날 수도 있다고 문을 열어놓고 있다. 이러한 다중지능은 당면하는 사건 상황 곳곳에서 복합적으로 연합 작용함으로써 문제 해결력을 높인다고 볼 수 있다. 그러나 이들 지능이 같은 양과 수준으로 분포되어 있는 것이 아니며 개인마다 지능이 다르게 나타난다. 가드너가 주장하는 여덟 가지 지능의 형태는 아래와 같다.

- 논리-수학적 지능: 논리적, 수학적 패턴의 식별 능력과 민감성, 추론 능력
- 음악적 지능: 리듬, 고저, 음색 식별, 음악적 표현의 형태를 식별 하는 능력
- 공간적 지능 : 시각적 공간적 세계를 정확하게 지각, 자신의 지각에 따라 변형하는 능력
- 신체-운동적 지능 : 자신의 신체 운동 통제, 대상물을 기능적으로 다루는 능력
- 자기이해 지능 : 자신의 감정, 약점, 욕구, 지능에 대한 구체적이고 정확한 자기 지식을 가지고 자기 자신의 능력과 느낌에 따라 행동 할 수 있는 능력

16) 대니얼 골맨, 정석훈 역, 《SQ 사회지능》, (웅진, 2006).

- 대인관계적 지능 : 타인의 기분, 기질, 동기, 욕구, 분별, 적절한 반응 능력
- 언어적 지능 : 단어의 소리, 리듬, 의미에 대한 민감성, 언어의 서로 다른 기능
- 자연탐구 지능 : 자연 현상에 대한 유형을 규정하고 분류하는 능력

성경은 사람마다 달란트가 다르며, 성령님의 은사가 각 사람마다 다르게 주어짐을 가르친다. 따라서 부모나 교회학교 교사들도 단지 지능지수가 높거나, 학교 공부를 잘하는 아이들에 대한 편애를 버려야 한다. 학생들이 가지고 있는 다양한 재능과 지능을 계발할 수 있도록 격려해야 하며, 그리스도 안에서, 하나님의 영광을 위하여 지능과 감성과 사회성을 계발하고 사용할 수 있도록 도와야 한다.

5. 발달이론과 신앙성숙

사람은 나이가 들어감에 따라 생각하는 방식이나 어떤 일을 결정하는 과정에 발달이 일어난다. 이러한 인지능력의 발달은 사회성이나 도덕성의 발달 그리고 신앙의 성숙에 영향을 준다.[16)]

발달이론의 한계

대부분의 발달이론을 포함한 심리학은 신앙의 출발과 성숙을 도모하는데 많은 도움을 준다. 그러나 발달이론이 성경의 교훈을 충분히 반영하는 것은 아니다. 발달이론이 신앙교육에 도움을 주는 부분도 있으나, 주의할 점

16) 심리사회발달에 대해서는 에릭슨(Erik H. Erikson)의 이론을 참고하라. 도덕성의 발달에 대해서는 콜버그(Lawrence Kohlberg)의 이론을 참고하라. 종교심의 발달에 대해서는 파울러(James Fowler)의 신앙발달론을 참고하라.

도 있다. 신앙의 시작과 성숙에 있어서 심리학의 한계를 먼저 살펴본다.

진화의 결과로서의 인간

대부분의 심리학은 인간을 진화의 산물로 본다. 심리학은 인간을 생물의 진화과정의 마지막 단계까지 진화된 최고등동물로 간주한다. 그래서 동물실험을 통해서 인간의 심리를 많이 파악할 수 있다고 한다. 그러나 성경은 인간은 비록 하나님의 창조 제6일에 다른 동물들과 함께 지음을 받았으나, 하나님의 형상으로 지음을 받은 특별한 존재임을 증거한다. 더욱이 하나님은 사람과 더불어 언약을 맺으심으로써 하나님과 인간과 만물 사이에 영원한 수직 질서를 세우셨다. 사람은 하나님과의 언약을 깨뜨림으로써 죄인이 되었고 하나님의 진노와 저주 아래 살게 되었다.

그러나 인본주의적 심리학은 하나님의 존재를 인정하지 않는다. 또 하나님을 떠남으로써 사람이 죄인이 된 것과 구원이 필요함을 인정하지 않는다. 사람의 창조주 하나님께 대한 책임을 무시함으로써, 진리를 떠난 교육을 조장한다.

사람의 자율성 강조

사람은 타락으로 말미암아 전적으로 부패하여졌다(Total Depravity). 오직 하나님의 은혜(Sola gratia), 오직 믿음(Sola fide)으로만이 구원을 얻을 수 있다. 그러나 일반 심리학은 사람이 스스로 인생의 문제를 해결할 수 있다고 믿는다. 사람의 자율성과 문제해결 능력을 중요하게 여기고, 이를 개발할 수 있는 방안을 모색한다. 그러나 인간의 죄와 죽음의 문제는 오직 예수 그리스도 안에서만이 해결될 수 있다.

성령의 사역 무시

일반 심리학은 신앙의 출발과 성숙에 있어서 성령 하나님의 주권적인 사역을 인정하지 않는다. 믿음으로 말미암는 구원은 하나님의 선물이다.(엡 2:8) 요한복음 3:3,5에서 알 수 있듯이 성령으로 말미암지 않고는 거듭날 수 없고 하나님의 나라를 볼 수도, 들어갈 수도 없다. 거듭남에서부터 시작하여 신앙의 성숙과 열매를 맺는 과정에서 성령께서는 절대적이고 주도적인 역할을 하신다. 그러나 일반 심리학은 성령님의 존재를 인정하지 않으며, 사람의 인지능력의 발달을 통해서 자아 완성에 이를 수 있음을 주장한다.

구원의 방편으로서의 전도 무시

일반 심리학은 사람이 인지적 능력을 다 갖추고 모든 것을 이해한 후에 자아실현과 같은 결과가 있게 된다고 본다. 그러나 하나님은 전도의 미련한 것으로 사람을 구원하시기를 기뻐하셨다.(고전1:21) 하나님께서는 어린아이에게도 성인과 마찬가지로 전도의 방편을 통해 구원의 은혜를 베푸신다.

6. 피아제의 인지발달 이론

이와 같이 신앙이란 성령님의 절대주권에 의해 시작되고 성숙하게 된다. 그러나 성령께서는 사람의 사고(思考)과정을 어느 정도 이용하셔서 신앙이 생기며 자라나게 하시기 때문에, 사람의 생각하는 능력과 신앙성숙의 관계에 대해서 살펴볼 필요가 있다. 피아제의 인지발달이론(Jean Piaget 1896-1980)을 중심으로 설명한다. 스위스의 심리학자인 피아제는 사람들이 사물을 인지하고 사고하는 능력이 발달하는 과정을 연구하였고, 사람의 인지(認知)발달 4단계를 주창하였다. 피아제의 주장을 간략히 살펴보면 다음과 같다.[17]

---

17) 마거릿 보든 저, 서창렬 역, 《피아제》, 시공사, 1999. 참고 김경중 외, 《아동발달 심리》, 학지사, 1998. 참고

조직화와 적응

사람은 조직화(組織化 organization)와 적응(適應 adaptation)이라는 두 가지의 기본적인 성향을 가지고 있다. 조직화란 여러 가지 과정들을 유사한 체제 속에 체계화시키고 포함시키는 경향을 가리킨다. 적응이란, 환경에 자신의 생각과 행동을 맞추려는 경향을 말한다. 어린이들을 비롯한 모든 사람은 살아가는 동안 의식을 하든 못하든 의문을 가지게 된다. "나는 누구인가? 하나님은 정말 계시는가? 예수님은 과연 하나님이시고 또 사람인가? 왜 교회는 다녀야 되는가?" 등등의 질문을 할 수 있다. 자신이 현재 가지고 있는 경험(지식)과 그러한 경험에 기초하여 형성되어 있는 기존의 사고(思考)체계(scheme)와 다른 경험을 가지게 될 때에, 혼돈(불균형 disequilibrium 또는 인지적 부조화 cognitive dissonance)이 일어나게 된다. 사람은 이런 상황에서 불편함을 느끼면서 계속 조직화와 적응의 과정을 통해서 평형(平衡 equilibrium)으로 나아가려는 노력을 하는 가운데 인지능력의 발달이 이루어진다.

동화와 조절

동화(同化 assimilation)란 현재 조직화된 틀을 유지하면서 정보가 추가되는 것을 말하고, 조절(調節 accommodation)이란, 현재의 조직화된 틀을 다소간(多少間) 바꾸는 것을 가리킨다. 어린아이가, 하나님을 믿는 사람은 착한 일을 해야 한다는 것을 배웠다고 하자. 어머니가 하시는 일을 돕는 것이 착한 일이라는 것을 알고 있던 아이가, 친구도 도와야 한다는 것을 알게 될 때에 동화가 이루어진 것이다. 그런데 어느날, 사람의 선행(善行)만으로는 구원을 얻지 못하고, 오직 믿음으로 구원을 얻는다는 것을 알게 될 때에 조절의 과정을 거치게 된다.

인지발달단계

사람은 출생에서부터 나이가 들어감에 따라 인지발달에 있어서 4단계를 거치며 인지능력이 발달하게 된다고 피아제는 주장한다. 4단계는 아래와 같으며, 각 단계에서 가정과 교회학교가 관심을 가져야할 일들을 간략하게 설명한다.

감각운동기(感覺運動期 Sensori-motor stage 출생 2세)

출생에서 시작하여 만 2세 전후가 되기까지의 기간에 아기들에게 일어나는 상황을 설명한다. 갓난아기들은, 불편함을 느끼면 울고, 배가 고프면 젖을 빨고, 주변 사람들과 사물이 주는 자극을 느끼고 웃기도 하고 울기도 하면서 반응을 보인다. 출생 후 4개월에서 9개월 사이에 아기들은 손과 발을 허공에 저으면서 지내는 것을 볼 수 있다. 아기들의 이런 움직임은 근육과 감각신경을 발달시키고, 특히 눈의 시신경과 손의 운동을 연계해서 발달시키는 기능을 한다. 아기가 9개월에서 만 한 살 될 때까지 대상영속성(對象永續性 object permanence)으로 불리는 인식 능력이 발달한다. 이 능력이 발달하기 전의 아기들은, 자기의 눈에 보이지 않으면 존재하지 않는 것으로 여긴다. 그러나 자신의 울음과 같은 행동에 부모가 나타나는 일들이 거듭됨에 따라 아기들은 점차 자기의 눈에 보이지 않더라도 어딘가에 부모가 있다는 의식을 갖게 된다.

만 1세를 전후하여 걸음마를 하게 되고, 주변을 돌아다니며 사물을 접하는 가운데 근육과 신경이 발달하며, 보고 듣고 냄새를 맡고 맛을 보며 피부로 느끼는 감각기관이 발달하게 된다.

이 시기에는 부모의 역할이 특별히 중요하다. 부모는 아기에게 사랑을 듬뿍 쏟아부어주어야 한다. 그리고 젖과 영양가가 있는 음식을 제공해야 한다. 음악, 그림, 모빌(mobile 움직이는 물체를 달아놓는 것) 등으로 아기의 오관을 적당하게 자극해야 한다. 무엇보다도 주위의 사람들이 따뜻한 말을 걸고 아기의 옹알이 같은 반응을 긍정적으로 받아주어야 한다. 아기를 안아주는 신체접촉을 많이 해주어야 한다.

영유아기의 신앙교육은 말과 글로써는 불가능하다. 따라서 아기를 위해 안락한 환경을 조성하고 사랑을 담은 신체적 접촉과 젖과 적절한 음식을 제공해 준다. 아기가 말을 알아들을 수 있을 때까지 주위의 사람들은 그를 인해 하나님께 감사하고 그를 위해 축복해야 한다. 유아세례 때에 약속한대로 그를 위해 기도하며, 비록 그가 이해하지 못해도 그와 함께 기도하는 시간을 가져야 한다. 아기들은 하나님에 대해 머리로는 전혀 이해할 수 없는 처지에 있으나, 주변 사람들의 하나님과의 관계를 느낄 수는 있다. 따라서 부모와 가족들은 하나님과의 바르고 친밀한 관계 속에서 생활함으로써 아기가 신앙의 분위기 가운데서 자라가도록 해야 한다.

전조작기(前操作期 Preoperational period 2-7세)

이 시기에는 말을 배우며 오관(五官)을 적극적으로 사용하여 사물을 알아가는 시기이다. 이 시기의 아동들의 특징은 자기중심성(egocentricity)으로, 다른 사람들에 대해 배려(配慮)할 수 있는 생각이나 능력이 없거나 부족하다. 그리고 이들은 물활론(物活論 animism)적인 생각을 가지고 있어서, 주변의 어떤 사물과도 대화를 하기도 하고, 동식물이나 물건 등에 자기의 감정을 투사(投射)하기도 한다.

이 시기 아동의 또 다른 특징은, 직관(直觀)에 의해 사물을 판단하는 것이다. 이때는 양(量)의 보존(保存 conservation) 능력이 아예 없거나 또는 조금씩 발달해 가는 시기이다. 피아제의 유명한 실험이 있다. 똑같은 두 개의 컵에 물을 똑같이 부은 후, 아동이 보는 눈앞에서 한 컵의 물을 밑이 좁은 세 번째 컵에 붓는다. 그리고 그에게 어느 컵의 물이 많으냐고 물으면, 아이는 수위(水位)가 높아진 컵의 물이 많다고 대답한다. 양의 보존을 이해하는 능력이 미미하기 때문이다. 그러나 이런 능력이 발전함에 따라 다음 단계인 구체적 조작기로 넘어가게 된다.

유아(幼兒) 및 유치(幼稚) 시기의 어린이를 위한 신앙교육은 이제 말로써도 가능하다. 유아 및 유치아는 직관에 의해 사물을 판단하며 자기중심성이 강하기 때문에 어린이의 생활과 밀접한 관련이 있는 성경의 내용을 사용해야 한다. 특별히 성경의 인물이나 사건을 중심으로 가르쳐야 한다. 이들에게 추상적인 단어나 내용을 가르치기는 아직 불가능하다. 유치아들에게 교리를 가르친다는 것도 쉽지 않다. 따라서 성경의 내용을 가능하면 재미있는 이야기(storytelling)로 바꾸어 가르치는 것이 필요하다.

유치아의 언어발달이 아직 미진한 상태이므로 교사는 아이들이 이해할 수 있는 단어를 사용해야 하며, 어려운 단어는 보다 쉬운 단어로 설명할 필요가 있다. 주의집중 시간이 매우 짧으므로, 교사나 설교자는 가르치는 내용에 아이들이 반응을 하며, 참여할 기회를 만들어야 한다. 예를 들면, 하나님의 창조를 가르칠 때에, 아이들로 하여금 하나님이 만드신 것을 발표할 수 있는 기회를 주는 것이다. 아이들은 상상력이 풍부하고 호기심이 강하므로, 그들의 생각을 발표할 기회를 주고, 질문을 할 수 있는 분위기를 만들어야 한다. 부모와 교사는 그들의 말을 진지하게 듣고 반응을 보여야 한다.

유아 및 유치아는 특별히 모방을 통해 많은 것을 배우고 익힌다. 따라서 부모와 교사는 신앙생활의 좋은 모델을 보여줄 수 있어야 한다. 기도와 예배 그리고 대인관계 등에서 하나님의 사람으로서 사는 모범을 보여줄 때에 성숙한 신앙인으로 아이들이 자라가게 된다.

이 시기의 어린이들에게도 좋은 음악을 들려주는 것이 필요하며, 노래와 악기를 통해 음악을 즐기도록 해야 한다. 그리고 미술과 운동 등 하나님이 주신 여러 가지 재능을 계발하며 발휘할 수 있는 기회를 제공해야 한다. 계속해서 이 아이들에게 좋은 이야기를 해주며, 그림책부터 시작하여 책과 가까이 할 수 있도록 환경을 만들어 주어야 한다.

구체적 조작기(具體的 操作期 Concrete operational period 7-11세)

컵에 물을 붓는 실험을 5-6세 아동에게 시행하면, 아동은 혼돈스러워 한다. 이러한 혼돈은 아동에게 보존의 능력이 발달하고 있음을 보여주는 표가 된다. 이러한 혼돈을 거치면서 7세 전후의 아동은 이제 사물의 보존성을 이해할 뿐만 아니라, 가역성(reversibiltiy)에 대해 이해할 수 있게 된다. 즉 밑이 좁은 컵의 물의 수위가 높아 물의 양이 많아 보이지만, 그 컵의 물을 다시 예전의 컵에 도로 부으면 수위가 같아질 것이라는 판단을 내릴 수 있게 된다.

아동들은 7세를 지나면서, 사물들을 어떤 기준에 따라 서열화(序列化)하고, 공통점과 차이점 또는 상호연관을 따라 유목화(類目化)하는 능력이 크게 향상되게 된다. 유년기의 아동들은 사물을 한 가지 관점에서만 보는데서 점차 벗어나 여러 관점에서 분석하고 판단하려는(decentering) 능력이 자라게 된다.

유년기(幼年期)의 아동들은 이제 말로써 뿐만 아니라 글로써 교육을 시킬 수 있는 단계에 있다. 따라서 기독교와 관련한 많은 책들을 읽을 수 있는 기회를 주어야 한다. 그리고 책의 내용을 요약하며 느낀 점을 나누며 발표할 수 있는 기회를 제공해야 한다. 성경의 인물과 역사적인 사건과 관련된 부분들을 스스로 읽도록 격려하며, 자신의 생각을 말이나 글로써 표현하고 나눌 수 있는 자리를 만들어 주어야 한다. 특별히 성경에 기록된 사건을 공부할 때에는 원인과 결과를 연결시키는 질문을 하고 대답을 듣는 방식을 잘 활용해야 한다.

교회학교 지도자들은 유년기 아동들이 하나님의 사랑을 성경을 통해서 뿐만 아니라, 현실에서 경험할 수 있도록 소그룹(반별)으로 또 개인적으로 보살펴야 한다. 그리고 그들이 교회학교에서 진정한 사랑과 기쁨과 즐거움을 누릴 수 있도록 환경을 조성해야 한다.

본격적(형식적)조작기(本格的 操作期 Formal operational period 11세 이상)

아동이 십대(十代)에 들어서게 되면, 눈에 보이지 않는 것들(추상적인 것)까지도 고려하면서 생각을 하고 판단을 내리는 능력을 소유하게 된다. 현재의 상황을 근거로 해서 이전에 발생한 일을 역(逆)으로 추적할 수 있게 된다. 또 가설을 세워서 현재의 일들을 가지고 앞으로 어떤 일들이 발생할 수 있을 것인지 가능성을 예측하고 예상할 수 있게도 된다.

본격적 조작기에 들어서는 사람들은 철학적인 문제들에 관심을 갖게 되어, 다른 사람과 비교하면서 자신을 깊이 생각하게 된다. 또 사회적 정치적인 문제에 대해 고민도 하며, 도덕과 가치에 대해 탐구하기도 한다.

물론 11세가 되면 모든 사람들이 본격적 조작기에 들어서는 것은 아니라고 한다. 아동의 신체적 성장과 다양한 상황에서 인지적 부조화를 겪으면서 이를 극복한 경험들, 그리고 주변사람들의 칭찬과 격려와 도전과 같은 사회적 상호작용에 많이 노출될 때에 본격적 조작기에 들어갈 가능성이 높아진다.

본격적 조작의 능력은 현실에 대해서 '왜?' 라는 질문을 하고 답을 찾는 과정에서, 다양한 관점을 살피며, 원인과 결과를 연결해 보고, 가설을 세워 결과를 추론하는 것을 말한다. 이런 능력이 발달함에 따라 십대 청소년들은 많은 생각과 고민을 하게 된다.

아동기에는 부모나 가족들, 학교나 교사 같은 주변 사람들에 대해서 비판적이거나 반항적이지 않다. 그러나 청소년기가 되면 자의식(自意識)이 강하게 되고, 나아가 주위 사람들이나 사물에 대해서 비교 분석하며 비판하고 판단을 내리는 의식들이 발달하게 된다. 또 부모나 교사나 주위의 권위에 대해 반항적인 태도와 행동이 나타난다. 그래서 홀(G. Stanley Hall)은 청소년기를 '질풍노도의 시기' (a period of storm and stress)로 부른다.

청소년기에는 다른 사람들이 자기를 주목(注目)하고 있다는 생각에 사로

잡혀 있다. 자기 나름대로 상상 속의 관중(imaginary audience)을 청소년들은 가지고 있다. 그래서 자신의 조그만 실수에도 큰 실망을 하고 낙심을 하는 경우가 많다. 나아가 자기의 고민이나 약점은 어느 누구도 이해할 수 없다는, 개인적인 신화(personal fable)를 품고 있는 경우가 일반적이다. 그래서 혼자서 고민하고 극단적인 생각에 빠지기도 한다. 그러나 그들은 이런 과정을 통해 철학적인 사고를 할 수 있게 되며, 인생을 성찰하며, 종교에 대해 회의와 방황을 통해 진정한 신앙에 이르기도 한다.[18]

교회학교 지도자들은 성경의 인물들과 예수 그리스도의 생애를 통해 청소년들을 위해 진정한 역할모델(role model)을 제시함으로써 신앙생활의 진면목(眞面目)을 보여줄 수 있어야 한다. 또한 교회학교는 기독교의 기본 교리를 효과적인 방법을 사용하여 청소년을 가르침으로써 건강한 그리스도인으로서 성장하도록 도와야 한다.

청소년기의 고민과 방황과 반항에 대해 부모나 교사들은 무엇보다도 수용적인 자세를 보이는 것이 필요하다. 그리고 그들의 생각을 들어주고, 유익한 책들을 권하고 좋은 상담자와 이야기를 나눌 수 있는 기회를 제공해야 한다. 인격적으로 청소년들을 존중하고 대화를 통해 당면한 문제를 풀어감으로써 건강하고 구비된 그리스도인을 세울 책임이 교회학교에 있다.

---

18) John W. Santrock, *Adolescence*, Boston: McGraw Hill, 2001, 134.

표1 _ 피아제, 콜버그, 에릭슨, 파울러 발달이론 비교표

<table>
<tr><th rowspan="2">피아제
(Jean Piaget)
인지발달이론</th><th rowspan="2">콜버그
(Lawrence Kohlberg)
도덕성발달이론</th><th colspan="4">에릭슨(Erik Erikson, 1892-1994)
심리사회적 발달 8단계</th><th rowspan="2">파울러
(James Fowler)
신앙발달론</th></tr>
<tr><th>단계</th><th>심리사회적 위기</th><th>중요한 사회관계</th><th>좋은 결과</th></tr>
<tr><td rowspan="3">출생-2세
감각운동기
Sensori-motor Stage
2-7세
전조작기
Pre-operational Period</td><td rowspan="3">제1국면
4-10세
인습적 전기(Pre-Conventional)
제1단계:
벌과 복종에 의한 도덕성
제2단계:
욕구충족 수단으로서의 도덕성</td><td>출생
-18개월</td><td>신뢰감 :
불신감</td><td>어머니 또는 어머니 대리자</td><td>신뢰와 낙천주의</td><td rowspan="8">단계1:
미분화된 신앙단계
Undifferentiated Stage
단계2:
직관적-투사적 신앙
Intuitive-Projective Stage
단계3:
신화적-문자적 신앙
Mythic-literal Stage
단계4:
종합적-인습적 신앙
Synthetic-Conventional Stage
단계5:
개별적-성찰적 신앙
Individualistic-Reflective Stage
단계6:
결합적 신앙
Conjunctive Stage
단계7:
보편적 신앙
Universalizing Faith</td></tr>
<tr><td>18개월
-3살</td><td>자율성 :
회의</td><td>부모</td><td>자기통제와 적절감</td></tr>
<tr><td>3-5살</td><td>솔선성 :
죄의식</td><td>기본가족</td><td>목적과 방향: 자신의 활동을 솔선적으로 함</td></tr>
<tr><td rowspan="5">7-11세
구체적
조작기
Concrete Operational Period
11/12세 이후
본격적(형식적)
조작기
Formal Operational Period</td><td rowspan="5">제2국면
10세 이상
인습적
(Conventional)
제3단계:
대인관계의 조화를 위한 도덕성
제4단계:
법과 질서 준수로서의 도덕성
제3국면
15세 이상(많은 사람이 도달하지 못한다)
인습적 후기
(Post-Conventional)
제5단계:
사회계약으로서의 도덕성
제6단계:
보편적 도덕원리에 대한 확신으로서의 도덕성</td><td>5살
-사춘기</td><td>근면성 :
열등감</td><td>이웃 :
학교</td><td>지적, 사교적, 신체적 기능이 유능함</td></tr>
<tr><td>청년기</td><td>정체감 :
혼미</td><td>동료집단과외집단: 리더쉽의 모델</td><td>독자적인 사람으로서의 자신에 대한 통합된 이미지</td></tr>
<tr><td>초기
성년기</td><td>친밀성 :
고립</td><td>친구 :
이성
경쟁 :
협동</td><td>친밀하고 지속적인 관계의 형성능력: 경력을 쌓기 시작함</td></tr>
<tr><td>중년기</td><td>생산감 :
침체감</td><td>일의 분담과 가사를 공동분담</td><td>가족, 사회, 미래의 후손에 대한 배려</td></tr>
<tr><td>노년기</td><td>통합감 :
실망감</td><td>인류,
아류</td><td>충만감과 자기 인생에 대한 만족: 죽음을 떳떳이 대함</td></tr>
</table>

✣ 학습 문제

1. 성경에서 말하는 사람의 네 가지 상태를 간략히 설명하라.

2. 학생들은 현재 어떤 환경 가운데서 지내고 있는가?(세 가지 환경) 그리고 세 가지 환경 가운데서 지내는 학생들을 위해 할 수 있는 일을 각각 한 가지씩 말해보라.

3. '성장' 과 '발달' 의 정의를 각각 내려보고 성장과 발달에 영향을 주는 요인 두 가지는 무엇이며, 각각을 간략히 설명해보라.

4. 대니얼 골맨은 학생의 부모와 교사가 지능지수와 함께 어떤 면에 대해 관심을 기울여야 한다고 했는가?

5. 하워드 가드너는 다중지능에 대한 관심을 촉구하고 있는데, 여덟 가지 중 네 가지 이상을 말해 보라.

6. 성경의 주장과 일반심리학의 주장의 중요한 차이는 무엇인가?

7. 피아제가 말하는 인지능력발달의 네 단계를 간략히 설명하라.

〈읽을 거리〉

마거릿 보든, 서창렬 역, 《피아제》, 시공사, 1999.

김경중 외, 《아동발달 심리》, 학지사, 1998.

2장

학생들은 어떻게 배우는가?

교육이란 학생들에게 긍정적인 변화를 가져오게 하는 의도적인 활동이라고 정의를 내렸다. 긍정적인 변화란 어떻게 이루어지는 것일까? 학생들은 어떻게 교사의 가르침을 자기의 것으로 삼게 되는 것일까?

1. 배움의 단계
긍정적인 변화(배움)는 어떤 과정을 거쳐 나타나는가?

교회교육은 사람들로 하여금 예수 그리스도를 믿어 하나님의 자녀의 권세를 갖도록 도우며 그를 아는 지식과 그의 은혜 안에서 예수님의 제자, 증인, 세상의 소금과 빛으로 자라가도록 돕는 것이다. 사람들이 믿음을 갖도록 도우며, 자라도록 돕는 신앙교육에는 세 가지 요소가 있다. 지식, 동의, 그리고 신뢰가 그 세 가지이다. 이 세 가지를 근거로 행동이 나타나게 된다. 이것을 좀 더 알기 쉽게 이야기해보자.

지식(인식)

신앙교육에는 하나님의 말씀을 가르치는 일이 있게 된다. 학생들은 하나님의 말씀을 통하여 하나님은 어떤 분이시며, 사람은 어떤 존재이고, 세상 만물은 어떤 의미가 있는가를 알게 된다. 나아가 그들은 죄가 어떻게 세상에 들어왔고, 죄로 말미암아 사람이 어떤 상태에 빠지게 되었으며, 하나님은 어떻게 그들을 구원하시는가를 성경을 통하여 배우게 된다. 또 성경은 믿음으로 구원을 받은 자가 어떻게 살아야 하는가를 가르쳐 준다. 이와 같이 신앙교육에 있어서 일차적인 것은 성경의 내용을 가르치고 기억할 수 있도록 돕는 것이다.

예수 그리스도가 하나님의 아들이시오, 죄의 삯은 사망이며, 예수님이 우리의 죄를 대신 담당하시기 위해 우리를 대신하여 십자가에서 죽으셨음을 알지 못하고서는 구원의 은혜를 누릴 수 없다. 예수님이 죽으신지 사흘 만에 사망의 권세를 이기시고 부활하사 오늘도 우리와 함께 하신다는 사실을 알지 못하면 우리의 믿음은 맹신(盲信)이라고 할 수밖에 없다. 올바른 믿음을 갖기 위해서는 성경의 내용을 반드시 알아야 한다. 로마서 10:17은 "믿음은 들음에서 나며 들음은 그리스도의 말씀으로 말미암았느니라."고 한다. 교사가 성경을 가르칠 때에 이를 듣는 학생들의 믿음이 생기게 되고 자라게 된다. 성령께서는 성경을 통하여 그리고 성경을 가르치는 교사를 통하여 일하신다.

동의(同意 이해)

신앙교육은 학생들이 성경의 내용을 알뿐만 아니라 동의(깨달음)할 수 있도록 가르치며, 공감할 수 있도록 돕는 것이다. 어떤 학생은 성경을 수백 구절을 외우면서도 다른 사람의 물건을 훔치기도 한다. 그런 일을 하면서도 별로 죄의식을 느끼지 못하는 사람도 있다. 아는 것과 행동하는 것에 연관이 이루어지지 않는 것이다. 물론 우리가 안다고 해서 그대로 다 행할 수 있는 것은 아니다. 그러나 앎을 통해서 그렇게 살고자 하는 동의와 소원이 있어야 하는 것이 정상이다. 따라서 교사는 학생들이 성경을 동의(이해)할 수 있도록 가르쳐야 한다. 그리고 성경을 머리로 이해하는 가운데 그 가르침을 가슴으로 느낄 수 있어야 한다.

예수님이 자기를 위해서 십자가에서 죽으셨다는 것을 머리로는 알지만, 그것이 나와 무슨 상관이란 말인가 하는 식으로, 감사하는 마음을 갖지 못하는 학생들이 종종 있다. 신앙생활은 성경을 많이 안다고 해서 완성이 되는 것이 아니다. 신앙에는 앎뿐만 아니라 깨달음[동의(同意)], 곧 정서적 반응이 수반되어야 한다.

성경은 모든 사람이 죄를 범하였다고 말하고 있고, 의인은 없나니 하나도 없다고 선포한다. 또 성경은 죄로 말미암아 사람들이 하나님의 진노와 저주 아래서 살고 있음을 증거한다. 사람들은 죄로 말미암아 죄책감의 고통과 죽음의 공포 그리고 심판의 영원한 저주 아래 살고 있다. 이 사실을 성경을 통해서 배워서 알고 있으면서도, 어떤 사람은 자신의 현재의 죄악 된 생활에 만족하므로 구원의 기쁜 소식을 무시하면서 살아갈 수도 있다.

사랑, 미움, 분노, 슬픔, 외로움, 두려움 등의 감정은 피상적인 지식만으로는 느낄 수 없다. 내가 죄인이라는 사실과 독생자를 주시기까지 인간을 사랑하신 하나님이, 나를 사랑하신다는 사실에 대해 깊이 생각해 보아야 한다. 또 자신의 현재의 형편과 연결하여 그 사실을 음미해 보아야 한다. 궁극적으로는 성령님의 도우심을 통해서 믿음은 성장하는 것이다. 그러나 사람의 편에서 복음의 내용과 자신과 세상의 형편을 알고 깊이 생각해 봄으로써 성령님의 은혜를 누릴 가능성이 커진다.

신뢰(信賴 적용)

신앙교육은 성경의 진리를 알고 깨달을 뿐만 아니라 그 진리를 신뢰(적용)하며 살아가도록 돕는 것이다. 앎에서 깨달음으로 그리고 깨달음에서 삶으로 나아가는 과정에는 계속적인 결단과 헌신과 노력이 필요하다. 그리스도인은 세상에서 살고 있다. 세상은 부단히 세상의 방식으로 살도록 신자들을 유혹하고 시험한다. 조금만 방심하면 그리스도인도 넘어지게 된다. 따라서 성경을 통하여 하나님의 뜻을 확인하고, 세상의 방식과 구별되는 하나님의 진리의 방식으로 살겠노라고 다짐을 하고, 삶의 순간순간마다 하나님을 신뢰하는 노력이 요구된다. 그리할 때에 하나님은 성령님을 보내셔서 그렇게 사는 자들이 승리하도록 도우신다.

교사가 "너희는 먼저 그의 나라와 그의 의를 구하라"(마6:33)는 말씀을 가르쳤으면, 학생은 그 말씀을 반복해서 읽고 암송해 보는 가운데 완전하게 외울 수 있을 것이다. 또 어떻게 하는 것이 하나님의 나라와 그의 의를 먼저 구하는 것인지를 생각해 보고 선생님의 설명을 듣고 친구들과 토론도 하는 가운데 이해할 수 있게 될 것이다. 그리하여 자신의 죄인됨을 인해 아파하고, 하나님의 구원의 사랑을 인해 기뻐하고 감사할 수 있게 된다. 나아가 주님을 신뢰하므로, 주님의 명령에 순종하며 살겠노라는 결단을 내릴 수 있을 것이다. 궁극적으로 그렇게 살기 위해 힘쓸 것이다. 시험시간에 다른 사람이 컨닝을 할 때에, 그리스도인도 유혹을 받을 것이다. 그러나 그는 다른 사람이 모두 부정행위를 한다고 할지라도, 끝까지 정직하게 시험을 칠 것이다. 비록 부정행위를 하는 사람들보다 자신의 성적이 나쁘게 나올

지라도 자신은 끝까지 정직하게 시험을 치르고, 나아가 그러한 학교의 분위기를 쇄신하기 위해 그가 힘쓸 때에, 그 신앙교육은 크게 성공했다고 하겠다.

2. 학습(배움)은 어떻게 이루어지는가?

학습이론에는 크게 세 가지가 있다. 자극-반응 학습이론, 인지-발견 학습이론, 그리고 인도주의적 학습이론이 그것이다.

자극-반응 학습이론

자극-반응 학습이론(The S-R View of Learning Theory)은 행동주의 교육이론가들(Behaviorists)이 개발한 것이다. 그들 중 손다이크(E.L. Thondike)는 시행착오를 통해 사람들이 학습을 하게 된다고 설명한다. 교사가 가르치는 내용에 대해 학습자가 기억하고, 교사의 질문에 정답을 맞추거나 시험에 좋은 점수를 얻게 되었다고 가정하자. 그러면 교사는 그 학생을 칭찬하고 상을 줄 것이다. 그러면 그 학생은 공부에 더 적극적인 반응을 보이게 된다. 교사의 가르침은 첫 번째 자극(S= stimulus)이 되며, 학생이 공부하고 시험을 치루는 것은 첫 번째 반응(R= response)이 된다. 이에 대해 교사의 칭찬이나 상을 주는 것은 두 번째 자극(S′)이 되고, 여기에 대해 더 적극적으로 공부에 임하는 학생의 태도는 두 번째 반응(R′)이 된다. 손다이크는 시행착오를 통한 학습과 관련하여 몇 가지 법칙을 제시한다.

준비의 법칙

학생의 운동신경이나 발달심리 그리고 개인적인 필요가 준비되어 있을 때에는 학습이 자연스럽고 효과적으로 이루어진다. 초등학교 1,2 학년 어린이들에게 역사(歷史)를 가르치지 않는데, 왜냐하면 역사를 이해하는 능력이 아직 발달이 되지 않았기 때문이다. 초등학교 5,6 학년쯤 되면 과거와 현재 그리고 미래에 대한 시간 개념이 발달되고, 역사적 사건의 원인과 결과의 관계를 연결지을 수 있게 된다. 따라서 그들의 지적인 능력이 준비 되었을 때에 특정한 과목이나 내용을 가르칠 때에 학습이 효과적으로 이루어진다.

순치(馴致)는 길들임이라는 뜻인데, "말을 냇가까지 끌고 갈 수는 있으나 물을 먹일 수는 없다."는 의미를 포함하고 있는 말이다. 아무리 좋은 선생이 좋은 내용을 가지고 재미있게 가르친다고 해도, 학생이 너무 어리거나 관심이 없으면 (준비가 되어있지 않으면) 학습이 이루어지지 않는다. 따라서 교사는 학생들의 정신연령을 고려해서 가르쳐야 하고, 특별히 학생들의 필요성을 자극하여 공부에 대한 의욕을 불러일으킨 후에 가르치는 것이 필요하다.

효과의 법칙

선생님이 가르쳐주신 것이 재미가 있거나, 써먹을 수 있거나, 칭찬을 듣게 되고 상(賞)을 받게 될 때에(효과가 있을 때에), 학생은 만족을 느끼게 된다. 효과는 학생으로 하여금 배우는 일에 더 큰 열심을 갖게 만든다. 교사는 조그만 일일지라도 학생들의 잘한 일에 대해 칭찬과 격려를 해야 한다.

연습의 법칙

성경암송에 있어서 학생이 여러 번 연습을 하면 암송을 더 잘 할 가능성이 높아진다. 또 외운 성경말씀을 학생들 앞에서도 외우고, 부모 앞에서도 외우고 계속 사용하게 되면 그는 그 본문을 더 잘 외우게 된다. 연습의 법칙은 사용 또는 불사용의 법칙이라고도 한다.

개인차의 법칙

사람들은 천부적(天賦的)인 성격과 재능 그리고 후천적(後天的)인 조건과 환경에 의하여 한 사람도 똑같지 않다. 따라서 가능하다면 모든 교육은 학생 개개인을 각각다른 방법으로 해야 한다. 그러나 학생은 많고 교사는 적기 때문에 개인별 교육은 사실상 불가능하다. 교회학교에서 이를 극복하는 방법은 교사와 학생의 비율을 가능하면 낮추고, 전체를 대상으로 설교하고, 분반하여 소그룹으로 성경공부를 할 뿐만 아니라, 개인상담을 통하여 일대일로 학생들을 지도하는 것이다.

기타

이외에 파블로프(Pavolv)의 조건반사 실험에서 보는 것과 같은 연관의 법칙이 있고, 멘토링(mentoring)에서 알 수 있는 개인 및 사회적 영향의 법칙이 있다. 그리고 의도적 학습(intentional learning)과 대조적으로 우연한 학습(incidental learning)의 법칙이 있다. 학생들은 우연한 기회에 깨닫게 된 것을 더 확실하게 배우는 경향이 있다. 따라서 교사는 교실 안에서 뿐만 아니라 일상생활 속에서 가르치는 기회를 활용해야 한다.

자극-반응의 학습이론은 특별히 단편적인 정보를 암기하게 하거나, 바람직한 행동이나 태도를 학생들에게 훈련시킬 때에 효과적이다.

인지-발견 학습이론

행동주의자들은 사람들의 머릿속에서 일어나는 일들에 대해서는 관심을 갖지 않는다. 그들은 관찰할 수 있고, 계량할 수 있는(observable and measurable) 외부에 나타난 요소들만을 연구에 대상으로 한다. 그러나 인지-발견 학습이론(Cognitive-Discovery Learning Theory)을 주창하는 게슈탈트(Gestalt 형태)심리학자들은 학습이란 자극과 반응으로만 설명할 수 없는 부분이 있다고 본다. 즉 사람의 머릿속에는 통찰력과 같은 작용이 있어서, 창의적인 아이디어들이 나타나게 된다고 주장한다. 게슈탈트 이론을 주장한 초기의 학자들 가운데 버트하이머, 쾰러, 그리고 코프카 등이 있다.

아르키메데스가 왕으로부터 금관에 불순물이 섞여있는지 알아내라고 했을 때에 어떻게 그것을 알 수 있을까 고민하였다. 그가 목욕을 하기 위해 통속에 들어가자 물이 넘쳐났는데, 그때에 아르키메데스는 비중의 원리를 발견하게 된다. 기존의 정보를 창의적으로 통합하여 새로운 지혜를 얻는 현상을 인지-발견 학습이론은 잘 설명해 준다.

아무리 많은 성경구절을 암송하고 있다 해도 자기에게 어떤 의미가 있는지 이해하지 못하고 살아갈 수 있다. 믿음은 하나님의 선물이요, 성령님을 통해서 사람은 믿음을 갖게 된다. 그러나 사람이 성경의 내용을 암기하고 이해하는 차원까지는 교육을 통해서 어느 정도 가능하다. 성경의 가르침을 학생들에게 이해하도록 돕기 위해서 인지-발견 학습이론이 제안하는 방법들을 활용할 필요가 있다.

인지-발견 학습이론은 아래와 같은 교수방법을 권장한다.

- 퀴즈나 그림이나 사진의 일부분을 보여줌으로써 호기심을 불러일으키고 답이나 전체를 생각해보도록 하라.
- 전체와 부분의 관계, 부분과 부분 사이의 상관관계를 살펴보도록 권장한다.
- 학생들의 생각과 관찰한 결과를 발표하도록 기회를 준다.
- 그들의 발표를 이해하기 위해 설명할 기회를 준다.
- 다양한 학습자료들과 관찰할 사물들을 제시하고 토론의 분위기를 유도

하라.

• 소그룹 토의를 활용하고, 학생들이 자치적으로 토의를 이끌도록 하고, 적극적으로 자신의 생각을 발표하도록 격려하라.
• 학생들이 스스로 생각하고 해답을 다양한 관점에서 찾아보도록 격려하라. 교사는 항상 자원인사(資源人士 resource person)와 도우미의 위치를 고수(固守)하라.
• 학생들이 결론을 맺을 수 있도록 도와라.

인지-발견학습이론은 학생들이 부분을 통하여 전체를 이해하는데 도움을 준다. 그리고 학생들이 주어진 문제에 대해 정답에 구애 받지 않고 다양한 해결책을 찾으며 비교분석하고 종합적인 안목에서 결론을 내리는 사고력을 개발하는데 유익하다.

인도주의적 학습이론

인도주의적 학습이론(The Humanistic View of Learning)에서는 지식의 전달 자체 보다는 학생들의 감정과 관계성에 최대의 관심을 기울인다. 영국의 니일(A.S. Neill)의 서머힐학교(Summerhill School)는 이 이론에 기초하여 운영되는 대표적 학교이다. 학생들의 자발적인 학습을 최대한 보장하고, 그들이 생각과 감정과 행동의 일관성을 지닐 수 있도록 권장한다. 오늘날 학생들이 지적인 공부에 억압되어 있어 자신이 진정으로 원하는 것을 하지 못하는 상황을 극복하려는 시도이다.

인도주의적 학습이론이 제안하는 방법은 다음과 같다.

• 학생들이 자신의 감정, 원하는 것, 필요(needs)를 알 수 있도록 돕는다.
• 역할극, 심리극, 모의실험게임(simulation game), 창의적 표현 기술 중

진 등을 통하여 지식과 감정이 연결되며 일관성을 갖도록 돕는다.

• 가치선별활동(Value Clarification Activities)을 활용함으로써 지식과 감정과 행동이 일관성을 갖도록 돕는다.

인도주의적 학습이론은 학생들에게 자유로운 선택의 기회와 선택에 대해 스스로 책임을 질 수 있도록 함으로써, 자신의 감정을 인지하도록 돕는다. 그리고 사례연구 등을 통하여 지식과 감정 그리고 행동이 일관성을 지니도록 하는데 유익한 방법이다.

학습의 단계와 학습이론을 연결시켜 생각해 보면, 자극-반응 이론은 성경구절을 암송하거나 성경의 내용(지식)을 기억하게 하거나 또는 단순한 기술을 습득하게 하는데 효과적이다. 인지-발견 이론은 학습한 성경의 내용이 삶에서 어떤 의미가 있는가를 이해하는데 유익하다. 인도주의적 학습이론은 성경의 지식과 이해한 바를 감정적으로 느끼고 삶에 적용하는 일관성을 증진시키는데 도움을 준다. 따라서 세 가지 학습이론은 어느 한가지만으로 충분하지 않고, 학습의 내용이 지식, 이해, 적용 중 어느 것인가에 따라 각각 유익하다.

3. 학생들의 학습성향에 따른 교육방법

학생들이 배우는 스타일(Learning styles)에는 아래 보는 바와 같이 대략 네 가지가 있다.

• 행동적 학습자(Kinesthetic learner) : 시행착오(施行錯誤)를 통해서 배우는 사람

• 청각적 학습자(Auditory learner) : 듣기만 해도 내용을 잘 이해하고 깨

닫는 사람

- 시각적 학습자(Visual learner) : 듣기만 해서는 잘 이해하지 못하고 실물(實物)같은 것을 볼 때에 잘 깨닫는 사람
- 촉각적 · 관계적 학습자(Tactual learner) : 무엇인가를 만지거나 다른 사람들과 함께 대화를 하면서 학습할 때에 효과가 있는 사람

행동적(行動的) 학습자

행동적 학습자란 교사의 강의를 듣거나 책상 앞에 앉아서 책을 읽음으로써가 아니라 스스로 해봄으로써 배우는 사람을 가리킨다. 직접 무엇을 하기를 좋아하고, 모험이나 경쟁이나 도전을 좋아하는 학생들이 이에 해당한다. 이들은 보통 행동을 먼저 하고 그 후에 반성(反省)을 하거나 성취감도 느낀다. 또 그 경험을 바탕으로 새로운 계획을 대강대강 세우기도 한다. 그러나 대체적으로 생각하기를 싫어하므로 치밀한 계획은 없이 실험적으로 여러 번 해보는 가운데 시행착오를 통해서 배우는 사람들이다.

이런 학생들을 교사가 가르친다면, 요점만을 간략하게 이야기해 준다. 즉 학생들이 가야 할 목적지만을 제시해 주는 것이다. 예를 들면 교사는 성경의 내용을 간단하게 가르친 후에 이렇게 말하는 것이다.

> "하나님은 이웃을 사랑하라고 우리에게 명하셨다. 오늘 집에 돌아가는 길에 너희들이 도와야 할 사람이 있는가 찾아보고 돕도록 하라. 그리고 다음 주일에 보고하라."

학생들은 선생님이 지시하신 것을 출발점으로 해서 도움이 필요한 이웃이 어디에 있는가를 찾아본다. 그들을 도울 수 있는 방법을 알아낸다. 그리고 조그만 일이라도 해서 어려운 사람을 도와준다. 주일에 교회에 오면 자기가 한 일을 보고한다.

이러한 방법은 몸으로 부닥치면서 배우는 것을 좋아하는 학생들에게는 신나고 즐거운 일이 될 수 있다. 그러나 소심한 아이들에게는 오히려 더 부담스러운 일이 될 수도 있다.

행동적 학습자에게는 요절을 암송할 경우 손유희나 몸동작을 성경말씀과 연결시켜서 외우도록 하는 방법이 효과가 있다. 초등학생들의 경우에는 교사가 가능하면 말은 적게 하고 성경에 나오는 인물들의 몸짓과 표정을 학생들이 직접 모방해 보도록 하는 방법을 사용할 수 있다. 또 초등학교 고학년이나 청소년들에게는 앞에서 예로 든 것처럼 어떤 프로젝트(project, 일)를 주어서 하게하고, 보고하게 하는 식의 방법이 유익하다. 역할극이나 모의실험(simulation, 모의당회, 모의법정) 등의 방법도 효과적이다.

청각적(聽覺的) 학습자

청각적 학습자는 말을 잘 듣고, 다른 사람의 말이나 주변의 소리에 민감한 사람이다. 그들은 다른 사람의 얼굴은 기억을 잘 못해도 이름은 잘 기억한다. 말과 글을 통한 학습에 능하다.

말로만 일러주어도 듣고 이해하며 실행까지 어렵지 않게 할 수 있는 학생이라면 청각적 학습자에 해당한다. "하나를 들으면 둘을 깨우치는 사람"이라는 표현이 있다. 선생님이 가르치는 것을 들을 때에, 많은 정보를 흡수하고 자기의 의견을 정립할 수 있는 사람을 가리킨다. 그러나 현실적으로 청각적 학습자는 전체 학생들 가운데 극소수에 불과하다. 따라서 교사는 청각적 학습자가 아닌 다수의 학생들을 위해, 일방적인 강의식으로 가르쳐서는 안된다. 교사가 강의를 하되, 질문을 하거나 학생들이 발표를 하도록 하거나 시청각교재를 사용하거나 다른 방법을 병행한다면 효과적인 교육이 될 수 있다.

대부분의 학생들은 교사가 "구원", "복음", "죄" ,"중생" 같은 이야기를 하면 고개를 끄덕인다. 그러나 실제로 그러한 성경의 진리를 이해하고 있는가를 확인하면 그렇지 못한 경우가 대부분이다. 아마도 학생들은 교사들의 말을 들으면서, 알 것도 같고 모르는 것 같기도 한 느낌을 가질 것이다. "도대체 선생님이 무슨 말을 하시는 것인가? 그것이 나와 무슨 상관이란 말인가?" 하는 질문을 학생들이 품던가, 아니면 아예 선생님의 말씀을 무시하고 장난치는데 바쁠 것이다.

청각적 학습자를 위한 교수방법은 그냥 이야기만 해 주어도 충분하다. 그러나 그렇지 못한 학생들을 위해서 교사는 성경에 기록된 사실을 가능하면 그림 언어[회화적(繪畵的)표현]로써 제시할 필요가 있다. 또 학생들을 성경의 상황 속으로 이끌어 들이기 위해 이야기식으로 흥미있게 설명해 주는 것이다. 사례연구와 같이 한 상황을 제시하고, 그 상황에서 사람들이 취할 수 있는 행동들을 최대한 많이 생각해 내게 하고, 각각에 대한 옳고 그른 것을 판단하게 만드는 방법도 사용할 수 있다. 청각적 학습자는 가능한 한 논리적인 순서 또는 극적인 효과를 살려서[기승전결(起承轉結)식으로] 성경의 상황을 설명해 주고, 자신의 입장을 밝히도록 기회를 주어 토론하는 방식을 통해 학습효과를 높일 수 있다.

시각적(視覺的) 학습자

시각적 학습자는 "백문이불여일견(百聞而不如一見)"이라는 말처럼, 백번 듣는 것보다 한번 보는 것으로 더 빨리 배우는 사람을 가리킨다. 이런 학생은, 그가 본 것은 그것의 색깔이나 세세한 부분에 이르기까지 잘 기억한다. 사람을 만나면, 세월이 흘러서 그의 이름은 잊어버려도 그 사람의 생김새와 입었던 옷과 분위기에 대해서는 잊지 않고 기억한다.

이런 학생들에게는 말로써 설명해 주는 것보다, 그림을 그려주던가, OHP나 비디오, 또 인터넷 같은 시청각 기구(機具)를 사용하는 것이 유익하다. 또 실물을 보여주던가, 아니면 현장방문(field trip)을 통해서 눈으로 보게 하는 방법을 사용하는 것도 효과적이다.

오늘날의 학생들은 텔레비전 세대(世代)요 인터넷 세대이다. 따라서 많은 경우 시각적인 도구를 사용하지 않으면 메시지가 전해지기 어렵다. 교사가 단순히 말로써만 가르치는 것이 아니라 그림을 그리면서 설명을 할 때에 그 효과는 배가(倍加)될 수 있다. 교사는 가능하면 시청각자료를 미리 준비하던가, 아니면 칠판이나 OHP또는 멀티미디어를 이용하여 눈으로 볼 수 있는 볼거리를 제공함으로써 시각적 학습자들을 도울 수 있다.

촉각적(觸覺的) · 관계적(關係的) 학습자

촉각적 · 관계적 학습자는 손으로 만져보고 느껴봄으로써 확실히 배우는 사람이다. 이들은 서로 존중하고 격려하고 칭찬하는 분위기 속에서 학습의욕을 가진다. 이들은 소그룹에서 토론을 하면서 배우는 것을 좋아한다. 어린아이들의 경우 그림그리기, 찰흙빚기, 모형만들기 등의 활동을 통해서 효과적인 학습이 이루어진다.

신앙교육은 촉각적 · 관계적 학습을 통해서 가장 효과적으로 이루어진다고 하겠다. 신앙이란 앞서 언급한 것처럼, 단순히 지식의 전달만이 다가 아니다. 신앙교육에는 성경의 내용을 전달하는 것 외에 깨달음과 동의(同意)라는 정서적 요소가 포함되어 있다. 따라서 신앙교육은 반드시 교사와 학생이라는 인격적인 관계를 기초로 해서 풍성하게 된다. 교사와 학생이 서로 신뢰함으로 성경을 가르치고 배우며, 서로가 가진 경험을 나누고 특히 감정을 나누어야 한다. 그리고 하나님의 뜻을 찾고 함께 순종의 삶을 걸어갈 때에 진정한 신앙교육이 이루어지게 된다.

교사는 반드시 성경을 잘 알고 하나님의 원하시는 바를 가르치므로, 진리의 말씀을 맡은 자로서 결코 거짓이나 불의와 타협할 수 없는 권위를 지녀야 한다. 그러나 교사는 이와 더불어 학생들을 섬기고자 하는, 자기보다 더 위대한 신앙의 인물로 양육하고자 하는 소원으로 말미암아 섬김의 사람이 되어야 한다. 그래서 여행가이드와 같이 학생들에게 많은 정보를 제공하면서도 그들 스스로가 많은 것을 직접 눈으로 보고 귀로 들어보고, 만져보고, 냄새를 맡아 보고, 맛을 보도록 기회를 제공해야 한다.

신앙교육에 있어서 가장 효과적인 방법은 성경적인 공동체를 세우는 것이다. 그래서 어린이들이나 청소년들이 하나님의 말씀이 현실화된 환경에서 숨을 쉬고, 귀로 듣고 눈으로 보고 손으로 만지면서 성장해야 한다. 그리할 때에 머리와 입과 손과 발이 성경적으로 반응하고 움직이는 하나님의 사람들이 나타나게 될 것이요, 그들을 통해 세계가 변화되는 일들이 이루어질 것이다. 이런 점에서 신앙공동체의 지도자들의 책임이 막중하다.

✣ 학습 문제

1. 긍정적인 변화가 나타나는 세 가지 단계를 말해 보라.

2. 당신의 가르침을 통해 학생들이 지식과 동의의 단계를 거쳐 신뢰의 단계에까지 이르도록 하기 위해 당신이 해야 할 일은 무엇인가 말해 보라.

3. 학습이론의 대표적인 세 가지는 무엇인가 말해보고, 각각을 간단히 설명하라.

4. 요한복음 3:16을 외우게 하고, 이해하게 하고, 삶에 적용하게 하기 위해, 어떻게 학생들을 가르치겠는가 간단히 설명하라.

	학생이름	교육방법
행동적 학습자		
청각적 학습자		
시각적 학습자		
촉각적 · 관계적 학습자		

5. 학생들의 학습성향 네 가지를 열거하고, 각각을 설명해 보라.

6. 당신이 맡고 있는 학생들이 각각 어떤 학습성향을 가지고 있는가를 확인하고, 그들에게 맞는 가르침을 주기 위해 어떻게 할 것인가 그 방안을 찾아보라.

〈읽을 거리〉

하워드 G. 헨드릭스, 정명신 역, 《삶을 변화시키는 가르침》, 생명의 말씀사, 1992 (1987).

사라 리틀, 사미자 역, 《기독교교육 교수방법론》, 한국장로교출판사, 1988.

3장

앎과 삶을 연결시켜주는 교수방법

우리나라의 교육은 주입식(注入式) 방법을 중심으로 이루어져 왔다. 교사는 강의하고, 학생들은 그 내용을 암기(暗記)하여 시험을 치는데서 그러한 현상을 볼 수 있다. 그러나 이러한 방법이 틀렸다고 매도할 수 있는 것은 아니다. 왜냐하면 학생의 수가 많고, 교사의 수는 적으며, 학교건물이나 교육기자재가 충분하지 않은 상태에서 택할 수 있는 경제적인 방법으로는 주입식 방법 외에는 없다고도 할 수 있기 때문이다. 이런 점에서 우리나라의 과거의 주입식 교육을 비판만 하는 것은 옳지 않다. 그러나 이제 한 교사가 학생들을 열 명 내외를 맡아 가르치며, 소그룹 하기에 적합한 교실이 준비되어 있으며, 화이트보드와 빔 프로젝트도 준비되어 있는 환경인데도 교사가 그냥 강의 방식만을 고집한다면 그것은 옳지 않다.

교육에는 두 가지 면이 있다. 가르치는 것[교(敎)]과 키워주는 것[육(育)]의 양면이다. 교회교육에 있어서 한 면은 하나님의 계시의 말씀인 성경과 과거의 신앙적인 유산을 교사가 학생들에게 가르치는 것이다. 만약 이것만으로 교육이 다 된 것으로 여긴다면, 교회의 개혁과 발전은 이루어지기 힘들 것이다. 교육은 가르치는 것과 더불어, 학생 개개인에게 하나님께서 주신 재능과 가능성들, 그리고 창의적인 능력을 키워주면서 배운 것을 확신하고 삶에 적용함으로써 열매를 맺는 신앙생활로 인도해야 한다. 질문법은 가장 손쉬우면서도 가장 창의성을 북돋우는데 효과적인 교수방법이다. 질문법과 그 외 몇 가지 앎과 삶을 연결시켜주는 교수방법을 살펴보자.

1. 질문법

대부분 우리나라의 부모들은 학교에서 아이들이 집에 돌아오면, "너 오늘 학교에서 공부 잘했니?"라고 묻는다. 그러면 과반수의 아이들은 다만 "응"이라고 대답한다. 그리고 그것으로 대화는 끝이 난다. 그러나 유대인 부모들은 "너 오늘 학교에서 선생님께 어떤 질문을 했니?"라고 물어본다. 이 질문을 통해 부모는 아이들이 학교에서 무엇에 대해 배웠으며, 얼마나 주의를 집중해서 수업에 임했으며, 어떤 것에 관심을 가지고 있었는가를 파악한다. 나아가 아이가 질문을 하도록 격려하고, 선생님께 질문을 적극적으로 하여 의문을 해결하도록 지도한다.

예수님은 그의 생애에 있어서 질문을 받기도 하시고, 친히 많은 질문을 하기도 하셨다. 누가복음 2:41 이하를 보면, 유월절에 예루살렘 성전에 올라가셨던 예수님은 12세의 소년으로서 그곳에 있던 랍비들과 자리를 같이 하셨다. 그리고 그들의 말을 듣기도 하시고 묻기도 하셨다. 사복음서에는 예수님이 100여개가 넘는 각기 다른 질문을 하신 것이 기록되어 있다. 중복

된 질문을 합하면 154가지의 질문이 기록되어 있다. 이것은 예수님께서 많은 다양한 교수방법을 사용하셨지만, 랍비 전통을 따라 특별히 질문법을 애용하셨음을 보여준다.

질문의 목적

예수님께서 질문하신 목적을 간단히 살펴보면 다음과 같다.

- 청중들이 문제를 깊이 생각해 보도록 돕기 위해. "안식일에 선을 행하는 것과 악을 행하는 것, 생명을 구하는 것과 죽이는 것 … 어느 것이 옳으냐"(막3:4)
- 정보를 입수하기 위해. "너희에게 무엇을 하여 주기를 원하느냐?"(막10:36)
- 상대방이 대답을 생각하게 하여 예수님의 하시고자 하는 뜻을 전하기 위해. "너희는 나를 누구라고 하느냐?"(마16:13, 15)
- 질문을 논증으로 사용하기 위해. "오늘 있다가 내일 아궁이에 던지우는 들풀도 하나님이 이렇게 입히시거든 하물며 너희일까 보냐? 믿음이 적은 자들아."(마6:30)
- 궁지에 몰아넣는 질문에 대한 대책으로. "요한의 세례가 어디로서 왔느냐? 하늘로서냐? 사람에게로서냐?"(마21:25)
- 그의 가르침을 설명하고 예시하기 위해. 다윗과 그의 추종자들이 성전의 진설병을 먹은 예를 드시면서(막2:25 이하).
- 가장 중요한 목적으로 질문을 사용한 것은 가르침을 강조하기 위해. "요한의 아들 시몬아 네가 이 사람들보다 나를 더 사랑하느냐?"(요21:15)

질문의 종류

질문에는 네 가지 종류가 있다.

- 아는 것을 말하도록 하는 질문(Cognitive recall): 책을 읽거나 강의를 듣고 공부한 내용을 알고 있나 확인하는 질문이다. 예를 들면, "요셉은 어디로 팔려 갔습니까?" "요셉은 몇 살에 애굽의 총리가 되었습니까?"와 같은 질문이다. 이런 질문에는 대개 한 가지 답만이 있다.
- 수렴적(收斂的)인 질문(Convergent question): 어떤 사실을 증명하거나 일반화하기 위해서 필요한 증거를 들도록 만드는 질문이다. 예를 들면, "요셉이 하나님의 절대주권을 믿고 있음을 어디서 볼 수 있습니까?"라든가, "하나님이 사랑이심을 우리는 어떻게 알 수 있습니까?"와 같은 질문이다. 이런 질문은 학생들로 하여금 여러 가지 대답을 생각하게 만들므로 좋은 질문이 된다.
- 확산적인 질문(Divergent question): 이미 알고 있는 정보를 근거로 하여 새로운 사실을 추측하거나 추구하게 하는 질문이다. 예를 들면, "애굽에 종으로 팔려간 요셉에게 어떤 어려움이 있었겠습니까?" "만일 당신이 요셉이라면 형들을 애굽에서 만나게 되었을 때에 어떤 기분을 느꼈을까요?" 또는 "요셉이 형들을 용서한 것처럼 오늘 당신이 용서해야 될 사람은 누구입니까?"와 같은 질문이다. 이런 질문은 특별히 적용과 관련하여 사용하기 좋다. 또 학생들의 창의성을 계발하는데 좋은 질문이다.
- 평가적 질문(Evaluative question): 이미 가지고 있는 정보를 이용하여 어떤 사건에 대한 가치 판단을 유도하는 질문이다. 예를 들면, "요셉이 그가 꾼 꿈을 그의 형들에게 말한 일은 옳은 일이었을까요?" 같은 것이다. 이런 질문은 정답이 없다, 조금 어려울 수도 있지만, 학생들 각자가 자기 나름대로 생각하고 답을 할 수 있다. 평가적 질문 역시

학생들로 하여금 배운 것을 깊이 생각할 수 있는 기회를 갖게 하고, 창의적으로 대답을 할 기회를 주는 좋은 질문이다.

질문의 유익

질문은 학습자의 의식이나 잠재의식 가운데 들어 있는 생각을 자극하고 구체화시키고 활성화시키는 작용을 한다. 예수님은 제자들이나 무리에게 질문하심으로써 그들의 생각을 깨우치시고, 그들이 막연하게 알고 있는 것들을 확실하게 알 수 있도록 도우신다. 또 그들의 모호한 태도를 분명하게 하도록 이끄신다. 사도바울은 디모데에게 "너는 배우고 확신한 일에 거하라"고 성령님의 감동하심을 입어 말했다. 배우고 확신한 일에 거하게 하며, 앎이 삶으로 나타나도록 돕는데 질문법은 상당한 효과가 있다. 질문을 하면 다음과 같은 유익이 있다.

질문은 학생들을 긴장하게 만든다

교사가 질문을 하면 학생들은 두 가지 반응을 보통 나타낸다. 한편의 학생들은 그 질문에 대답하려고 얼굴을 들고, 나머지 학생들은 선생님이 자기를 지명하지 않도록 머리를 숙인다. 하여간 질문은 학생들의 의식을 자극하며 생각하도록 만드는 촉매제의 구실을 한다.

좋은 질문은 학습자의 흥미를 자극하며, 학습동기를 유발하는 작용을 한다

교사의 질문에 대해 학생들이 "저요, 저요"하면서 손을 드는 모습을 떠올릴 수 있다. 교사는 질문을 통하여 학생들의 주의와 시선을 자기에게로 집중 시킬 수 있으며, 나아가 수업의 내용으로 그들의 관심을 이끌 수 있다. 예수님은 가이사랴 빌립보로 가는 길에서 제자들에게 질문하셨다. "사람들이 나를 누구라고 하느냐?" 이 질문을 통해 예수님은 다양한 생각을 하고 있던 제자들이 신앙고백을 할 수 있도록 인도하신다.

학생들의 생각을 표현할 수 있는 기회를 제공한다

질문을 한 후 학생들의 대답을 들을 때에 교사는 그들의 생각을 표현할 수 있는 기회를 제공하게 된다. 또한 교사는 그들의 대답을 통해 학생들이 지금 가르치려고 하는 내용을 얼마나 알고 있으며, 어떻게 이해하고 있는가를 짐작할 수 있다. 따라서 교사는 학생들의 현재의 형편을 이해하고, 수업을 어떤 방향으로 이끌어가야 할지를 알 수 있게 된다. 예수님은 또한 제자들에게, "너희들은 나를 누구라 하느냐?"고 물어보신다. 베드로가 "주는 그리스도시오 살아계신 하나님의 아들이니이다"라고 대답했을 때에, 예수님은 십자가의 비밀을 비로소 그들에게 가르치신다.

학습자의 머리에 잠재되어 있는 지식을 새로운 상황에 적용하게 한다

질문은 단순한 지식의 주입(注入)의 차원을 넘어서 학습자들의 머리에 잠재되어 있는 지식을 새로운 상황에 적용시키는 능력을 향상시키는 데 유익하다. 예수님은 영생의 길을 묻는 율법사에게 "율법에 무엇이라 기록되었으며 네가 어떻게 읽느냐?"(눅10:26)고 반문하신다. 또 "네 의견에는 이 세 사람 중에 누가 강도 만난 자의 이웃이 되겠느냐?"고 물어보신다.

학생들이 교수-학습 과정에 적극적으로 참여할 수 있게 만든다

질문은 학생들의 다양한 생각들을 표현할 기회를 제공하므로, 교수-학습 과정에 학생들이 적극적으로 참여할 수 있게 만든다. 나아가 학생들의 발표력을 높이며, 창의성을 발달시키며, 배운 것을 삶에 구체적으로 적용하는 능력을 배양하게 만든다. 선한 사마리아인의 이야기를 한 후, "오늘날 선한 사마리아인은 어떤 일을 할까요?" 또는 "우리 주변에 도움을 필요로 하는 사람들은 누구며, 어떻게 도울 수 있을까요?"라는 질문을 함으로써 창의적으로 현실의 문제에 접근할 수 있게 한다.

지식의 증진과 사고 능력을 향상시킨다

질문은 단순히 교사와 학생 사이의 교호작용(交互作用 interaction) 뿐만 아니라, 학생과 학생 사이의 교호작용의 파급효과를 가져와 지식의 증진과 사고능력을 향상시킨다. 질문에 대해 한 학생이 대답할 때에, 다른 학생들은 선생님이 주는 답보다 비판적으로 듣게 되고 자신의 답과 적극적으로 비교하게 된다. 그래서 자기의 의견도 발표하고 싶은 자극을 받는다.

아는 것과 모르는 것을 인식하게 한다

교사가 학생들의 대답에 대해 연속적인 질문을 하므로 아는 것과 모르는 것을 분명히 인식하는데 도움을 주고, 그들이 배우고 확신한 일에 거할 수 있도록 만든다. 예를 들어본다.

교사: 우리가 어려운 일을 만나면 어떻게 해야 하나요?

학생: 기도해야 합니다.

교사: 왜 기도해야 하나요?

학생: 하나님이 우리의 기도를 들어주시니까요.

교사: 하나님께서는 왜 우리의 기도를 들어주시지요?

학생: 하나님은 우리를 사랑하시니까요.

교사: 하나님이 우리를 사랑하시는지 어떻게 알 수 있나요.

학생: 예수님을 통해서 알 수 있어요.

교사: 왜 그렇지요? 사랑하면 문제를 다 해결해 줄 수 있나요?

학생: …

교사: 하나님은 우리를 사랑하시는 분이실 뿐 아니라 또 어떤 분이시지요?

학생: 하나님은 능력이 무한하신 분이시지요.

질문하는 방법과 질문법을 사용할 때에 주의할 점

질문은 좋은 교육의 방법임에는 틀림없다. 그러나 좋은 약도 잘못 사용하거나 과도하게 사용하면 오히려 나쁜 결과를 가져올 수 있다. 질문을 통하여 교육에 좋은 결과를 얻기 위해서는 다음의 것들에 주의해야 한다.

교사와 학생 사이에 신뢰가 먼저 있어야 한다

교사는 학생들을 사랑하고, 인격적으로 존중하는 자세를 가져야 한다. 학생들이 교사의 이러한 마음을 알고 있을 때에 질문과 대답이 활발하게 일어난다. 교사가 자신의 질문에 대한 학생들의 대답에 대하여 비웃는다거나 아니면 핀잔을 준다면 학생들은 소극적이 되며 방어적인 자세를 취하게 된다. 또 수업시간이나 교사에 대해 두려움을 느끼게 될 것이다. 교사는 학생들이 자유롭게 생각할 수 있는 분위기를 조성해야 한다. 그들의 생각과 대답이 존중된다는 인식을 갖도록 만들어야 한다.

질문은 쉬운 것, 사실적인 것, 그리고 일반적인 것부터 해야 한다

성경을 공부할 때에 "언제, 어디서, 누가, 무엇을, 어떻게?"와 같은 사실에 관계되는 질문을 먼저 해야 한다. 성경에서 쉽게 찾을 수 있는 사실에 관계되는 질문에 대한 답을 들은 후, "왜?"라는 질문을 함으로써 학생들이 보다 깊이 생각하며, 교수-학습 과정에 참여할 수 있는 길을 열어주게 된다.

예수님은 제자들에게 "너희는 나를 누구라고 하느냐?"라는 질문을 하기 전에 "사람들이 나를 누구라고 하느냐?"라는 일반적인 질문을 먼저 하셨다. 시험(유혹)에 대한 공부를 할 때에, "너희는 요즘 어떤 유혹을 많이 받고 있니?"라고 물어보면, 학생들이 입을 다물고 대답을 안할 것이다. 그러나 "요즘 너희 친구들이 많이 받는 유혹은 어떤 것이 있느냐?"고 먼저 묻는다면 학생들은 보다 적극적으로 대답을 할 것이다. 그후에 "너희는..."하고 묻는다면 그들은 보다 솔직하게 자신의 생각을 이야기할 것이다.

질문은 사실에 관계되는 것만 아니라 감정적인 면도 다루어야 한다

창세기 22장을 공부한다면, "하나님께서 이삭을 번제로 드리라고 하셨을 때에 아브라함의 기분이 어떠했을까요?" "아브라함은 모리아 산으로 가는 사흘 동안 어떤 생각을 했을까요?"라는 질문도 해야 한다. 그리고 학생들이 아브라함의 감정을 공유할 수 있도록 해야 한다.

교사는 성경에 나타난 인물들의 감정적인 반응을, 성경에 근거하여 먼저 자신이 공감할 수 있어야 한다. 나아가 학생들이 공감할 수 있도록, 감정과 관련하여 질문해야 한다. "여러분들은 언제 그런 느낌을 느껴본 적이 있습니까?"라는 질문을 통하여 학생들의 감정을 표현할 수 있는 기회를 제공해야 한다.

질문을 할 때에 교사는 특정한 몇 학생이 대답을 독점하지 않도록 살펴야 한다

교사는 수업시간에 참석하고 있는 모든 학생들이 대답에 참여할 수 있도록 때로는 소극적인 학생들의 이름을 지명해서 질문해야 한다. 이를 위해 교사는 눈에 띄지 않는 학생들에게 쉬운 문제를 질문하여 대답하게 하고 칭찬하고 격려해 주어야 한다. 그리하여 수업에 적극적으로 참여할 수 있게 할 수 있다.

간단한 '예' 나 '아니요' 와 같은 답을 피해야 한다

교사는 "예"나 "아니요"와 같이 간단한 대답을 요구하는 질문은 처음에 하거나, 가능하면 피해야 한다. 사실에 관계되는 질문은 대개 하나의 정답이 있다. 그러나 해석이나 적용에 대한 질문은 다양한 답이 있음을 주지시키므로 그들의 자유롭게 생각하고 자신의 의견을 발표할 수 있도록 격려해야 한다. 교사는 학생들의 다소 엉뚱한 대답이라고 할지라도 좋은 점을 인정해 주고, 긍정적인 반응을 보여줌으로써 참여를 유도해야 한다.

교사는 학생들의 다소 엉뚱한 질문에 대하여는 반문(反問)을 해야 한다

유대인들이 예수님께 나아와 "무슨 권세로 당신은 이런 일을 합니까?"라고 항의 했다. 이때에 예수님은 "요한의 세례가 하늘로서냐 사람에게로서냐?"라고 반문하셨다. 학생들이 "왜 술을 마시면 안됩니까?"라고 물을 때에는, "너는 어떻게 생각하니?"라고 반문함으로써 함정을 빠져나오면서 그의 생각을 들어볼 기회를 가질 수 있다.

교사는 질문을 던진 후에 학생들이 답을 찾을 시간을 충분히 주어야 한다

많은 교사들이 질문을 한 후 5초 이상 기다리지 못한다. 즉각적인 대답을 요구하는 것은 퀴즈대회에서는 좋으나 학습과정에서는 생각할 기회를 빼앗는 것이므로 좋지 않다. 교사는 질문을 던진 후에 학생들이 깊이 생각할 수 있도록 가능하면 충분한 시간을 주어야 한다.

교사는 연속되는 심화(深化) 질문을 해야 한다

교사는 학생들이 단편적인 지식들을 서로 연결시키거나, 새로운 상황에 적용할 수 있는 질문을 해야 한다. 연속적인 질문은 학습자가 아는 것과 모르는 것을 구별할 수 있게 하고, 아는 것을 분명히 알 수 있도록 돕는다. 나아가 그 지식을 활용할 수 있는 통찰력을 갖도록 도운다. 그렇지 않을 때에 학생들은 깊이 있는 생각을 할 기회를 갖지 못한다.

적용과 관련된 질문을 해야 한다

마지막으로 교사는 배운 바 지식을 어떻게 생활에서 적용하고 표현할 것인가에 대해 질문하고 답을 들어야 한다. "오늘 이웃을 사랑해야 할 것을 배웠는데, 이번 한 주간 동안 여러분이 도와야 할 이웃이 누구일까요? 어떻게 그 사람을 돕겠습니까?" 같은 질문을 해야 한다. 만약 교사가 이 부분도 일방적인 강의로 다룬다면, 학생들은 신앙생활에 있어서 수동적인 자세를 벗어날 수 없게 된다.

교사는 적용에 대한 학생들의 대답을 메모해서라도 기억하고 있다가, 그들이 그것을 행동에 옮겼는가를 점검해야 한다. 그리고 그들에게 간증할 기회를 주어야 한다. 그리 할 때에 앎과 삶이 이어지는 참된 교육이 이루어진다.

질문은 교사와 학생, 그리고 학생과 학생 사이의 교호작용을 활발하게 만든다. 또 좋은 질문은 학생들의 학습 의욕을 높이고 참여도를 높이는데 기여한다. 무엇보다도 질문은 학생들의 사고력을 향상시키고, 막연한 지식을 확신의 자리로 이끄는데 효과적이다. 더욱이 질문을 통하여 교사는 학생들의 머리 속에 들어 앉아 있는 지식을 삶 가운데서 구현시키는데 탁월한 효과가 있다. 교사는 성경본문을 깊이 묵상하고 교재를 연구하는 가운데 먼저 많은 것을 깨닫고 하나님의 은혜를 누려야 한다. 그리고 이러한 하나님의 은혜와 진리를 학생들이 스스로 깨닫는 기쁨을 누리도록 좋은 질문을 준비해야 한다. 그리할 때에 풍성한 열매를 맺는 성경공부 시간이 된다.

2. 앎과 삶을 연결시켜 주는 다른 방법들

교회학교 교사가 학생들로 하여금 앎과 삶이 일치하는 사람이 되도록 도울 수 있는 또 다른 방법은 무엇인가? 학생들에게 앎을 생활화하는 능력을 키워주기 위해서 교사가 할 수 있는 몇 가지 방법이 있다. 즉 글짓기, 그림그리기, 역할극(role play), 사례연구, 그리고 질문하기 등이 그것이다.

교회학교에서 많이 사용하는 프로그램 중에 성경퀴즈대회나 복습게임이 있다. 이러한 방법들은 학생들로 하여금 공부에 주의를 집중시키며, 단편적인 지식을 외우게 하고, 순발력 있게 대답하는 능력을 키워주는 효과가 있다. 그러나 반면에 학생들의 심성을 편안하게 만들어주지 못하고, 공격적이 되게 하고, 경쟁적으로 만드는 역할도 한다. 이러한 방법이 필요한 때도 있겠으나, 이보다 글짓기나 그림그리기 같은 방법들이, 성경의 내용을 학생들의 마음에 뿌리내리게 하고, 자신의 생각을 발전시키고 통전적인 사람(man of integrity)으로 키우는데 훨씬 효과적이다.

그림그리기

유치부에서는 성경의 내용이 스케치된 그림에 색칠하는 방법을 사용할 수 있다. 아이들에게 성경이야기를 해 준 후에, 그 내용이 연속적으로 스케치 된 것들을 하나씩 나누어 주어 색칠을 하게 한다. 그리고 나서 아이들로 하여금 그 그림을 보면서 성경의 내용을 이야기하도록 할 수 있다. 유년부의 경우에는 백지(白紙)를 나누어 준 후, 성경의 내용 중에 자신이 그리고 싶은 장면을 그리게 한다. 그리고 나서 자신이 그린 그림에 대해 설명하도록 하고, 다른 학생들의 질문에 대해 보충설명도 하는 가운데 성경을 이해하도록 한다. 초등부나 중등부의 경우, 공부한 성경의 교훈을 적용하는 것을 주제로 그림을 그리도록 하고, 자신의 의도를 서로 나누게 한다. 그리고 그 학생들이 개인적으로 또는 다 함께 실천할 수 있는 일들을 토의하고 실행하는 방법이 있다.

글짓기

글짓기는 교사나 학생들이나 부담스럽게 생각하는 것 중의 하나이다. 아마 주입식 교육을 받고 자란 교사들이 더 하기 싫어하는 것이 글짓기이기도하다. 요즘은 초등학교에서 학생들에게 매일 일기를 쓰도록 하고 있고, 중, 고등학교에서는 논술고사에 대한 훈련들을 많이 시키고 있다. 따라서 교회학교에서 글쓰기 방법을 사용하여 성경을 가르치는데 대해 학부형이나 학생들로부터 좋은 호응을 받을 수도 있다.

글을 잘 모르는 유치부의 경우, "나는 하나님을 사랑해요. 왜냐하면 ______________."라고 적힌 종이를 아이들에게 하나씩 나누어 준다. 그 종이에는 글 뿐만 아니라, 하나님의 사랑을 드러내는 그림들이 배경으로 그려져 있다. 교사는 어린이들이 그림을 보면서 한 사람씩 생각하고 대답하도록 한다. 그리고 교사는 아이들의 대답을 듣고 그 내용을 빈칸 위에 써준다. 유년부의 경우에는 성경을 공부한 다음, 느낀 점을 세 문장 정도로 쓰게 할 수 있다. 첫 문장은 오늘 공부한 성경의 내용과 관련한 것이다. 두 번째 문장은 하나님이 원하시는 것이 무엇인가에 대해 쓰도록 한다. 그리고 마지막으로 나는 어떻게 살겠노라는 적용을 한 문장 정도로 표현한다.

초등부 어린이들에게는 서간문 형식으로 글을 쓰게 한다. 오늘 배운 성경 말씀을 친구 또는 부모님께 편지를 쓰도록 하는 것이다. 중학생이나 고등학생의 경우에는 산문(散文) 뿐만 아니라 찬송가사, 논설형식, 나아가 시(詩)형식의 글 같은 다양한 글쓰기를 시도할 수 있다. 글짓기는 공부한 성경의 내용을 깊이 묵상할 수 있는 기회를 준다. 나아가 창의적인 사고와 표현을 키워준다는 점에서 많이 사용해야 할 교육방법이다.

역할극

역할극(役割劇 role play)이란 교사가 몇몇 학생들에게 특정한 역할과 상황만을 설정해 주고, 다른 학생들 앞에서 대화를 전개해 나가도록 하는 방법이다. 간단한 예로는 전도훈련에 이 방법을 사용할 수 있다. 교사는 반 학생들 중 자원자 두 사람을 먼저 선택한다. 자원자가 없으면 성격이 활달한

편에 속하는 두 사람을 지명한다. 그리고 반 학생들 앞에 나오게 한다. 한 학생에게는 친구초청주일에 옆집 친구를 인도하려는 초등학교 5학년 김하영의 역할을 맡기고, 다른 학생에게는 어머니를 따라 가끔 절에 가는 박은미의 역할을 맡긴다. 그 두 사람이 학교의 점심시간에 만났다고 상황을 가정한다. 하영이가 "은미야, 너 이번 주일에 우리 교회에 한번 가보지 않을래?"라고 말을 걸게 한다. 이 말로부터 시작하여 두 사람이 자유롭게(그러나 각각 신자와 불신자라는 역할을 벗어나지 않도록 하며) 이야기를 전개하게 한다. 대화가 어느 정도 충분히 이루어졌다고 교사가 판단하면 중지시키고, 두 사람에게 대화 중에 느낀 점을 이야기하도록 한다. 다음으로 두 사람의 대화를 들었던 학생들의 소감도 들어본다. 역할극에 직접 참여한 학생이나 지켜본 학생들 모두가 전도에 대해 강의만 듣는 것에 비해 훨씬 많은 것을 깨닫게 될 것이다.

고등학생들을 대상으로 "너의 부모를 공경하라"는 말씀을 가르친다고 하자. 교사가 한 학생에게는, 공부를 못한다고 구박을 하며 때로는 아들을 때리는 아버지의 역할을 맡긴다. 다른 한 학생에게는, 학원도 안보내주고 용돈도 잘 주지 않는 아버지에 대해 불만이 많은 고등학교 2학년 아들의 역할을 맡긴다. 그리고 나서 다음과 같은 상황을 설정해 준다. "어느날 밤 11시쯤 아버지가 술에 취하여 집에 돌아오셨다. 아들이 텔레비전을 보고 있는 것을 발견한 아버지가 아들의 머리를 때리면서 '야! 이녀석아, 하라는 공부는 안하고 언제까지 티비(Television)만 보고 있을 거냐?' 하고 말씀하셨다." 아버지 역을 맡은 학생이 실제로 이렇게 말함으로써 두 사람이 대화를 이끌어 간다.

이러한 역할극을 통해서 역할을 담당한 학생들은 그 사람의 입장에서 생각을 하면서 대화와 간단한 연기를 하는 가운데 그들의 감정을 경험하고 또 입장을 이해할 수 있게 된다. 또 두 사람의 대화를 지켜본 학생들은 자기들이 받은 느낌과 문제에 대한 해결책을 서로 나눔으로써 삶과 연관이 있는 성경공부를 할 수 있다.

역할극의 가장 중요한 특징은 극중 인물의 성격과 그 극이 시작되는 상황은 분명히 주어지지만, 그 후에 이야기가 어떻게 진행되어야 한다는 플롯(plot)이나 대본이 전혀 없다는 것이다. 대화가 시작된 이후의 상황은 역할을 맡은 이들에게 전적으로 달려있다는 것이 연극이나 즉흥극 또는 대화극과의 차이점이다.

사례연구(事例研究 case study)

사례연구란 어떤 특정한 문제의 상황을 학생들에게 제시해 준 후, 학생들로 하여금 그 문제를 해결하는 방법을 모색하도록 하는 교수 방법이다. 사례연구는 주어진 상황을 분석하고 다양한 해결책을 제시해 보고, 그 중에 가장 좋은 해결책을 선택하는 과정을 통해서 문제해결의 실제적인 능력을 키워주는 것이다.

사례연구의 방법을 마태복음 5:13-16의 세상의 소금과 빛이라는 말씀을 적용하는 과정에서 다음과 같이 사용할 수 있다. "너는 00고등학교 1학년 학생이다. 고등학교에서 처음으로 중간고사를 치면서 너는 큰 충격을 받았다. 왜냐하면 너의 반의 많은 학생들이 시험을 보면서 부정행위를 하고 있었기 때문이었다. 이러한 상황에서 너는 그리스도인으로서 가만히 있어서는 안되겠다는 생각을 하게 되었다. 너는 이런 상황에서 어떻게 하겠는가?"

교사는 3-4명의 학생들을 한 그룹으로 만들어서 이 문제에 대해 토의하고 해결책을 찾도록 도울 수 있다. 사례연구는 문제해결학습법(problem-solving method)에서 흔히 사용하는 다음의 과정을 따라 진행할 수 있다.

- 문제 이해의 단계: 제시된 사례에서 언급되지 않은 부분에 대해 상황을 보다 구체화시킨다. 공부에 참여하는 학생들의 실생활의 경험에

근거한 자료들을 기초로 상황을 재구성할 수도 있다.

- 추구해야 할 목표와 그 목표를 달성할 수 있는 대안(代案)을 찾는 단계: 이 상황에서 가질 수 있는 현실적인 목표를 세우고, 그 목표를 달성할 수 있는 여러 가지 방법들을 찾아내는 단계이다. 대안을 찾아내는 과정에서 두뇌폭풍(brainstorming, 참여하는 모든 학생들이 각각 자신의 의견을 발표하고, 그 후에 토론을 통해 최종 결정을 내리는 방법)을 사용할 수도 있다.
- 결과를 예측하고 가장 좋은 방법을 선택하는 단계: 여러 가지 제시된 방안들 가운데 토의를 통해 몇가지로 의견이 모아지게 되면, 그 각각의 방안에 대한 결과를 예측해 본다. 각각의 방법은 장점과 단점을 가지고 있으므로, 나타날 결과를 서로 비교하고 평가해 본다. 그리고 하나님의 말씀에 합당하고, 현실적으로 가장 좋은 결과를 가져다 줄 방안을 결정하는 것이다.

3. 학생들의 앎과 삶을 연결시키는 교사

교사는 학생들의 창의력을 고취시키기 위해 학생들이 생각할 수 있는 환경을 만들어 주어야 한다. 교사는 학생들이 가지고 있는 잠재력을 이끌어내고, 발휘할 수 있도록 하는 위치(enabler, facilitator)를 지켜야 한다. 교사는 학생들이 답을 빨리 찾도록 하는 것보다, 어떻게 답을 찾아가는가 하는 과정에 더 큰 관심을 가져야 한다.

교사는 학생들이 모르는 정보를 제공하는 역할(resource person)에 머물러 있어야 한다. 그럼으로써 학생들로 하여금 보다 적극적이고 능동적인 문제해결자(problem-solver), 개혁자(reformer), 지도자(leader)로서의 자격을 갖추는데 도움을 주게 된다.

이러한 방법을 사용하려면 시간적 제한과 자료의 부족 그리고 능력의 한계를 느낄 수도 있다. 이를 극복하기 위해서 교회학교의 지도자들은 교사들이 듣기만 하는 것이 아니라, 실제로 해 볼 수 있는 기회를 제공해야 한다. 특별히 질문을 잘 하고, 창의적인 교수방법을 잘 사용하는 모델을 보여주어야 한다. 그럼으로써 보다 학생들의 앎과 삶을 연결시키는 교사들을 세울 수 있다.

교육은 가르치는 것만이 아니라, 학생들에게 하나님께서 주신 재능과 가능성들을 키워주는 것임을 잊지 말아야 한다. 학생들이 창의적으로 그것들을 발휘할 수 있도록, 교사들은 방법을 찾고, 학생들에게 생각하고 발표할 수 있는 기회를 주어야 한다. 그리할 때에 21세기를 이끌어갈 하나님의 사람들이 교회학교를 통해 많이 배출될 것이다.

✤ 학습 문제

1. 질문의 네 가지 종류를 말하고 각각을 간단히 설명하라.

2. 질문의 유익(일곱 가지)을 네 가지 이상 말해 보라.

3. 질문하는 방법과 질문할 때에 주의할 것은 무엇인가?

4. 앎과 삶을 연결시켜주는 방법 네 가지를 말하고, 각각에 대해 간단히 설명해 보라.

5. 다음 주일 분반공부 시간에 앞의 네 가지 방법 중 최소한 한 가지를 활용하려면 어떤 방법을 어떻게 사용할 것인가 말해 보라.

6. 앎과 삶을 연결시키는 교사가 되기 위해 당신이 하고자 하는 한 가지 구체적인 방법을 설명하라.

7. 앎과 삶을 연결시키는 교사가 될 때에 학생들은 어떤 사람으로 성장하게 되는가?

〈읽을 거리〉

김난예, 전천혜, 조정열, 《세대적 교사들의 교수-학습방법》, 한국장로교출판사, 1994.
C.B. 이비, 박영호 역, 《기독교교육원리》, 기독교문서선교회, 1995.

4장

하나님의 임재를 경험하는 예배

전통적으로 개혁교회와 장로교회는 언약신학에 근거하여 어린이나 청소년을 위한 예배를 별도로 갖지 않는다. 이런 교회에서는 만 3세 이하의 영아들을 제외하고는 모두가 한 자리에 모여 시작부터 끝까지 함께 예배를 하는 것을 원칙으로 한다. 이러한 교회들 중 간혹 예외가 있다. 즉 어떤 교회에서는 담임목사가 전체 회중을 위해 설교하기 전에 교육담당 교역자가 강단에 나와서, 유치부 어린이들을 강단 앞으로 불러내어, 그들을 위한 설교를 먼저 하기도 한다. 이 경우, 아동설교가 끝나면 회중전체가 찬송하는 가운데 어린이들은 자기 교실로 가서 공과공부나 특별활동을 하기도 한다. 이러한 예배의 방법은 교회가 남녀노소, 빈부귀천의 구별 없이 한 몸을 이루고 있음을 분명하게 드러내어, 세대 간의 유대감과 일체감을 가지고 하나님을 섬기며 역사를 이어가는 유익이 있다.

우리나라의 주일학교의 경우, 오랫동안 성인들과 청소년 또는 어린이들이 따로 예배시간을 나누어 가져왔다. 이러한 방식은 유익한 점도 몇 가지 있다. 첫째로, 협소한 예배와 교육의 공간을, 시간을 달리하여 이용함으로써 최대한으로 활용할 수 있는 장점이 있다. 둘째로, 예배의 인도자나 설교자가 어린이나 청소년의 눈높이로 각각 적합한 찬송과 기도 그리고 연령층에 맞는 설교를 할 수 있다는 좋은 점이 있다. 그러나 각각 따로 예배를 하게 될 경우, 하나님의 백성으로서의 일체감을 약화시키고, 세대 간의 연대감이 희박해지는 부작용이 생긴다. 더욱이 한 가족이 따로 예배함으로써 가정에서 신앙적인 공감을 가지기가 어렵다는 단점이 있다.

1. 예배란 무엇인가?

교회는 하나님의 백성들의 모임이다. 교회는 예배, 교제, 교육, 전도/선교, 그리고 봉사의 다섯 가지 기능을 수행한다. 이러한 기능들 중 가장 우선적이고도 가장 중요한 일은 예배이다. 하나님의 자녀들이 주님의 날에 한자리에 모여 함께 성삼위(聖三位) 하나님께 몸과 마음을 드리는 일은 하나님이 기뻐하시는 일이다.

예배란 단어의 히브리어나 헬라어가 지니는 의미는 '봉사', '섬김', 또는 '영광'이라는 뜻이 있고, '엎드려 부복하다', '경배하다', '머리를 숙이다', '누구의 손에 입 맞추다' 같은 뜻이 있다. 우리말의 예배(禮拜)란 "경의를 표하여 절하다"란 의미이다. 하나님의 권위를 인정하고 그에게 복종한다는 의미를 포함한다.

영어의 '워십'(worship)은 '가치를 부여함'(worth + ship)이란 어원을 가진다. 예배란 곧 예배의 대상에게 최고의 가치를 부여하는 행위이다. 하나님은 특별히 그의 자녀들이 한 자리에 모여 하나님께 예배하기를 요구하신다. 이때에 예배하지 않고 다른 일을 한다면, 이는 하나님에게 절대적인 가치를 부여하지 않고, 예배 대신에 하는 일을 더 중요하게 여기는 것이 된다. 따라서 우상숭배가 된다. 따라서 하나님은 예배하는 사람들을 귀하게 여기시고, 예배를 소홀히 하는 자를 징계하신다.

그리스도인의 예배의 대상은 삼위일체 하나님이시다. 우주만물과 사람을 창조하시고, 죄인을 구원하시는 일을 계획하시고 이루시며, 믿는 자들의 아버지가 되시는 성부(聖父), 인간의 몸을 입고 이 땅에 오셔서 십자가에서 죽으시고 부활하시며 승천하신 성자(聖子), 그리고 개인과 교회를 회복시키시며 부흥을 주시는 성령(聖靈) 삼위일체 하나님만이 우리의 예배를 받으시기에 합당하시다.

예배에 참여할 수 있는 자격과 의무는 예수 그리스도를 믿음으로 말미암아 죄와 형벌에서 구원을 받고, 하나님의 자녀의 신분을 얻게 된 모든 사람에게 주어진다.

예배의 자세는 하나님의 은혜에 대한 감사의 마음이 있어야 하며, 그에게만 영광을 돌리며, 그에게 헌신과 복종을 기꺼이 드리고자 하는 믿음의 마음이다. 하나님께서는 자기에게 나아오는 그의 백성들 가운데 친히 그의 영광을 나타내시며, 새로운 은혜를 그들에게 베풀어주신다. 예배를 통하여 하나님은 그의 자녀들을 만나시며 그의 영광을 그들 중에 나타내시며, 그들과 교제하신다.

2. 예배의 요소

예배에는 네 가지 요소가 있다. 하나님께 찬양과 감사와 영광을 돌리는 것, 하나님이 받으시기에 합당한 산 제물이 되기 위한 회개, 하나님으로부터 오는 신령한 은혜를 받는 것, 그리고 헌신과 순종이 그것이다.

찬양과 감사와 영광을 하나님께 돌림

예배의 가장 중요한 목적은 하나님께 영광을 돌리는 것이다. 하나님은 모든 만물과 사람의 유일한 예배의 대상이시다. 하나님은 창조주, 섭리주, 구원자, 그리고 심판주이시다. 모든 사람은 그에게 찬양과 감사와 영광을 돌려야 한다. 항상 예배하는 마음으로 살아야 할 뿐만 아니라, 교회가 정한 주일 예배 시간을 통해 찬양과 감사와 영광을 하나님께 돌려야 한다.

이러한 예배가 되기 위해 인도자는 예배를 시작하기 전에 하나님의 성품과 사역(person and works)에 대해 선포해야 한다. 그리고 예배의 첫 찬송은 반드시 하나님의 위대하신 능력과 지혜, 사랑과 인애(仁愛) 그리고 공의와 거룩하심을 찬양하는 내용의 찬송 이어야 한다.

회개

하나님께서는 죄와 불의를 용납하지 않으시는 거룩하신 분이시다. 하나님은 그의 앞에 나오는 사람들이 점과 흠이 없기를 요구하신다. 예수 그리스도를 믿는 사람들은 이미 목욕을 했다.(요13:10, 롬8:1-2) 그러나 매일의 삶에서 범하는 죄와 허물로 발이 더러워져 있다. 따라서 죄를 회개해야 한다. 예배하는 사람들은 자신을 돌아보며 에배 시간에 자신의 죄를 개인적으로 또 공동체적으로 고백함으로써 하나님께 나아가는데 거리낌이 없어야 한다. 따라서 예배 중에 하나님의 말씀(특별히 십계명)에 비추어 자신의 죄를 고백하는 시간이 있어야 한다. 그리고 예수 그리스도 안에서 죄 용서함을 받았음을 확인함으로써 구원의 기쁨을 회복하며 즐거운 마음으로 하나님의 은혜의 보좌 앞에 나아가야 한다.

하나님의 은혜를 받음

예배는 사람의 편에서 하나님께 자신을 드리는 시간일 뿐만 아니라, 하나님께서 베푸시는 은혜를 받는 시간이다. 그래서 예배를 '드린다' '본다' 는 말보다는 예배를 '한다' 는 말이 더 적합하다. 하나님은 예배 시간에 성령과 말씀의 은혜를 주시며, 영육 간에 질병과 고통과 상처로부터 치유함을 주신다. 무엇보다도 하나님은 임마누엘[임재(臨在)]의 은혜를 예배 시간에 주신다.

하나님의 은혜는 찬송, 설교, 기도, 성도의 교제 등 예배의 순서 순서를 통해 각 사람에게 임한다. 예배하는 학생들은 은혜를 받기 위해 모든 순서에서 하나님을 바라보아야 한다. 하나님은 겸손히 하나님을 앙망하는 자에게 은혜를 베푸신다. 따라서 예배 인도자는 최선을 다해서 예배자들이 하나님께 마음을 집중하도록 도와야 한다.

헌신과 순종

예배의 요소 중 마지막은 헌신과 순종이다. 예배자는 하나님께서 과거에 주신 은혜를 기억하고 헌신해야 한다. 예배 자체가 헌신을 뜻하며 특별히 헌금 순서가 헌신을 나타낸다. 그리고 오늘 설교를 통해 주신 말씀의 교훈과 명령에 대해 헌신하고 순종해야 한다. 설교 후의 개인 또는 공동의 기도는 반드시 헌신을 다짐하며 순종을 약속하는 내용이 포함되어야 한다.

3. 예배의 부차적(副次的)인 역할

예배의 일차적인 의미는 감사와 찬송과 헌금 그리고 사랑과 헌신의 고백과 결단을 통하여 하나님께 영광을 돌리는 것이다. 하나님께서는 이렇게 자기에게 예배하는 사람들을 찾으신다. 그리고 그들에게 성령님과 말씀을 통하여 자신의 영광을 나타내시면서 그들에게 위로와 힘과 소망을 주시고, 나아가 은혜와 진리로 그들을 지도하시고 인도하신다. 예배는 그리스도인들이 하나님께 드리는 것이지만, 또한 하나님의 백성들이 그로부터 새로운 은혜를 받는 통로가 된다.

예배는 하나님과 그의 백성 사이에 이루어지는 교제라는 기본적인 뜻에 더하여, 오늘 우리의 현실에서 하나의 부차적인 성격을 지닌다. 그것은 예배가 어떤 지역 교회를 전체적으로 평가하는 하나의 기준으로 작용한다는 것이다. 일반적으로 사람들이 교회를 방문하게 될 때에 그 교회에 등록을 할 것인가 말 것인가를 심사숙고하게 된다. 이러한 결정의 과정에서 남녀노소를 불문하고 제일 먼저 고려하는 것이 예배의 분위기이고, 좀 더 좁게 말하면 설교이다. 과거에는 교회당이 있으면 사람들이 그 교회의 예배에 첫 번째 참석할 때에 등록을 하는 것이 보통이었다. 그러나 요즘에는 그런 사람이 거의 없다. 여러 교회를 다녀보고 몇 번씩 예배에 참석해 본 후에 비로소 등록을 한다. 교회를 정하는 판단의 근거를 예배에 둔다. 따라서 예배는 그 교회의 질적성장 뿐만 아니라 양적(量的)성장에 큰 영향을 끼친다.

우리의 현실은 교회학교가 모든 면에서 성인들을 위한 목회와 독립되어 있다. 그래서 교회학교는 '작은 교회' 라고도 불리운다. 이런 형편에서 교회학교의 예배는 위에서 언급한 모든 내용을 다 고려해야 한다. 특별히 교회에 처음 나온 어린이들이나 청소년들이 하나님을 예배하는 의미를 잘 이해하며, 그들이 지속적으로 하나님을 만나 질적으로 성장하며, 교회학교가 양적으로도 성장하는 예배가 되도록 지도자들은 힘써야 한다.

4. 보다 의미있는 예배를 위하여

교회학교의 예배 형식은 대체로 성인들의 축소판으로 이루어지고 있다. 그렇게 진행되는 것이 잘못일 수는 없다. 그러나 어린이들이나 청소년들이 그 의미를 모르는 체 무작정 어른 예배를 모방하고 있는 것이라면, 그것은 옳지 않다. 따라서 교회학교의 예배 인도자는 학생들이 예배의 의미를 알고 참여할 수 있도록 도와야 한다. 또 그들의 연령을 고려한 순서와 진행이 되도록 개선을 해야 한다. 교회학교의 예배가 하나님께 온전한 영광을 돌려드리고, 또 교육적인 결과가 있으며, 더 많은 예배자를 얻기 위해서 몇 가지 실제적인 제안을 해 본다.

예배로의 부름

예배를 시작할 때에 '예배로의 부름' 이 있어야 한다. 많은 교회학교가 종을 치는 것을 신호로 하여 "다같이 묵도하므로 예배를 시작하겠습니다."라는 말과 함께 시작한다. 종을 침으로써 주의(注意)를 환기시키고 예배가 시작됨을 표시하는 것은 유익하다. 그러나 그것이 파블로프(Pavlov)가 조건반사를 시험하기 위해 종을 치는 것과 같은 형편이라면 곤란하다. 종을 치던 안치던, 예배를 시작할 때에 인도자는 간단명료하게 최소한 두 가지의 내용을 말해야 한다. 첫째는, 예배에 참석한 학생들을 환영하는 내용이다. 둘째는, 예배의 대상이 누구인가를 밝히는 내용이다.

예를 들면 다음과 같이 예배로의 부름을 할 수 있다. "사랑하는 어린이 여러분! 지난 한 주간 동안 잘 지내셨어요? 여러분들을 보니까 참 반가워요. 여러분들이 오늘 주일 예배에 참석하신 것을 환영합니다. 오늘 우리가 예배하는 하나님은 이 세상 만물을 창조하신 능력의 하나님이셔요. 또 하나님은 우리를 사랑하시는 우리의 아버지가 되시는 분이셔요. 우리 다 함께 기쁨과 감사하는 마음으로 하나님 아버지께 예배합시다."

예배로의 부름의 첫째와 둘째 말 사이에 학생들끼리와 학생들과 교사들 사이에 서로 인사를 나누도록 하는 것도 공동체 의식을 고양하고, 한 마음으로 예배하는 데 도움이 된다. 또 예배 시작 전에 처음 나온 학생이나 오랜만에 나온 이들을 위해 인도자가 환영하는 말을 하거나, 간단히 그들을 소개하는 것도 좋다. 그렇게 할 때에 그들이 좀 더 편안한 마음으로 예배에 참여하게 된다.

예배의 의미를 설명

성인의 경우도 그렇지만 교회학교의 경우 모든 활동은 교육과 연관된다. 따라서 예배로의 부름 전후에 3분 내외로 예배의 의미와 자세에 대해서 간단히 설명하고 학생들이 신령과 진정으로 예배를 하도록 촉구하는 것이 필요하다. 매주 한 가지씩, 예배의 의미, 기도하는 자세, 찬송을 부르는 이유와 방법, 헌금의 의미, 설교를 듣는 태도 등에 대해서 설명하고 가르침으로써 매주일 보다 나은 예배로 이끌 수 있다. 날씨가 좋고 교회당 입구에 적당한 장소가 있는 경우, 예배실에 들어가기 전에 이러한 예배를 위한 교육을 한다면 더욱 효과적이다.

예배의 맥이 끊어지지 않도록 준비

예배의 진행에 있어서 순서와 순서 사이에 틈을 주지 않도록 배려해야 한다. 나이가 어린 아동일수록 주의가 쉽게 산만해 진다. 따라서 예배 인도자가 "김00 선생님이 우리를 대표해서 기도하시겠습니다"라는 멘트가 있자마자 기도 담당 교사는 강단에 나와서 기도를 해야 한다. 요즘 빔 프로젝트를 교회학교 예배 시간에 많이 활용하는데, 이때도 마찬가지이다. 예배 시작 전에 모든 장비와 파워포인트나 동영상을 점검해서 불필요한 시간의 공백이 없도록 해야 한다. 그리할 때에 예배자가 예배에 집중할 수 있다.

이러한 문제들을 극복하기 위해 각 교회학교는 그들 형편에 맞는 해결책을 찾아야 한다. 유치부나 유년부의 경우 순서 사이에 적합한 찬송을 부르는 방법이 있다. 어떤 예배이든지 다음 순서를 맡은 사람들은 앞의 순서가 마치자마자 곧 이어서 자기 순서를 할 수 있는 자리에 있어야 한다. 순서가 바로 이어지지 않을 때에 예배 인도자는 어린이들이 계속 예배에 집중할 수 있도록 임기응변으로 멘트[에드립(ad lib)]를 해야 한다.

십계명 선포와 신앙고백

예배 시간에 십계명 선포나 교독의 시간이 최소한 월 1회는 있어야 한다. 오늘날 점점 선과 악의 기준이 모호해지고 있다. 교회학교의 지도자들은 성경공부 시간에 십계명을 가르칠 뿐만 아니라 예배 시간에도 십계명을 학생들에게 주지(周知)시켜야 한다.

십계명을 선포 또는 교독하기 전후에, 십계명은 우리 영혼의 거울이라는 사실을 설명한다. 거울은 더럽거나 잘못된 것을 찾도록 도와주고, 화장(化粧)을 하는데 도움이 되는 도구이다. 이와 같이 우리 자신을 십계명에 비추어 죄를 발견하고, 예수 그리스도의 십자가의 보혈로 깨끗함을 받자는 도전을 한다. 그리고 깨끗함을 받은 후, 예수님의 신부로서 십계명의 가르침대로 살아가므로 아름답게 단장(丹粧)을 하자고 권면할 수 있다. 회개의 시간이 있은 후에는 요한일서 1:9이나 시편 103:11 이하의 말씀을 낭독하고 용서받았음을 확신할 수 있도록 한다. 그리고 회개와 용서에 관계되는 찬송을 부른다.

신앙고백의 순서도 한 달에 최소한 한 번은 가져야 한다. 우리는 전통적으로 사도신경으로 신앙고백 시간을 갖는다. 이때에 "사도신경으로 신앙고백하겠습니다"라고 할 수도 있겠으나, 인도자가 "어린이 여러분, 여러분은 성부, 성자, 성령 하나님에 대해 무엇을 믿고 계십니까?"라는 질문을 하고, 이에 대한 대답으로서 어린이들이 신앙고백을 하는 것도 좋은 방법이다. 이렇게 할 때에 처음 교회에 나온 아이들도 사도신경이 어떤 의미를 가진 것인지 이해할 수 있게 된다. 또 신앙고백은 기도라고 하기 보다는 하나님 앞에서 그리고 교회공동체와 세상을 향한 것이다. 따라서 신앙고백을 할 때에는 반드시 눈을 감지 않아도 된다. 도리어 오른 손을 들고 사도신경을 말함으로써 신앙의 고백이 뜻하는 바를 보다 분명하게 드러낼 수도 있다.

설교

어린이나 청소년들에게 설교를 할 때에, 성경봉독은 강대상을 앞에 놓고 하고, 설교는 강대상 앞으로 나와서 하는 것도 시도할만하다. 이렇게 할 때에 강대상 때문에 생기는 설교자와 청중 사이의 거리감을 줄일 수 있다. 이 방법은 청중의 수와 강대상의 높이에 따라 조정이 필요하다. 청중이 50 명을 넘지 않을 때에는 강단이 그리 높지 않아도 이렇게 함으로써 학생들의 주의를 집중시키는 효과가 있다. 그러나 청중이 많을 경우에는 강단이 어느 정도 높아야 뒤편에 앉은 사람들의 주의를 끌 수 있다.

설교자가 강대상 앞으로 나와서 성경을 들고 - 성경 안에 설교의 개요를 적은 메모지를 넣을 수도 있다- 설교를 할 때에 청중과의 눈 접촉(eye contact)이 많아지고, 보다 역동적인 전달이 있게 된다. 청중이 많은 경우 마이크를 손에 들고 할 수도 있고, 좋은 핀 마이크를 사용함으로써 손이 보다 자유롭다면 효과가 더욱 크다.

교회학교의 설교의 길이는 약 10분 내외가 알맞을 것이다. 그러나 이것은 설교자의 역량에 달려있는 것이지 철칙은 아니다. 어린이들에게 적합한 단어를 사용하고 그들이 경험하고 있는 신앙적인 문제를 성경을 근거로 설교한다면 20-30분의 설교도 가능하다. 설교를 10분 정도 해서 학생들의 마음에 회개할 생각과 새로운 결심을 갖도록 돕는다는 것은 쉽지 않을 것이다. 그러나 성경에 충실하고 성령충만을 받은 설교자는 시간의 길이에 상관없이 좋은 결과를 나타낸다.

공동체성의 증진

교회학교에서 연령층을 따라 예배를 따로 시행하므로 생기는 공동체 의식을 강화하기 위해서, 교회는 당회와 교육위원회를 중심으로 연합예배를 자주 시도할 필요가 있다. 연합예배가 교회학교 프로그램에 지장을 주지 않도록 배려하면서, 전체 예배를 통하여 교회의 일체감과 역사의식을 진작시킬 책임이 당회와 교육위원회에 있다. 이를 위해 저녁예배와 특별절기 예배 그리고 교회학교 수료예배 등을 사용할 수 있다.

평가

교회학교의 예배가 끝난 후에 예배 인도자는 예배에 대한 평가를 학생들 앞에서 할 수 있다. 나쁜 점보다는 좋은 점들, 개선된 점들을 부각시켜 평가하므로 학생들을 격려하고 칭찬해야 한다. 나아가 다음 예배 때에는 어떤 점에서 보다 하나님이 기뻐하시는 예배가 될 수 있을 것이라는 희망사항을 말해야 한다. 그 다음 주일에는 예배 시작 전에 개선해야 할 부분들을 미리 말해 줌으로써 점점 바람직한 예배로 이끌 수 있다. 그들이 예배를 통하여 하나님께 찬양과 감사, 회개와 헌신과 교제를 가짐으로써 하나님의 임재를 경험하게 될 때에 그들의 삶에 변화가 있게 될 것이다. 나아가 세상을 변화시키는 영향력을 나타낼 것이다.

메빅 또는 윙윙

메빅(MEBIG)[19] 또는 윙윙(wing/wing)[20]의 방법을 사용할 수도 있다. 메빅은 메모리 바이블 게임(Memory Bible Game)의 약자이다. 메빅이 예배를 중심으로 한다면, 윙윙은 예배와 함께 소그룹에 관심을 가진다.

메빅의 경우 말씀을 암송하여 생활 속에 실천하게 하고, 설교, 성경공부, 찬양과 기도가 핵심을 이루는 강력한 예배를 드리게 한다. 또 즐겁고 신나는 놀이와 캐릭터를 등장시킴으로써 연령층에 맞는 예배가 되게 하는 장점이 있다.

윙윙은 크게 두 가지 사역이 있다. 대그룹 사역과 소그룹 사역이다. 대그룹 사역에는 윙윙 축제 예배와 윙윙 캠프를 운영한다. 소그룹 사역에는 윙윙 어린이 셀과 윙윙 전인적인 양육 시스템을 가지고 개인적인 양육을 한다.

지도자들은 부단히 교회학교의 예배가 신령과 진정의 예배인가 점검해야 한다. 사회적인 변화와 문화적인 영향에 의해 학생들의 마음이 '길 가'와 같이 되기가 쉬운 오늘날이다. 그러나 교회학교의 지도자들이 이러한 현실 가운데서 예배를 귀하게 여기며, 진정으로 하나님을 기쁘시게 하는 예배를 위해 헌신할 때에 변화가 있게 될 것이다.

지도자들은 자신이 먼저 진정한 예배를 준비하며 또 드려야 한다. 그리고 학생들에게 예배의 의미를 가르쳐야 한다. 그리고 그들에게 하나님이 기뻐하시는 예배를 드리도록 도전해야 한다. 그리고 예배에 변화를 시도하며 개선해 나아가야 한다. 그렇게 함으로써 하나님께는 영광이요, 예배에 참여하는 모든 이들에게는 큰 기쁨과 감격과 새로운 은혜를 누리게 될 것이다. 예배는 교회교육의 중심이 되며, 교회학교의 사역에 있어서 변화의 출발점이 된다.

---

19) 메빅에 대한 자세한 내용은 홈페이지 http://mebigkorea.or.kr/를 참고하라.
20) 윙윙에 대한 자세한 내용은 홈페이지 http://www.wingwings.com/를 참고하라.

✤ 학습 문제

1. 예배자가 될 수 있는 가장 중요한 자격과 의무는 무엇인가?

2. 당신은 어떤 점에서 예배자로서의 자격을 갖추고 있는가?

3. 예배의 네 가지 요소가 무엇입니까? 모든 예배에 왜 그 네 가지가 필수적인가?

4. 당신의 교회는 예배의 네 가지 요소를 다 갖춘 예배를 드리고 있는가? 다 갖추고 있다고 생각한다면, 어떤 점에서 그렇게 생각하는가?

   *다 갖추고 있지 않다면, 어떤 요소가 빠져 있는가? 어떻게 그 요소를 보충하고 있는가?

5. 예배의 부차적인 역할이란 어떤 것인가?

6. 당신의 교회학교의 예배는 이 부차적인 역할을 어느 정도 감당하고 있다고 생각하는가? 어떤 점에서 보완이 되어야 한다고 보는가?

7. 당신의 교회학교의 예배가 보다 하나님을 기쁘시게 하는 예배가 되기 위해, 개선해야 할 것이 있다면 무엇인지 말해 보라.

〈읽을 거리〉

김경란, 《CC 현장보고서》, 규장, 2000.

김종준, 《나는 유년주일학교에 생명을 걸었다》, 규장, 2000.

5장

학생들의 삶을 변화시키는 분반공부

대구의 모교회가 2002년도에 자체 조사한 결과에 따르면, 그 교회의 교사 중 14.9%만이 현재의 분반공부에 만족하고 있다. 또 그 교회의 학생 2명 중 1명(47.2%)은 분반공부를 지겨워하고 있다고 한다. 심지어 몇 학생은 분반공부가 없으면 좋겠다고 했다.[1)]

이 통계에 의하면, 교사들의 분반공부시 사용하는 교수방법은 질의응답법(46.5%)과 강의식(32.6%)을 주로 사용하고 있었고, 토론방식이 일부 교사들(16.3%)에 의해 사용되고 있었다. 이에 대조적으로 학생들은 토론식(51.9%), 강의식(22.2%) 그리고 질의응답식(18.5%)의 순으로 교수방식을

---

1) 삼덕교회, www.samduk.or.kr "건강한 교회학교를 만들기 위한 진단 I", 참고.

선호하고 있었다.

위의 교회의 교사들 10명 중 9명에 해당하는 89.2%의 교사가 교회교육이 현재 위기상황에 있다고 생각하고 있다. 그러나 앞으로의 교회교육을 전망하면서 전체 교사의 47.8%가 발전가능한 것으로 보고, 그저 그렇다가 32.8%, 비관적으로 보는 교사가 19.4%였다.

이 통계가 한국교회 전체를 대표하는 것으로 단정해서는 안되나, 한국교회의 교육의 한 단면을 보여주고 있음은 부인할 수 없다. 예외적인 교회도 많이 있겠지만, 대부분의 사람들은 한국교회의 교육이 위기에 처해 있음을 공감할 것이다. 현재 한국의 교회교육에 있어서 분반공부를 중심으로 현실을 진단하고, 현재의 문제를 극복하고 분반공부의 활성화를 가져올 방안과 원리를 살펴본다. 학생들의 삶에 변화를 가져오는 분반공부가 되려면 어떻게 할 것인가?

1. 분반공부의 현실

대부분의 교회학교는 1부 예배에 이어, 2부 순서로 분반공부를 한다. 분반공부는 대체로 총회에서 발행한 교재를 중심으로 이루어진다. 교재가 다루고 있는 내용을 효과적으로 다루려면 적어도 20분 이상의 시간이 필요하나, 실제로 공과공부에 집중할 수 있는 시간은 보통 10분 내외이다. 교사는 학생들을 불러 모으고 출석점검을 하고 주의를 끌기 위해 잔소리를 하다 보면, 정작 하나님의 말씀을 가르칠 시간을 놓치고 만다. 따라서 교사는 짧은 시간에 성경 본문의 내용을 간략히 요약하거나, 아니면 교사 자신이 하고 싶은 말을 하는 것으로 분반공부 시간을 때우는 경우가 많은 것 같다.

분반공부 시간에 다루는 주제나 내용은 예배 시간에 선포된 설교의 주제나 내용과 일치하지 않는 경우가 보통이다. 그래서 학생들은 많은 것을 들었으나, 마음판에 새긴 것이 아무 것도 없이 집으로 돌아가는 경우가 많다.

유치부는 물론이거니와 초등부나 중등부 학생의 경우, 정보를 소화하고 기억하는 능력이 부족하다. 동기가 부여되어 있을 때에도 많은 내용을 이해하기가 이 나이에는 어려운데, 설교와 분반공부의 주제가 다를 경우, 지겨워하면서 앉아있는 아이들에게 '소의 귀에 경 읽기' [우이독경(牛耳讀經)] 현상이 안 일어날 수가 없다. 결국 아이들은 선생님의 말씀에 귀를 기울이지 않고, 딴 짓을 한다. 그러다 보니 분반공부가 불필요하다는 극단적인 주장까지 나온다.

많은 교회학교는 분반공부를 끝으로 모든 순서를 마치고 학생들은 집으로 돌아간다. 그러나 어떤 교회학교는 분반공부 후 다시 전체 모임을 갖는다. 이때에 생일축하나 새가족환영 또는 각 반의 성적을 발표하는 순서를 갖기도 한다. 이런 순서가 어떤 교회에서는 학생들에게 다음 주일의 모임에 대한 열심을 불러일으키기도 하나, 어떤 교회는 지나치게 경쟁심을 부추기므로 말미암아 소란과 혼돈을 가중시키기도 한다.

2. 분반공부의 목적

교회교육에서 사람들에게 영향을 주는 요소들

교회의 시설이나 프로그램 그리고 교인 한사람 한사람은 다른 사람들의 삶을 변화시키는 데 기여한다. 교회건물이 어둡고 우중충하면 교인들도 그런 분위기에 젖기가 쉽다. 건물이나 시설보다 더 영향력이 있는 것은 교회 지도자들의 태도이다.

예배의 분위기는 예배에 참석하는 사람들의 심리적 상태에 큰 영향을 준다. 예배를 인도하는 사람과 설교자의 심리는 예배의 분위기를 조성하는데 매우 큰 영향을 끼친다. 인도자는 대개 간접적으로 메시지를 전달한다. 그의 심리적 상태가 하나님의 사랑을 깊이 느끼고, 하나님의 능력과 위엄에 감격하고 있다면, 그가 인도하는 예배에 참석한 사람들은 하나님의 사랑과 능력과 위엄을 암암리에 느끼게 된다. 인도자가 직접 하나님에 대해 언급을 하지 않더라도 그의 감정이 사람들에게 전염된다.

설교자는 메시지를 선포한다. 인도자와 마찬가지로 설교자의 심리적 상태와 어조(語調) 그리고 몸짓언어(body language)나 표정을 통해서 간접적인 커뮤니케이션이 예배에 참석한 사람들과 설교자 사이에 이루어진다. 그러나 인도자와는 달리 설교자는 그의 설교를 통해 직접적으로도 의사소통을 가진다. 따라서 예배의 인도자와 설교자는 (기도나 찬양이나 광고 등의 순서를 맡은 사람들과 더불어) 예배자들에게 큰 영향력을 발휘한다. 예배를 통해 교인들의 마음에 형성된 이러한 심리적 상태는 결국 교회의 전반적인 이미지를 만들게 된다.

그러나 교회학교에서 가장 영향력이 큰 것은 분반공부이다. 소그룹으로 모이게 되고, 이에 따라 일방적이 아닌 상호적인 커뮤니케이션이 가능하기 때문이다.

분반공부의 목적

분반공부의 목적은 하나님의 말씀을 학생들 한사람 한사람의 형편에 맞게 가르치기 위함이다. 나아가 학생들이 그 말씀을 개인적으로 적용시키도록 하기 위함이다.

삶이 변화한다는 것은 네 가지 면을 가지고 있다. 첫째는 지식의 변화이다. 몰랐던 것을 알게 되는, 지식의 양적 증가를 가져오게 되는 것이다. 또한 하나님의 뜻에 어긋나는 지식을 성경을 통해 바로잡는 일도 여기에 포함된다.

둘째는 정서적인 면에서의 변화이다. 하나님의 뜻을 알게 됨으로써, 하나님을 기뻐하고 감사하게 된다. 또 하나님을 기쁘시게 하는 삶을 살고자 소원하는 마음을 갖게 하는 것이다. 전에는 하나님께 대해 무관심하고 내가 좋아하는 일만 했는데, 이제는 하나님을 사랑하고 하나님이 원하시는 일에 관심을 갖는 변화를 말한다.

셋째는 의지적인 면에서의 변화이다. 하나님의 뜻을 알고 거기에 동의할 뿐만 아니라, 하나님의 뜻에 순종하기로 결단하는 것을 가리킨다. 하나님의 말씀을 자신의 삶에 적용하는 과정을 통해 의지적인 변화는 일어난다.

마지막 넷째로, 행동적인 면에서의 변화이다. 자신의 생각과 말과 행동을 하나님이 기뻐하시는 뜻을 따라 바꾸어나가는 삶을 가리킨다. 행동적인 면에서의 변화는 단번에 이루어지기도 하나, 대부분 여러 차례의 시행착오를 통해 이루어진다. 이것은 마치 영어를 배우는 것에 비유할 수 있다. 영어시간에 아침인사는 "굳 모닝"(Good morning.)이라는 것을 배운다. 그리고 다음에 미국인을 만나면 '굳 모닝이라고 하겠다' 라고 결심을 한다. 그러나 다음 날 아침에 미국인을 만났을 때에 "안녕하세요"라는 말이 튀어나오든가 아니면 그냥 아무 말도 못하고 외면하며 지나가버린다. 그리고 나서 곧 후회를 한다. 이런 일이 몇 번 지난 후에 "굳 모닝"하고 인사를 하는데 성공한다. 그 후에는 영어로 인사를 잘 하게 된다. 분반공부의 궁극적 목적은 지정의(知情意)의 변화를 거쳐 실생활에서 배운 것을 실천하도록 돕는 것이다.

설교는 이미 예수 그리스도를 영접한 사람과 그렇지 못한 사람을 대상으로 이루어진다. 설교자는 구원의 복음, 그리고 믿음과 삶의 진리를 전함으로써, 믿는 자는 구원의 확신을 갖고 성경이 가르치는 대로 순종하는 삶을 살도록 돕는 것을 목표로 한다. 그리고 아직 예수님을 영접하지 않은 이들은, 구원의 은혜를 덧입어 하나님의 자녀가 되도록 하는데 목적이 있다. 따라서 설교는 보다 정서적인 접근이 강조된다.

이와 대조적으로 분반공부는 구원의 복음이나 믿는 자의 삶에 대해서 가르침으로써 학생들의 동의를 끌어내는 것을 목적으로 한다. 나아가 그들이 배운 것을 구체적으로 그들의 삶에 적용하고 고백하며 간증할 수 있도록 지도하는 책임이 교사에게 있다.

예배는 모든 사람들이 참여한다. 예배하는 시간에는 소수의 사람들(특히 인도자나 설교자)만이 전체를 상대로 이야기할 수 있고, 나머지 사람들은 그들의 말을 수동적으로 듣는다. 예배에 참석하는 사람들은 대부분의 시간을, 강단에 서서 순서를 맡은 사람들의 얼굴과 앞에 앉은 사람의 뒷머리를 보고 있어야 한다. 그러나 분반공부는 5명 내외(예외적으로 수십 명이 모일 수도 있으나)의 사람들로 그룹이 형성된다. 즉 '분반' 이라는 말이 내포하는 대로 소그룹이다. 따라서 서로의 얼굴을 보게 된다. 한 사람 만이 이야기하는 것이 아니라 모든 사람이 서로의 생각을 나눌 수 있다. 대화를 통해서 상대방을 알아가고 자신을 다른 사람에게 알리는 기회를 갖게 된다.

교인들 중에 많은 분들이 어머니 뱃속에서부터 교회를 나간 사람들이다. 그러나 예수님을 하나님의 아들이시요, 나의 구주, 나의 주로 믿고 고백하는 일은 오랜시간이 지난 후에 일어나기도 한다. 아마도 진정한 신앙고백이 늦어지는 이유 중 하나는 일방적으로 듣기만 하는 교육에 있다고 생각된다. 설교시간에 아이들에게 말할 기회를 준다는 것은 합당하지 않다. 그러나 분반공부 시간에도 학생들이 듣기만 하고 있어야 한다는 것은 분반공부를 하는 목적에 벗어나는 일이다.

분반공부 시간에는 가능하면 학생들로 하여금 말을 많이 할 수 있도록 교사는 배려해야 한다. 그들이 하나님의 말씀을 어떻게 들었고 어떻게 이해하고 있는지를 발표할 수 있는 기회를 주어야 한다. 또 학생들이 알게 된 하나님의 뜻을 실생활에서 순종하려면 어떤 어려움이 있는지, 어떻게 하면 잘 순종할 수 있는지에 대해 서로 이야기를 나누도록 해야 한다. 학생들이 성경의 가르침과 자신들의 형편을 잘 연결시키면 시킬수록 그들의 삶에 구체적인 변화와 성장이 있게 된다.

교육은 성장 그리고 성숙을 목표로 한다. 교육은 또한 가르치는 것과 발표하는 것의 두 가지 면이 있다. 교회교육은 예수 그리스도를 닮은 인격과 예수님처럼 일하는 사람들로 성장하고 성숙하게 하는 것이 목적이다. 분반공부 시간에 교사가 예수님의 인격과 사역을 가르치는 것(임프레션 impression)과 학생들이 배운 것을 어떻게 이해하고 또 적용하고 있는지를 발표하는 것(익스프레션 expression)의 양면(兩面)이 잘 조화될 때에 좋은 결과가 있게 된다.

3. 분반공부를 통해 학생들에게 변화를 가져오게 하려면

교회교육이 어려운 형편에 있다고 한다. 많은 교사들이 의욕을 잃고 있고, 많은 교회학교 학생들이 마지못해 참석하고 있다. 이런 상황을 어떻게 극복할 것인가? 누가 먼저 교회학교의 부흥을 가져오는 일에 앞장 설 것인가? 학생들인가? 교사들인가? 그렇다 교사들이 헌신해야 한다. 교회의 지도자를 탓하고, 학생들을 탓하고, 시간이 부족하고, 시설이 열악하고, 교재가 부실하다는 비난을 하기 전에, 교사는 하나님 앞에서 자신을 돌아보아야 한다. 그리고 학생들을 위해, 하나님의 영광을 위해 회개하고 헌신하고 희생을 각오하고 충성해야 한다.

스페인 속담에 "자신이 불이 붙지 않고는 다른 사람에게 불을 붙일 수가 없다"라는 말이 있다. 교사의 마음에 부흥이 일어나야 한다. 교사는 자신과 학생들과 교회에 부흥이 일어나도록 먼저 기도해야 한다. 부흥은 인간의 힘으로 일어날 수 없다. 하나님의 절대주권과 전적 은혜로 부흥은 일어난다.

이를 위해 교사는 먼저 하나님의 사랑을 깊이 생각하며 은혜를 받아야 한다. 하나님의 사랑을 경험하지 못한 학생들과, 세상을 변화시키려 하기보다 세상에 동화되어가는 학생들에 대해 안타까워하는 목자의 심정을 회복해야 한다.

나아가 교사는 현실의 어려움 보다 하나님의 능력이 더 크심을 인정해야 한다. 교사는 더 이상 패배의식에 사로잡혀서 낙심하고 무기력한 형편에 빠져 있어서는 안된다. 세상을 이기신 예수 그리스도의 능력을 믿어야 한다. 교사는 주님의 십자가와 부활의 능력으로 세상의 거센 파도를 이길 수 있음을 믿어야 한다.

4. 효과적인 성경공부 준비

분반성경공부 모임은 교사와 학생, 그리고 학생들 간에 교제와 영향력이 작용하는 중요한 시간이다. 분반성경공부는 학생 개개인의 신앙의 성장이나, 성경공부 반의 숫적인 성장을 가져오는데 있어서 크게 기여하는 시간이다. 분반성경공부 모임이 역동적이며 생산적이기 위해서는 그 모임을 인도하는 교사의 역할이 무엇보다도 중요하다.

성경 묵상(默想)

묵상의 필요성

성경공부의 인도자가 되는 담임교사는 무엇보다도 먼저 가르치고자 하는 성경 본문에 대한 깊은 묵상이 필요하다. 하나님의 말씀에 대한 바른 지식(知)과 하나님의 마음(情)을 소유하지 않고서 성경을 하나님이 뜻하시는 바대로 학생들에게 가르친다는 것은 불가능하다. 나아가 교사는 "하나님의 뜻이 하늘에서 이루어진 것 같이 분반공부를 통해서도 이루어지이다"라고 하는 간절한 기대와 의지(意)를 가지고 성경공부에 임할 수 있어야 한다. 즉 교사는 지,정,의라고 하는 인격의 3 요소를 모두 갖출 때에 성경공부를 인도할 수 있는 최선의 준비가 이루어지게 된다. 이러한 지,정,의의 3 요소를 갖춘 준비는 묵상(默想)을 통해 가능하다.

이를 위하여 교사는 주일 잠자리에 들기 전에 다음 주일에 가르쳐야 할 성경공부 교재를 찾아봐야 한다. 성경본문이 어디며, 어떤 내용인가를 확인한다. 많은 교사들이 토요일 밤, 또는 주일 아침에야 비로소 성경공부 교재를 꺼내놓고 준비하는 경향이 있다. 삶을 변화시키는 가르침을 위해서는 교사 자신이 가르칠 성경공부 본문에 대해 최선의 준비를 갖추어야 한다. 따라서 다음 주일의 성경공부를 위해 월요일부터 토요일까지 말씀을 묵상하는 기회를 가지며 기도로써 준비할 수 있어야 한다.

묵상의 요소

묵상에는 대략 세 가지의 요소가 있다.

첫째는 반추(反芻)의 요소이다. 소는 풀을 뜯어먹고 나서 한가한 때를 이용해서 되새김질을 한다. 이를 반추라고 한다. 이와 같이 성경말씀을 읽고 나서, 읽은 말씀을 그 자리에서 생각해 볼 수도 있고, 또는 운전이나 청소나 잠시 휴식을 취할 때에 반추할 수도 있다. 성경의 내용을 계속해서 생각해 보는 것이 묵상의 첫 단계이다. 이 단계는 본문을 반복해서 생각하면서 본문의 내용을 확인하는 관찰(觀察 observation)의 단계라고도 한다.

둘째로 묵상은 성경본문이 제시하는 정황 속으로 몰입해 보는 것이다. 그리고 본문을 통해 말씀하시려는 하나님의 의도를 찾는 것이다. 해석(解釋 interpretation)의 과정이라고도 할 수 있다. 아브라함이 이삭을 번제로 드리게 된 사건을 다루는 창세기 22장이 본문이라면, 내가 아브라함이나 이삭의 입장이 되어 그들의 형편을 생각해보고 느껴보는 것이다. 아브라함은 분명히 하나님의 명령에 대해 당황스러워 하고 고민을 했을 것이다. 이삭은 또한 아버지 아브라함의 이상한 행동에 대해 의아하게 생각했을 것이다 아브라함의 고민이나 아픔을 느껴보며, 그의 하나님과의 관계 또는 사라와의 관계에서 파생될 수 있는 여러 가지 상황을 본문을 근거로 해서 추측하는 것이 묵상의 두 번째 단계이다.

이러한 일들이 쉽게 이루어지는 것이 아니다. 진리를 찾고자 하는 마음이 필요하다. 계속적으로 말씀을 읽고 집중해서 생각해야 하며, 본문에 드러난 단서(端緖)를 가지고 사건의 현장과 사건에 나오는 인물들의 심리와 신앙 상태를 추리해 보아야 한다. 또한 본문에 나오는 사건의 상황이 나의 현재의 상황과 어떤 점에서 비슷하며 어떤 점에서 다른가를 생각해야 한다.

셋째로, 묵상은 성경본문에서 증거하는 은혜나 교훈 또는 명령을 나의 현재의 삶 속에서 어떻게 누리며 실행해 나아가야 할 것인가를 생각하는 적용(適用 application)의 요소가 있다. 우리의 삶 속에서 변화가 잘 나타나지 않는 이유 중에 으뜸이 되는 것은 성경을 읽는 것으로만 만족하고, 이해하고 적용하는 일을 소홀히 하기 때문이다.

특별히 오늘날 텔레비전이나 영화 같은 영상문화가 발달함에 따라 어린이들이나 어른이나 생각하기를 싫어하는 경향이 있다. 더욱이 그러한 매체들이 전달하려는 교훈까지도 자기의 삶에 적용하려는 생각은 잘하지 않는다. 이러한 문화의 영향이 성경공부에서도 나타나는 것 같다. 생활은 자기 기분대로 하고, 성경공부는 습관이나 주위의 요구에 의해서 시간을 때우는 식으로 하기가 쉽다.

이를 극복하기 위해서는 본문을 통해서 하나님께서 교훈하고 가르치시려는 것을 깊이 생각해보고 나의 삶과 교회와 사회에 적용해야 한다. 어떻게 하나님의 뜻을 내가 순종할 수 있을까를 연구해 보아야 한다. 적용을 잘 하려면 '우리'를 주어로 생각하지 말고, '나'를 주어로 해서 생각을 하는 것이 필요하다. 즉 하나님의 가르침을 개인적으로(personal) 적용을 해야 한다. 그리고 적용은 구체적(practical)이면서 가능한(possible) 일들을 생각하는 것이 필요하다. 또한 적용은 발전적(progressive)이어야 한다.

누가복음 10장에 나오는 선한 사마리아인의 본문을 예로 들어보자. 선한 사마리아인의 이야기를 계속 머리에 떠올리다 보면(반추), 이웃에게 자비를 베풀라고 하시는 하나님의 교훈을 얻을 수 있다.(해석) 이제 적용의 단계로 들어가 보자. "우리는 어려움을 당하고 있는 우리의 이웃에게 자비를 베풀어야 한다."고 적용을 했다고 가정한다. 이 적용은 '나' 대신에 '우리'를 주어로 함으로써 보다 개인적인 적용을 해야 된다. 다음으로 "자비를 베풀어야 한다"고 막연하고 실천하기가 애매한 적용을 했는데, "나는 오늘 퇴근하면서 병으로 고생하고 있는 박00 학생에게 사과라도 몇 개 사가지고 심방하겠다"고 적용함으로써 구체적인 자비를 베풀 대상과 행동까지 생각하는 것이 바람직하다. 만약 몇 일 후에 "자비를 베풀라"는 다른 본문으로 묵상을 하게 된다면, 앞선 적용을 평가하고 새롭고 더 나은(발전적인) 적용이 있어야 한다.

교사가 성경말씀을 묵상하는 일에 열심을 다 할 때에 그의 삶이 변화될 것이며, 그 말씀을 학생들에게 가르치고자 하는 하나님의 열심을 소유하게 된다. 교사는 다음 주일의 성경공부를 위하여, 한 주간 동안 말씀을 묵상하며 준비해야 한다. 그리할 때에 효과적인 성경공부의 첫걸음을 내디딜 수 있다.

묵상은 어미 닭이 달걀을 품는 것과 통한다. 달걀을 내버려두면 썩게 된다. 그러나 어미닭이 달걀을 가슴에 품고 있으면 3주 정도 후에는 병아리가 껍질을 깨고 나오게 된다. 하나님의 말씀을 마음에 품고 묵상하면 마음이 뜨거워지고(눅24:32) 하나님의 생명력이 우리의 마음에서 솟아나게 된다.

교재(敎材) 이해

서점에 나와 있는 일반 학교 교과서나 주일학교 교재 중에 완전한 교재는 존재하지 않는다. 만약 완전한 교재를 만들려면, 여러 가지 다양한 상황에 맞는 예화나 전개방식, 또는 적용들을 다 제시해야 할 것이다. 그렇게 되면 그 교재는 굉장히 부피가 두꺼울 것이다. 교사가 그 교재를 사용하려면 그 교재를 다 읽어보지도 못할 것이다. 그렇게 되면 완전할지는 몰라도 교사가 쉽게 사용할 수 없어 좋은 교재가 될 수 없다.

교회학교 지도자는 가능하면 좋은 교재를 선택해서 교사들에게 제공해야 한다. 그러나 교사는 주일학교 공과책이 완전하기를 기대해서는 안된다. 즉 교사 자신의 준비가 전혀 불필요한 교재는 없다는 사실을 인정해야 한다. 그리고 현재의 교재를 효과적으로 사용할 수 있는 방법을 찾아야 한다. 자신이 맡은 반 학생들의 형편에 맞는 교안을 작성하기 위해서는 교사 자신의 노력이 절대적으로 필요하다.

리챠즈(Lawrence Richards)는 그의 책 《창조적인 성서교수법》에서 성경공부의 구성(format)을 낚시바늘, 책, 눈, 그리고 손(hook, book, look, took)의 네 단계로 설명한다. 즉 성경공부는 학생들의 관심과 동기를 유발하는데서 시작하여, 성경본문에 대한 이해, 그리고 본문의 해석과 가르치는 중심 내용의 파악, (책과 눈은 교재에서 혼합해서 다루어지는 경우가 많다.) 마지막으로 그것을 어떻게 실생활에 적용할 것인가로 진행되어야 한다는 것이다. 대부분의 성경공부 교재는 이러한 형식으로 구성된다.

낚시바늘(hook)

이것은 도입(導入)에 해당하는 것이다. 학생들의 생각은 한 주간 동안의 집과 학교와 친구들과 지내는 동안 성경과 멀어져 있는 것이 보통이다. 이러한 학생들의 관심을 성경으로 이끌어 들이기 위해서는 도입 부분이 필요하다. 거의 모든 교재는 도입부가 있다. 흥미로운 이야기 또는 아이스브레이커 같은 형식으로 교재가 시작된다. 교사는 교재를 읽으면서 도입 부분을 확인해야 한다. 교사는 교재를 집필한 사람이 학생들의 관심과 동기를 어떻게 유발하려하고 있는지를 살펴야 한다. 그러한 접근방식이 자신이 지금 맡고 있는 학생들에게 효과적인가 질문해 보아야 한다. 효과적이라고 판단되면 교재에서 제시한 방식을 그대로 사용하면 된다. 그러나 만일 적합하지 않다고 판단되면 교사는 보다 효과적인 도입부를 자신이 개발해야 한다. 이러한 결정을 내리는 데는 한 주간 동안의 묵상이 많은 도움을 줄 것이다.

책과 눈(book and look)

이것은 교재가 이해하고 있는 성경본문의 관찰과 해석과 연관이 있다. 교사는 성경본문에 나오는 익숙치 않은 단어나 지명 또는 인명에 대해 교사용 교재로부터 도움을 받을 수 있다. 그리고 성경본문 중에 이해가 잘 안가는 부분에 대해서도 교사용 교재는 도움을 준다. 교사가 미리 말씀을 묵상해 왔다면 교재를 이용하기가 매우 쉽다. 교재가 교사에게 만족스런 답을 주지 못한다면 선배 교사나 담임교역자에게 문의를 하거나, 성경사전 또는 성경주석을 통해서 스스로 답을 찾아야 한다.

이 과정에서 교사는 성경본문의 내용을 자세히 알아야 하며, 그 본문을 통해 하나님이 교훈하시려는 핵심내용을 파악할 수 있어야 한다. 자신이 파악한 중심 교훈과 교재가 제시하고 있는 것을 비교해 보아야 한다. 그리고 교재의 강조점을 중심으로 하면서 자신이 묵상한 결과를 보완해서 가르칠 수 있다.

손(took)

성경본문을 학생들의 삶에 적용하는 과정에 있어서도 교재는 많은 도움을 준다. 그러나 적용의 면에 있어서 교사의 묵상이 절대적으로 필요하다. 교사가 말씀을 묵상하는 중에, 그가 맡은 학생들의 형편을 생각하며 기도해야 한다. 그때에 성령께서 감동을 주시며, 보다 구체적이고 실제적인 적용을 가능하게 하신다.

5. 분반공부를 활성화시키는 원리

설교와 분반공부의 본문과 주제 일치

가능하면 설교와 분반공부의 본문과 주제를 일치시켜라. 이것은 교사 혼자의 생각으로 바꿀 수 있는 것은 아니다. 담임교역자와 충분한 협의를 거쳐 결정해야 할 일이다. 앞에서 언급한 것처럼, 본문이나 주제를 하나만 다루는 것이 학생들의 삶에 변화를 가져오게 하는데 훨씬 효과적이다. "두 마리 토끼를 좇다가 한 마리도 못 잡는다"는 속담이 보여주는 것처럼, 설교 시간과 성경공부 시간의 성경본문이나 주제가 다르면 학생들은 혼돈을 하거나 아무 생각 없이 집에 돌아가기가 쉽다. 매 주일 한 가지의 주제를 다루는 것이 유익하다. 설교를 통해서 본문의 내용을 인상 깊게 학생들의 마음에 심어 준다. 그리고 분반공부 시간에 학생들이 어떻게 이해하고 있으며 어떻게 적용할 것인가를 발표하게 한다. 이렇게 할 때에 교회학교는 짧은 시간 내에 학생들의 지식과 정서와 의지적인 면에서 통합적인 변화를 추구할 수 있다.

발표시간 할애

학생들에게 자기의 생각을 발표할 수 있는 시간을 많이 주어라. 교육은 전달 또는 주입(impression)과 발표(expression)의 양면성이 있다고 했다. 그런데 분반공부의 시간이 교사들의 일방적인 또 다른 설교시간이 되는 경향이 많다. 교사는 학생들이 자신의 생각과 경험과 소원을 이야기할 수 있는 시간을 충분히 주어야 한다.

분반공부를 시작하면서 두 사람씩 짝을 지어 서로 이야기할 수 있는 시간을 주는 것이 좋다. 아이들은 아이들끼리 서로 이야기하는 것을 좋아한다.

오랜만에 만났는데 이야기하지 못하게 하므로 분반공부 시간이 지루하게 느껴질 수 있다. 따라서 두 사람씩 짝을 지어 이야기할 기회를 주어라. 대화의 주제는 다음과 같은 내용 중 한 가지가 좋을 것이다.

• 한 주간 동안 지난 주일에 배운 말씀을 어떻게 적용하면서 살았는가에 대해서
• 설교말씀을 통해 느낀 점에 대해서
• 오늘 분반공부 시간에 배울 말씀과 관련하여 교사가 준비한 이야기 거리

이러한 이야기를 하면서 B5 정도 크기의 종이를 나누어주고, 자기의 생각을 그림으로 표현하게 하거나, 아니면 한 단어를 크게 쓰게 할 수도 있다. 그리고 발표를 할 때에는 자기의 생각을 직접 발표하는 것을 쑥스러워 할 수 있으므로, 상대방의 것을 서로 발표하도록 하는 것도 좋은 방법이다.

분반공부를 마칠 때쯤에는 적용이 있어야 한다. 이때에도 교사는 학생들이 말씀을 적용할 수 있는 방안을 찾아보도록, 두세 사람이 버즈그룹(buzz group)을 만들어서 이야기하게 하면 좋다. 그리고 각 그룹의 생각을 전체 앞에서 발표하게 한다. 이러한 적용의 내용은 다음 주에 결과를 확인함으로써 발표를 위한 발표가 아니라 삶의 변화를 가져오게 하는것이 되어야 한다.

활동학습 · 협동학습

활동학습 또는 협동학습 방법을 활용해야 한다. 진보주의 교육학자들은 행동으로 배운다(learning by doing)는 모토를 신봉하였다. 이것이 항상 옳은 것은 아니다. 필자는 분반공부 시간에 성경암송이 꼭 회복되어야 한다고 믿는다. 그러나 이와 함께 학생들이 본문의 말씀을 행동을 통해 경험할 수 있는 기회를 가진다면 평생에 잊지 못할 교훈을 얻게 된다.

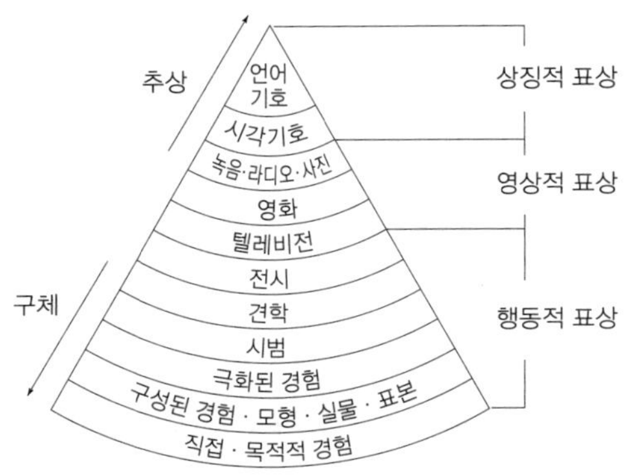

데일의 경험의 원추

옆의 그림은 데일의 경험원추(Dale' s cone)를 보여준다. 이 그림에서 아래로 내려갈수록 활동학습의 형태를 나타낸다. 따라서 교사는 가능하면 전시, 견학, 시범, 극화된 경험, 구성된 경험, 직접 경험의 기회를 학생들에게 줄 수 있어야 한다. 달란트 비유를 공부할 때에는, 학생들에게 1000원씩을 주고서 한 주간 동안 하나님을 가장 기쁘시게 할 수 있는 일에 사용하고 보고하도록 할 수도 있다. 이렇게 하려면 시간이 부족할 수도 있다. 그렇다면 주일 오후나 주중에 특별히 시간을 만들어서 과외(?)를 하는 즐거움도 누려야 한다. 과외는 학교성적을 높이기 위해서만 하는 것이 아니다.

협동학습이란 "학습 효과를 최대로 증진시키기 위하여 학생들 서로가 함께 학습할 수 있도록 소그룹을 사용하는 수업 전략"이라고 할 수 있다.[22]

즉, 협동학습이란 공동의 학습목표를 이루기 위하여 학생들이 함께 학습하는 수업이라고 할 수 있다.

협동학습은 먼저 모둠을 구성함으로써 시작되는데 보통 4명을 한 조(組)

22) Johnson & Johnson, 1993.

로 만든다. 각 조를 구성하는 네 학생에게 각각 한 가지씩 역할을 준다. 칭찬이, 기록이, 섬김이, 지킴이 등의 역할을 준다. 그들은 함께 모여서 주어진 성경 본문의 중심 사상(Main Idea)을 찾는다. 그리고 성경구절을 암기하고, 플래시 카드를 이용하여 본문의 내용을 익힌다. 그리고 중심교훈을 "나의 모습 결단하기(벤다이어그램, 결단하기), 결심문장" 등을 이용하여 적용하는 방법이다.

교사의 돌봄

분반공부는 교사가 아버지로서 또는 목회자로서 학생들을 세심하게 돌보는 장(場)이어야 한다. 따라서 학생 하나하나에 대한 사랑과 진심어린 지도와 섬김이 있어야 한다. 간절한 기도가 있어야 하며, 구원의 확신을 가지도록 개인 상담이 있어야 한다. 또 학생들의 가정과 학교와 친구관계에 대해 관심을 가지고 지도하고 돌보아야 한다.

이러한 일은 교사에게서 끝나는 것이 아니라, 학생들이 서로를 돌보는 것으로 발전되어야 한다. 오늘날 교회가 사회단체보다도 서로 섬기는 유대관계가 희미해져 있는 듯하다. 우리 속담에 피는 물보다 진하다는 말이 있지만, 하나님의 언약은 피보다 진하다. 따라서 성도의 관계는 어떤 가족관계보다도 찐해야 한다. 이러한 관계가 분반시간에 형성되도록 교사는 학생들에 대해 사랑을 나타내야 하고, 학생들 서로 간에 이런 사랑의 관계성이 이루어지도록 기도하고 힘써야 한다.

분반공부는 교회학교의 오랜 전통이다. 분반공부는 삶을 변화시키는 가장 효과적인 방법으로서 도입된 것이다. 인격적인 관계형성과 원활한 대화를 위해 소그룹 분반공부는 필수적이다. 그러나 세월이 흐르면서 진부한 것으로, 불필요한 것으로, 비생산적인 천덕꾸러기로 우리 눈에 비쳐지는 현실이다. 이러한 현상을 타개하는 열쇠는 교사가 쥐고 있다.

✤ 학습 문제

1. 당신의 교회학교의 분반공부가 지니고 있는 장점과 개선할 점을 간단히 말해 보라.

2. 예배 시간과는 달리 분반공부 시간에 교사가 학생들을 위해 특별히 배려해야 할 것이 무엇인가? 그리고 당신은 분반공부 시간에 학생들에게 발표할 기회를 얼마나 주고 있는가?

3. 분반공부를 통해 학생들에게 변화를 가져오게 하기 위한 방법으로 가장 중요한 것은 무엇인가? 그리고 당신이 개선하고자 하는 것은 무엇인가?

4. 분반공부를 준비하기 위해 당신은 성경묵상을 어떻게 하고 있는가? 그리고 성경묵상을 보다 더 잘 하기 위해 당신이 개선해야 할 것 한 가지를 말해 보라.

5. 대부분의 성경공부 교재는 어떤 형식으로 구성되어 있는가?(네 가지)

6. 당신은 성경공부 교재를 어떻게 활용하고 있는지 설명하고, 보다 효과적으로 이용하기 위해 고쳐야 할 것 한 가지를 말해 보라.

7. 분반공부를 활성화 시키는 원리 가운데 당신의 교회에 적용해야 할 것이 있다면 무엇이며, 왜 그렇게 생각하는가?

8. 당신 자신에게 적용해야 할 것은 무엇인가 간단히 설명하라.

〈읽을 거리〉

톰 & 조아니 슐츠 지음, 마영례 역, 《지루함을 깨뜨리는 가르침의 기술》, 디모데, 2000.
현유광, 《성경을 어떻게 가르칠 것인가》, 영문, 1998.

6장

교회의 기념일(절기)과 교회교육

매년 8월 15일이 되면 우리나라에서는 광복절을 지킨다. 1945년 8월 15일 일본의 식민통치에서 해방된 것을 기념하며, 아울러 해방된 지 3년 후(1948년)에 이루어진 대한민국 정부 수립을 축하하기 위해서이다. 사람에게는 잊어버리기를 잘 하는 속성이 있다. 과거의 좋은 일도 잘 잊어버리고, 나쁜 일도 잘 망각한다. 역사적인 교훈을 계속해서 기억함으로써 과거의 일들 가운데 잘못한 것은 되풀이하지 않도록 하고, 잘 한 것은 계승 발전시키도록 하는 것은 개인이나 국가적으로 바람직한 일이다.

이러한 기념일 또는 국경일 이외에도 우리나라에서는 설날[구정(舊正)], 정월보름, 한가위(추석), 동지(冬至) 등의 명절 또는 절기를 지킨다. 이러한 날들에는 특별한 음식을 준비하여 먹는다. 설날에는 떡국, 정월보름에는 잣이나 호두, 땅콩등 부럼을 깨어먹으며, 추석에는 송편, 그리고 동지에는 팥죽을 쑤어먹는다.

어떤 공동체가 특별한 날을 기념일 또는 명절을 정하여 지키는 것은 마땅히 해야 할 일임을 우리는 성경에서 확인할 수 있다. 하나님께서는 일찍이 율법을 통하여 이스라엘 백성들이 지켜야 할 명절 또는 기념일을 주셨기 때문이다. 하나님은 이러한 날들을 통해 이스라엘 백성들에게 당신에 대한 믿음을 새롭게 해 주시며, 자유와 기쁨을 그들에게 주시고자 하신다.

교회가 공동체적으로 기념일을 정하고 특별한 규칙을 두고 지키는 것은 신앙공동체의 정체성을 확립하고, 신앙적인 교훈을 유지 또는 발전시키며 확산시키는데 의의가 있다.

1. 교회의 절기와 관련된 예배와 행사들

지난날의 교회생활을 뒤돌아보면 누구에게나 마음에 떠오르는 일들이 여러 가지가 있을 것이다. 초등학생 시절 성탄절을 앞두고 성구암송을 하며, "탄일종이 땡땡땡"하면서 찬양연습과 연극준비를 하던 생각을 많은 사람들이 할 것이다. 중고등부 시절에는 성탄축하예배 후 선물교환을 한 기억도 있을 것이다. 성탄절이 되면 추운 밤에 새벽송을 돌았던 추억들이 있을 것이다. 미국의 경우 새벽 송 대신에 저녁 송으로 바꾸어 성도들의 집을 찾아다니며, "기쁘다 구주 오셨네"를 찬송하기도 한다. 저녁송이 끝난 후에는 사택에 모여 함께 음식을 나누어 먹으며 레크리에이션을 하며 교제한다. 지금은 새벽 송을 하는 교회가 특별히 도시의 경우 거의 없는 것 같다. 저자의 생각으로는 새벽 송을 하는 목적이 구주탄생의 기쁜 소식을 전하는데 있다면, 오늘 우리가 처한 환경에서는 저녁송이 보다 의미가 있고 성탄의 메시지를 전하는데 효과적이라 생각한다. 꼭 "새벽송"이어야 한다고 주장하는 것은 시대적 변화를 고려할 때에 그리 현명한 것 같지 않다.

종려주일로부터 시작되는 고난주간에는 때로는 금식을 하면서 나를 위한 주님의 고난을 묵상하며 보내기도 한다. 고난주간에는 텔레비전을 안보기로 하고, 가능하면 육식(肉食)도 안한다. 성(聖)금요일(Good Friday)에는 오후 3시에 정사(丁死, 못박혀 죽으심)예배에 참석한다. 요즘에는 직장인들을 고려하여 오후 보다는 저녁에 모이기도 한다.

부활절에는 예쁜 색을 칠하고 짧은 부활 메시지가 적힌 삶은 달걀을 받기도 하고, 준비하여 나누어주기도 한다. 병아리가, 아무 생명력이 없어 보이는 달걀에서 껍질을 깨고 출현하는 것이, 주님의 부활을 어느 정도 상징적으로 보여준다는 생각에서 달걀을 나누어주는 것이라 생각한다.[23] 미국에서는 보물찾기 하는 식으로 잔디밭에 삶은 달걀을 흩어놓고 아이들이 줍도록 하는 행사(Easter egg hunt)를 갖는다.

맥추감사절에는 보통 특별한 행사는 없이 감사헌금만 드리는 경우가 많다. 맥추절(칠칠절)을 오순절로 인식하고, 성령강림의 의미를 되새기는 시간을 가지는 것은 그렇게 보편화 되지 않은 것 같다. 오늘날 밀이나 보리농사에 대해 직간접적으로 경험하기 어려운 상황에서 굳이 맥추감사절을 지킨다고 하는 것도 어색하다. 따라서 맥추감사절은 성령강림절의 의미가 강조되어져야만 한다. 보통 맥추감사절을 7월 첫째 주일에 한국교회가 지킨다. 그러나 시기적으로도 맥추감사절은 부활절로부터 49일[칠칠(七七) 49]이 지난 때에 지키는 것이 성경적으로 맞다. 성령강림주일에 교인들에게 가능하면 성령의 불을 상징하는 빨간색 옷이나 넥타이 또는 스카프, 아니면 리본이라도 달고 예배에 참석하게 하는 것도 의미가 있다. 또 한 주간 동안 그렇게 하면서 성령님에 대해 좀 더 지속적이고 집중적으로 생각하며,

---

23) 부활절 달걀의 의미와 유래를 보다 자세히 알려면 다음의 사이트를 참고하라.
http://blog.naver.com/ssamje2000/30024482907

성령님과 동행하는 삶을 갖도록 하는 것도 바람직하다.

추수감사절에는 무, 배추, 감, 사과, 배 등 채소와 과일을 강단 아래 쌓아 놓고 감사예배를 드리고 떡을 나누어 먹는다. 우리 한국교회는 전통적으로 미국 선교사들의 영향으로 말미암아 11월 셋째 주일에 추수감사절을 지키고 있다. 미국교회의 경우 추수감사절은 교회적인 행사라기보다는 미국 사회 전체가 11월 네 번째 목요일에 지키기 때문이다.

저자의 생각으로는 한국교회가 10월 중에 추수감사절을 지키는 것이 바람직하다고 본다. 왜냐하면 우리나라에서 과일이나 채소와 곡식의 가을걷이는 10월 말에 거의 끝나기 때문이다. 물론 추석과 중복이 될 경우에는 한 주간을 앞당기거나 뒤로 미루는 것이 필요하다. 추석이 되면 많은 사람들이 고향을 찾아가게 되기 때문이다.

구약에 나오는 장막절은 유대력(曆)으로 7월 15일(음력으로 보름)부터 한 주간이다. 유대력은 양력(陽曆)보다 약 70일 앞선다. 따라서 장막절은 양력으로 9월 말에서 10월 초 사이에 위치한다. 이것은 우리의 추석(秋夕)과 비슷한 시기임을 보여준다. 추석이 9월 하순에 오는 경우도 많지만, 이때에는 추수가 아직 본격적으로 이루어지지 않는 때이므로 교회에서 추수감사주일을 지킬 때에는 10월 중순경이 적절하다고 본다.

2. 구약에 나오는 기념일

하나님은 모세에게 율법을 주시며 이스라엘 백성들이 함께 지켜야 할 날들을 주셨다. 안식일(출20:8-11), 유월절(출12:1-14), 무교절(출12:15-20), 초실절(初實節 레23:9-14), 칠칠절(七七節 맥추절 출23:16), 나팔절(행정적인 신년을 기념, 레23:23-25), 대속죄일(욤키푸르, 레16장), 장막절(초막절, 수장절, 출23:16), 안식년(출23:10-11), 희년(禧年 레25:6-

55)] 그리고 월삭(月朔 매월 첫째날, 민10:10) 등이 그것이다.[24)]

하나님은 각 기념일마다 독특한 의식을 지키도록 명하셨다. 이 중 유월절, 칠칠절, 장막절은 유대인들에게 있어 3대 명절이다. 율법에 의하면 모든 이스라엘 백성들은 이 3대 명절에 예루살렘에 올라가 예배하게 되어있다(신16:16).

모세오경에서는 언급되지 않았지만, 나중에 생긴 명절에 부림절(에스더 9장)이 있다. 그리고 구약에는 전혀 언급이 없으나 신약(요10:22-23)에는 나오는 수전절(修殿節)이 있다.

유대인의 명절은 음력을 기준으로 한다. 유대인의 달력에서 1월은 양력으로 3월말에서 4월 중순에 해당한다. 따라서 약 2개월 10일 정도(총 약 70일)의 차이가 있다.

3. 신약교회의 기념일들과 의의

신약교회는 구약에 뿌리를 내리고 있다고 하여도 지나친 말이 아니다. 구약과 신약의 주인공은 예수 그리스도이시다. 예수 그리스도의 탄생과 구속사역을 중심으로 구약과 신약 사이에 중대한 변화와 차이가 있음은 분명한 사실이다. 구약에서 제사의 중심에는 피 흘림이 있었으나, 예수님이 십자가에서 피를 흘리시고 죽으시므로, 신약교회에서는 더 이상의 피의 제사는 없게 되었다. 따라서 구약의 명절들이 신약교회에 들어왔으나 그 의식과 의미에는 변화가 있게 되었다.

---

24) 구약의 명절과 기념일에 대한 종합적이고 일목요연한 도표는 http://mokja.net/old1.htm에서 참고하라. 여기서 주의할 것이 하나 있다. 초실절의 경우, 레23:9-14에 나오는 유월절 바로 다음날에 지키는 초실절과, 출34:22에 언급된 칠칠절의 다른 이름으로서의 초실절이 있다는 것이다.

구약에 근거한 기념일

구약에 근거한 신약교회의 기념일에는 주일, 부활절, 오순절, 추수감사절이 있다.

주일과 안식일

먼저 주일(主日)을 생각해 본다. 구약의 안식일은 금요일 해가 진 후부터 시작하여 토요일 일몰(日沒) 직전까지 지킨다. 신약의 안식일 곧 주일은 일요일에 지킨다. 신약의 주일은 구약의 안식일과 밀접한 관계에 있다. 구약에서 이스라엘로 안식일을 지키게 한 이유는 두 가지이다. 출애굽기에 의하면 엿새 동안에 하나님께서 우주만물을 창조하신 후 일곱째 되는 날에 안식하신 것을 기억하여 안식일을 지키라(출20:8-11)고 하였다. 그리고 신명기 5장 12-15절에 의하면 하나님께서 이스라엘을 애굽에서 구원하심을 기억하여 안식일을 지킬 것을 명하신다. 즉 구약의 안식일은 창조와 구속(救贖)의 원리가 함께 포함되어 있다. 신약의 주일도 휴식(안식)의 의미와 함께 예수 그리스도의 대속(代贖)의 죽으심과 부활을 기념하는 의미가 포함되어 있다. 즉 주일은 예수님 안에서의 안식, 그리고 구원의 기쁨과 부활의 능력을 베푸신 성삼위 하나님께 구별하여 예배하는 날이 되었다. 특별히 초대교회의 전통을 따라 예수님이 부활하신 "안식 후 첫날"인 일요일에 주일을 지키게 되었다.

부활절과 유월절

부활절은 구약의 유월절과 관계가 있다. 예수님은 '세상 죄를 지고 가는 하나님의 어린양'(요1:29)으로 이 세상에 오셨다. 유대인들은 매년 유월절 직전에 양을 잡아 유월절에 그것을 무교병과 함께 먹었다. 따라서 예수님은 유월절 어린양으로 오셨다고 하겠다. 유대인들은 양을 잡아 구울 때에

뼈가 부러지지 않게 하도록 명령(민9:12)을 받았다. 로마의 병정들은 예수님 옆의 십자가에 달린 두 행악자의 다리를 분질러 죽음을 확인하였다. 그러나 하나님의 섭리 가운데 예수님의 다리는 꺾이지 아니하고 창으로 옆구리를 찌름으로써 예수님이 유월절 어린양 되심을 보여준다. 예수님은 유월절 직전 금요일에 십자가에서 피 흘려 죽으시고 유월절이 지난 안식 후 첫날인 일요일에 부활하셨다.

부활절은 시기적으로 유월절과 거의 같은 날에 지킨다. 성탄절은 양력으로 12월 25일로 고정되어 있다. 그러나 부활절은 음력을 기준으로 하기 때문에 매년 달라진다. 부활절 일자는 다음과 같은 원리를 따라 정해진다. 춘분(春分 3월 21일경)이 지나고 음력 보름(이때가 유월절 바로 전날이다.)이 지난 첫 번째 주일이 부활주일이 된다.

부활주일에 신약교회의 성도들은 예수님의 구속의 완성을 확인하고, 믿음으로 받은 구원의 은혜를 구체적으로 누리며, 의와 평강과 희락을 경험해야 한다. 구원의 주님을 알아가며 그에게 감사와 찬송과 영광을 돌려야 한다. 나아가 주님의 부활의 능력을 힘입어 죽음을 두려워하지 않고 자유하며, 십자가를 통해 부활의 영광에 이르고자 헌신하는 삶이 있어야 하겠다.

성령강림절과 칠칠절

성령강림절은 구약의 칠칠절과 관련이 있다. 칠칠절은 초실절(初實節 처음 익은 열매의 명절)로 불리기도 한다(출34:22). 칠칠절은 유월절 후 49일(7 × 7 = 49)에 지키는 날이다. 칠칠절은 유월절을 포함하여 50일째 되는 날이므로 헬라 문화권에서는 오순절(五旬節)이라고도 부르게 되었다. 칠칠절은 구약에서는 밀과 보리 추수를 감사하는 날이다. 그러나 이 날에 성령께서 제자들에게 강림하심으로써 신약교회는 맥추절의 의미보다도 성령강림 기념일로 지키게 되었다. 예수님은 유월절 양으로서 피 흘려 죽으시고 사흘 만에 부활하시므로 잠자는 자들의 첫 열매가 되셨다. 승천하신 주님은 오순절에 성령님을 보내시므로 새 언약의 시대를 활짝 여시고, 삼천 명의 성도들을 추수하셨다. 따라서 오순절은 새로운 추수 곧 유대인뿐만 아니라 택함 받은 모든 백성들을 불러 모으신다.

신약교회는 오순절에 밀과 보리 추수를 감사할 수도 있겠으나, 성령님이 누구신가, 그리고 어떤 일을 하셨고 지금 어떤 일을 하시며, 장차 무슨 일을 하실 것인가를 알아가야 한다. 또 성령님께서 나에게 주시는 은혜를 실질적으로 누리는 기회로 삼아야 한다.

추수감사절과 장막절

장막절(초막절, 수장절)은 유대력으로 7월 15일부터 한 주간 동안 지키는 명절이다. 구약에서 장막절, 초막절이란 이름은 이스라엘 백성들이 나뭇가지를 베어 초막(草幕)을 만들고 거기에서 7일을 지낸데서 나왔다. 그들은 초막에 거하면서 하나님께서 출애굽한 선조들을 광야에서 돌보심과 또 현재 자기들에게 추수를 통해 필요한 것을 공급하심에 감사하였다. 수장절(收藏節)이라는 명칭은 추수한 곡식을 창고에 저장한다는 의미를 지닌다.

스가랴 14장에서는 이방인들이 초막절을 지켜야 함을 선포하고 있다. 개혁신학은, 초막절을 모든 이방인들이 반드시 글자 그대로 유대력 7월 15일에 지켜야만 하는 것으로 해석하지 않는다. 예수 그리스도 안에서 우리의 구원이 완성되었기 때문이다. 물론 초막절과 연관을 지어 추수감사절을 지키는 것을 반대하는 것도 결코 아니다. 스가랴는 초막절을 지킴을 통해서 이방인들에게도 구원의 은혜를 주신 하나님의 은혜를 기억하고 감사해야만 함을 강조하는 것이다.[25)]

따라서 오늘 우리가 추수감사절을 지킬 때에 무엇보다도 먼저 이방인인 우리에게 베푸신 구원의 은혜를 감사해야 한다. 그리고 한 해 동안 하나님

---

25) 기동연, 《성전과 제사에서 그리스도를 만나다》, (UCN, 2006).

께서 우리의 삶을 섬세하게 돌보시고 베푸신 은혜에 대한 감사가 있어야 한다. 나아가 아직 하늘나라 밖에 있는 불신자들을, 예수 그리스도와 교회로 초청하는 일들이 있어야 하겠다.

신약교회가 시작한 기념일

신약교회에서 시작된 기념일에는 사순절(四旬節) 또는 고난주간과 성탄절이 있다. 이런 기념일들이 예수님의 승천 후 곧 바로 시행된 것은 결코 아니고, 약 200 여년 이상의 논란을 거치면서 확립이 되었다.

사순절

사순절은 부활절로부터 역으로 40일을 계산하여 재(災)의 수요일(The Ash Wednesday)부터 지키는 절기이다. 그리고 고난주간은 예수님의 나귀를 타고 예루살렘에 입성하신 종려주일부터 시작하여 부활절 전날까지 한 주간을 말한다. 사순절과 고난주간은 예수님이 당하신 고난을 묵상하며 보내기 위한 기념일이다.

그러나 개혁교회는 중세의 로마 가톨릭의 성경을 떠난 가르침에 반발하여 사순절 같은 절기를 폐지하였다. 개혁교회는 오직 은혜, 오직 믿음, 예수 그리스도 안에서 완성된 구원을 강조함에 따라 금욕주의 요소를 일절 배격하였다.

비성경적인 가르침의 폐해를 카니발(carnival)에서 분명히 볼 수 있다. 로마 가톨릭 교회는 사순절 기간에 육식(肉食)을 금한다. 따라서 사람들은 사순절이 시작되기 직전에 가능하면 고기를 많이 먹고 육체적인 쾌락을 최대한 즐기려는 마음을 먹게 되었다. 그래서 생겨난 것이 카니발 축제이다.

이런 폐해를 막기 위해서는 성경에서 허용하는 일들을 억지로 제한하려는 잘못을 범하지 않아야 한다. 모든 것이 예수님 안에서 허용될 수 있지만,

죄와 더불어 싸우거나 인격적인 연단과 헌신의 삶을 격려하기 위해 절제를 추구하는 것은 바람직하다.

고난주간의 경우 예수님의 행적과 하신 말씀을 묵상하면서 주님의 우리를 향하신 희생의 사랑과 그의 은혜와 진리 되심을 경험하는 시간을 갖는 것은 매우 유익한 일이다. 그러나 이 경우에도 개인의 자유를 억압하는 일이 없도록 주의해야 한다.

성탄절

성탄절은 기독교회가 지키는 가장 큰 명절이다. 성경적으로 볼 때에 성탄절보다 부활절을 더 중요하게 생각하고 지켜야 할 것이다. 그러나 성도들뿐만 아니라 일반인들도 성탄절이 되면 들뜬 기분을 갖고 분위기를 타는 것이 오늘날의 현실이다. 성탄절을 준비하는 마음으로 맞이하기 위해서 대림절(待臨節 대강절이라고도 함)을 지킬 수 있다. 대림절은 11월 30일을 기준으로해서 가장 가까운 주일을 대림절 첫째 주일로 해서 네 번의 대림절을 지킨다. 특별히 이를 위해 초를 4개 준비하고, 대림절 첫 번째 주일부터 차례로 하나씩 점등하면서 성탄절을 준비할 수도 있다.

어떤 단체에서는 "잃어버린 크리스마스를 찾아서"라는 캠페인을 통해서 예수 그리스도가 빠지고, 산타클로스가 그 자리를 대신 차지한 시대풍조를 고쳐보려는 시도도 하고 있다. 오늘날의 크리스마스는 상업주의의 영향으로 선물을 주는 날이 되었다. 그래서 성탄절의 주인이신 예수님은 사라지고, 예수님의 겸손과 희생의 사랑과 진리 되심은 잊혀져 가고 있다. 이러한 잘못은 반드시 고쳐져야 하고, 예수님이 기억되고 높임을 받는 성탄절이 되어야 한다.

(이와 더불어 부활절 후 40일째 되는 목요일 또는 이에 가까운 주일을 예수님의 승천절(昇天節)로 지키기도 한다. 한국교회는 승천절을 지키는 경우가 매우 드물다. 그러나 서구의 교회들에서는 승천절을 많이 지킨다.)

사회적, 국가적, 총회적인 기념일

현재 한국교회가 지키고 있는 기념일 가운데 사회적인 영향으로 만들어진 것이 있다. 그것은 어린이주일, 어버이주일 등이 그것이다. 또 국가적 기념일인 광복절에 기념예배를 드리기도 한다. 총회적인 필요에 의해 총회(교단)설립주일, SFC 주일, 신대원 주일, 이단경계주일 등의 명목으로 기념일을 지키기도 한다. 또 10월 마지막 주일을 종교개혁기념주일로 지키는 교회들이 많이 있다.

4. 기념일과 교회교육

웨스터호프(John Westerhoff, III)는 《교회의 신앙교육》에서 신앙성장의 단계를 아래와 같이 설명한다.[26]

경험적 신앙

첫째 단계는 경험적 신앙(Experienced faith)의 단계로 취학 이전의 유아기 어린이들의 신앙형태이다. 이들은 성경의 내용이나 교리를 알아서 신앙생활을 하는 것이 아니다. 이들은 교회에 나오니까 기분이 좋고 무엇인가 얻는 것이 많다는 느낌 때문에 교회의 일들에 참여하고 가르침을 아무런 생각 없이 받아들이는 단계이다. 필자의 생각으로는 이러한 현상은 꼭 유아기 어린이들에게만 국한되는 것은 아니다. 즉 성인이라고 할지라도 종교에 대해 분명한 주관이 없는 사람들은 단순히 교회에서 얻을 것이 있고 교회행사에 참여하니까 기분이 좋더라는 느낌이 있을 때에 '경험적 신앙' 에 의해

26) 죤 웨스터호프 III, 정웅섭 역, 《교회의 신앙교육》, (대한기독교교육협회, 1985).

교회생활을 계속한다.

특별히 이런 단계에 있는 어린이나 성인들을 위해 교회가 기념일을 지혜롭게 활용하는 것은 바람직한 일이다. 기념일이란 우리 신앙의 증진과 공동체적 의식을 고양(高揚)하는데 도움을 줄 수가 있다. 우리들이 과거의 성탄절의 아름다운 추억을 통해서 교회에 대해 호감(好感)을 갖고, 기독교의 진리에 대해 긍정적인 자세를 갖게 되었다. 따라서 기념일에 이와 관련된 하나님의 진리를 성경과 교리를 통해 효과적으로 드러내는 일에 최선을 다해야 하고, 다음으로는 관련된 프로그램을 개발하여 실행함으로써 하나님의 진리를 교인들이 몸으로 경험할 수 있도록 해야 할 것이다.

귀속적 신앙

두 번째는 귀속적 신앙(Affiliative faith)의 단계이다. 아동기 및 청년기 초기에 경험적 신앙에 대한 욕구가 충족되는 경우, 사람들은 귀속적 형태의 신앙을 받아들이기 시작한다. 이 시기의 사람들은 명확한 일체감을 가질 수 있는 수용적 공동체에 소속되기를 원한다. 또 그 공동체에 소망을 두며, 필요를 느끼며, 공동체에 받아들여져 있으며, 그 속에서 자신이 중요한 자라고 느끼기를 원한다.

따라서 이 시기의 사람들에게 기념일의 행사에 직접적으로 참여할 수 있는 기회를 주는 것이 필요하다. 그들은 성경의 가르침을 교회적으로 표현하는 일에 참여하며, 여러 사람들이 함께 이러한 일들을 기획하며 실행하는 가운데 교회의 일원(一員)이라는 소속감을 확립하게 된다.

탐구적 신앙

세 번째 단계는 탐구적 신앙(Searching faith)의 단계이다. 귀속적 신앙에 관한 욕구가 충족된 청년기 후기에 때때로 회의(懷疑)와 비판적인 생각을 가질 수가 있다. 그리하여 다른 종교를 탐구해 보기도 하고, 진리를 찾아 개인적인 확신에 이르기까지 방황하기도 한다. 이러한 때에 경험적 신앙과 귀속적 신앙의 단계에서 경험했던 여러 가지 좋은 추억들은 마지막 결정에 있어서 중요한 작용을 하게 된다. 따라서 교회가 기념일을 잘 활용하여 현재 교회에 소속한 사람들을 진리로 잘 가르쳐야 하며, 나아가 기념일의 행사를 통해 교회 밖의 사람들과 신앙에 대해 회의나 방황을 하고 있는 사람들을 초청하여 진리 위에 새롭게 세우는 기회로 삼을 수 있어야 한다.

고백적 신앙

마지막으로 고백적 신앙(Owned faith)의 단계이다. 탐구적 신앙의 욕구가 초기 성년기에 충족되는 경우, 고백적, 신앙적 삶의 자리에 이르게 된다. 즉 개인적인(personal) 확신을 갖게 되어 자신을 헌신하는 단계이다. 고백적 신앙에 이른 사람들은 이제 삶 전체를 성경의 가르침에 입각하여 가지려고 노력하게 된다. 나아가 말과 행위로써 그 신앙을 증언하는 노력을 하게 된다.

교회는 부활절이나 추수감사절과 같은 절기에 고백적 신앙에 이른 사람들에게 세례를 베풀 수 있다. 유아세례를 받은 사람에게는 입교(入教)예식, 그렇지 않은 사람에게는 세례를 베풂을 통해서 의미 있는 기념일을 갖게 할 수 있다. 또 이를 통해 교회의 모든 사람들은 도전과 감격을 경험할 수 있다.

사람의 기억에는 두 가지 종류가 있다고 한다. 하나는 사건적인 사실에 대한 기억(episodic memory)이요, 다른 하나는 논리적인 사실에 대한 기억(semantic memory)이다. "옛날에 저녁송을 다녔고, 선물교환을 했다"와 같은 사건은 비록 한 번 일어난 일이라고 할지라도 기억에서 잘 지워지지 않는다. 지난날에 일어났던 특별한 일들에 대해서는 세월이 흘러도 생생하게 기억이 난다. 그러나 지난날에 배웠던 수학공식이나 역사적인 사건의 연도(年度), 기독교 교리는 여러 번 외웠다고 해도 사람들은 얼마 있지 않아 잊어버리는 성향이 있다. 이러한 우리의 성향은 교육에 있어서 신실하게 성경과 교리를 가르쳐야 할뿐만 아니라, 이벤트성 행사도 무시해서는 안된다는 교훈을 준다. 교회의 지도자들은 여러 가지 기념일을 활용하여 하나님의 진리를 설교와 강의 또는 세미나를 통해서 성도들과 불신자들에게 가르쳐야 한다. 그리고 이와 함께 우리의 감각(感覺)과 감정(感情)을 자극하고 도전하는 프로그램들을 개발하여 시행함으로써 하나님의 진리를 피부로 경험할 수 있는 기회를 제공해야 한다.

✤ 학습 문제

1. 당신의 기억에 남는 교회행사를 한 가지 이야기해 보라.

2. 교회행사와 관련하여 당신의 교회학교에서 특별히 잘하는 것과 고쳐야 할 것 한 가지씩 말해 보라.

3. 구약의 3대 명절은 무엇인가?

4. 유대인의 달력과 우리가 사용하는 달력과의 사이에는 대략 몇 일간의 차이가 있는가? 유대력 정월 14일은 우리 달력으로 몇 월 몇 일 쯤 될까?

5. 구약 시대의 유월절과 맥추절은 신약시대에 어떤 사건 그리고 명절과 관계가 있는가?

6. 부활절과 오순절을 보다 의미 있게 지키기 위해 당신이 제안하기를 원하는 한 가지를 말해 보라.

7. 사순절에 대한 종교개혁자들의 태도는 어떠했는가? 그 이유는 무엇인가?

8. 당신은 부활절과 성탄절을 어떻게 지키라고 학생들에게 가르치겠는가?

9. 웨스터호프가 주장하는 신앙성장의 네 가지 단계를 설명해 보라.

10. 당신의 신앙성장의 역사와 웨스트호프의 네 가지 단계를 비교해서 설명해 보라.

〈읽을 거리〉

죤 웨스터호프 3세, 정웅섭 역, 《교회의 신앙교육》, 대한기독교교육협회, 1985.
R. 클라크, R. 쥬크, L. 네프, 신청기 역, 《교회의 아동교육》, 생명의 말씀사, 1989.

7장

교회학교의 프로그램 개발

교회학교의 책임을 맡고 있는 이들이 가장 깊이 그리고 가장 많이 생각하는 것은 성과가 많은 프로그램이나 방법을 개발하는 것이다. 어떻게 하면 어린이들이나 청소년들이 재미있어 하며, 많이 모일까?

교회교육에 있어서 어린이들이 흥미 있어 하고, 학생들을 많이 동원할 수 있는 프로그램을 개발하는 것은 중요한 일이다. 일단은 아이들이 주일학교에 모여들고, 학생들이 교회에 찾아올 때에 그들이 복음을 들을 수 있고, 그리스도의 장성한 분량에 이르기까지 자랄 수 있는 기회를 갖게 되기 때문이다. 교회학교의 프로그램의 내용과 프로그램의 개발원리 등을 알아본다.

1. 교회학교의 프로그램

교회학교의 프로그램에는 주일, 주중/주말, 그리고 방학을 이용하여 운영되는 것들이 있다.

주일 프로그램

주일 프로그램은 예배와 분반공부를 중심으로 이루어진다. 예배와 분반공부는 특별한 교회력을 따른 절기를 제외하고는 거의 매 주일 시행한다. 앞 장(章)에서 본 바와 같이 교회력을 따라 성탄절이나 부활절 또는 성령강림절이 되면 절기와 관련된 특별 프로그램이 있게 된다. 성탄축하예배, 성탄축하발표회, 부활절 연합예배, 성령충만부흥회 등을 예로 들 수 있다. 이때에는 예배와 분반공부를 조정해야 한다. 예배의 경우 어른들과 연합으로 하던가, 분반공부의 경우 다른 특별 순서로 대치하기도 한다.

교회학교의 가장 근간을 이루는 프로그램은 예배와 분반공부이다. 따라서 교회 지도자들은 매 주일 예배를 통해 하나님이 영광을 받으시도록 해야 한다. 아울러 학생들이 하나님께 더 가까이 나아가며, 하나님을 알아가며, 그를 믿음으로 풍성한 생명을 얻을 수 있는 더 나은 길을 모색해야 한다. 분반공부에 있어서도 교회학교 교역자와 부장은 교사들이 하나님을 더 깊이 알고 경험하며, 학생들의 삶에 변화가 일어나는 분반공부가 될 수 있도록 방안을 마련해야 한다. (자세한 내용은 예배와 분반공부 부분을 참고할 것)

교회학교의 주일 프로그램에는 새가족 환영과 등반축하, 우승반/모범반 시상, 생일축하, 결석자 심방, 기도회 등의 순서가 포함되어야 한다.

새가족 환영

새가족 환영 순서는 연령층과 교회학교의 형편에 맞게 프로그램을 구성해야 한다. 이 순서를 통해 새가족은 진정으로 자신이 환영을 받고 있다는 감동을 받아야 하고, 인도자는 중요한 일을 했다는 자부심을 느낄 수 있어야 한다. 그리고 나머지 학생들은 나도 친구를 전도하고 교회로 인도해야 하겠다는 동기를 유발하는 내용으로 구성되어야 한다. 교회학교 지도자들은 한 영혼이 천하보다 중요함을 알아야 하고, 주님의 마음으로 새가족을 환영하고 그를 교회학교에 정착시키려는 간절한 마음을 가져야 한다. 또 기존의 학생들이 주님의 마음으로 환영하고 섬기고 도울 수 있도록 교육을 시켜야 한다.

새가족은 처음 교회학교에 참석을 해서 가장 중요한 인물(VIP)로서 환영을 받고 사랑을 받아야 한다. 그러나 거기에 머물러서는 안된다. 교회학교는 새가족들에게 두 가지의 중요한 목표와 함께 새가족 교육(3-5주 과정)을 시켜야 한다. 첫째 목표는 새가족이 예수님을 하나님의 아들, 구주와 주 되심을 알고 믿고 고백할 수 있도록 가르치는 것이다. 둘째 목표는 새가족이 교회에 잘 정착할 수 있도록 돕는 것이다.

이를 위해 새가족반은 예배시간부터 별도로 운영될 수도 있고, 예배는 함께 하고, 분반공부를 새가족반 형식으로 운영할 수도 있다. 새가족반이 별도로 조직이 안된 교회는 예배와 분반공부를 모두 기존 학생들과 함께 진행한다. 이 경우에는 담임교사가 개인상담을 통하여 예수님을 영접하도록 돕고, 교회생활에 잘 적응하도록 교회와 예배에 대해 오리엔테이션을 해야 한다.

등반(登班 정규반에 올려짐) 축하

교회에 새가족이 등록을 하고 3-5주 출석(새가족반 수료)을 하게 되면 등반을 하게 된다. 등반이란 이제 교회학교의 구성원으로 정착했음을 확인하는 의미가 있다. 등반 축하는 새가족 환영보다 오히려 더 감동적이고 의미가 있는 시간이 되어야 한다. 왜냐하면 새가족은 한번 방문으로 그치는 경우가 많으나, 등반하는 학생은 이제 교회학교의 한 지체가 되었기 때문이다. 새가족반이 있을 경우 새가족 교육을 마친다는 의미에서 축하해야 하고, 새로운 반에 들어간다는 의미에서 축하를 해야 한다. 따라서 새가족반과 새로 들어가는 반, 그리고 교회학교 차원에서의 축하가 있어야 한다. 이때에 사회자는 등반하는 학생과 인터뷰 시간을 통해 등반하는 학생의 인적사항을 소개하고, 교회학교에 대한 인상, 그리고 새가족 성경공부를 마치는 소감을 학생들 앞에서 나누고 선물을 주면서 축하하면 더 좋을 것이다.

우승반 · 모범반

유 · 초등부의 경우 많은 교회학교들이 각 반의 출석, 요절암송, 헌금, 전도 등의 통계를 가지고 우승반 · 모범반을 선발하여 시상하는 순서를 가진다. 시상은 매주일 하기도 하나, 한 달에 한번 종합하여 하기도 한다.

우승반 · 모범반을 시상하는 일은 각 반의 공동체성을 증진시키고 서로를 돌아보며 신앙의 성장을 돕기 위한 것이다. 나이가 어린아이의 경우 이런 시상을 통하여 신앙생활과 공동체성을 증진시키는 일에 도전을 받고 힘을 내는데 도움이 된다. 이를 위해서 교회학교의 지도자들은 아이들의 관심이 상 자체에만 쏠리게 해서는 안된다. 지도자들은 아이들이 신앙생활의 열매를 통해 하나님을 기쁘시게 하려는 동기를 갖고 열심을 내도록 지속적으로 가르쳐야 한다. 그렇지 않을 때에 아이들은 상이 얼마짜리인가에 따라 열심을 내기도 하고 아무런 반응을 보이지 않기도 할 것이다.

보이스카웃이나 걸스카웃의 경우 단원들의 성과에 대해 값비싼 상품을 주지 않는다. 그 대신에 조그만 뱃지를 상으로 준다. 대부분의 학교에서도 재정에 여유가 없기 때문이기도 하겠지만 상품 대신에 상장 하나로 대신하는 경우가 많다. 그러나 많은 학생들이 그것으로 만족하는 것을 볼 수 있다.

따라서 교회학교에서도 많은 상품으로 학생들의 관심을 이끌려고 하기보다, 하나님을 기쁘시게 하려는 동기를 불어넣어주고, 명예심을 고취시키는 방향으로 시상제도를 바꿀 필요가 있다.

생일축하

요즘은 대부분의 가정에서 자녀들의 생일을 챙겨주고 있다. 값비싼 식당에서 파티를 열어주는 경우도 제법 많다. 또 비싼 생일선물을 주기도 한다. 교회에서 하는 생일축하는 이런 것과 차별화가 있어야 한다. 즉 생일을 맞이한 아이나 청소년을 위해 진심이 담긴 생일 카드를 만들어 전달하면 좋을 것이다. 오늘날 인터넷 문화에 젖어있기 때문에 손으로 직접 쓴 카드는 또 다른 감동을 줄 수 있다. 그리고 분반공부나 예배 시간에 생일을 맞이한 아이를 가운데 앉히고 반원들이 둘러서서 축복기도를 하는 것도 의미 있는 일이다. 오늘날 물질문명이 발달하고, 우리의 정신세계까지 돈으로 환산하여 생각하는 이 시대에, 사랑을 느낄 수 있는 사귐과 섬김이 요구된다.

결석자 심방 그리고 기도회

결석자 심방은 평일에도 할 수 있겠지만, 결석이 있는 주일에 바로 시행하는 것이 효과적이다. 교사가 혼자서 결석자를 찾아볼 수도 있겠지만, 가능하면 학생 중에 최소 한 명이라도 동반해서 심방하는 것이 좋을 것이다. 그럼으로써 결석한 학생이 보다 편안한 마음을 가질 수 있고, 함께 심방에 참여한 아이에게도 섬기는 자세를 가르치고 배우는데 도움이 된다.

기도회의 경우도 평일이나 토요일에 모일 수 있다면 좋다. 그러나 시간이 없을 경우에는 주일에 모여서라도 기도해야 한다. 구체적인 기도 제목을 가지고 기도함으로써 하나님으로부터 기도의 응답을 받을 때에 그 기도모임은 힘을 얻게 되고 재미와 함께 기도의 일군이 많아지게 된다. 기도모임에서는 기도한 후에 꼭 하나님이 어떻게 응답하셨는지를 확인해야 한다.

주중 · 주말 프로그램

교회학교가 주중이나 주말에 운영하는 프로그램에는 문화교실(외국어, 악기, 그림 등 교습과 운동, 스포츠), 방과후 교실(학업 증진을 위한)이 있다. 이런 프로그램은 현재 교회학교에 출석하는 학생들뿐만 아니라 교회학교에 나오지 않는 학생들을 위해 필요하다. 교회에 나오지 않는 학생들은 이런 프로그램을 통해 교회학교와 연결될 수 있다.

교회학교에 참석하고 있는 학생들을 위한 프로그램으로서, 기도회나 어린이 구역모임, 그리고 교리문답공부반이나 제자반, 학교별모임 등을 가질 수 있다. 이런 모임들을 통해 믿는 학생들의 신앙을 증진시키고 성숙한 제자와 이웃을 섬기는 사역자들로 양성할 수 있다. 특별히 교리문답 공부반은 21세기에 교회가 관심을 가져야 할 사역이다. 종교다원주의의 영향으로 사람마다 "자기 소견에 옳은대로" 살아가는 시대에 교회는 하나님의 말씀을 가르칠 뿐만 아니라 교리교육을 해야 한다. 그럼으로써 학생들이 "배우고 확신한 일에 거하"도록 도와야 하고, 나아가 하나님의 진리를 세상에 변증하고 선포할 수 있도록 양육해야 한다.

어떤 교회는 주일에는 교회학교 예배를 하고, 주중 또는 주말에는 구역모임 또는 분반공부 모임을 가지기도 한다. 이런 방식은 교회당 공간의 활용이나, 반모임을 충분히 여유를 가지고 할 수 있다는 면에서 장점이 있다. 또 대그룹(예배)과 소그룹(반모임)이 원활하게 이루어질 때에 질적성장 뿐만 아니라 양적성장이 가능한 방법이다.

주중 · 주말 프로그램 중 외부 단체의 지원을 받아 운영할 수 있는 것들이 있다. 그 중 대표적인 것 몇 가지를 소개한다.

새소식반[27)]

어린이 전도협회(CEF)에서 새소식반 지도자 교육과 필요한 교재를 지원하는 프로그램이다. 지역의 어린이들을 전도하고 양육하는 데 있어서 매우 경제적이며 효과적이다. 순서는 복음송, 성경 이야기, 선교사 이야기, 복습게임으로 이루어진다. 교회당을 사용하기보다는 새소식반 교사나 교인들의 가정을 주 1회 빌려서 이용함으로써 지역의 아이들을 전도하고 교회로 인도하는데 유익하다.

어와나(AWANA)[28]

성경암송을 중심으로 이루어지는 프로그램이다. 어와나 한국본부에서 지도자교육과 필요한 교재 및 자료들을 공급한다. 프로그램은 게임시간(40분), 핸드북시간(성경암송, 40분) 그리고 교제시간(40분) 총 2시간으로 구성된다. 프로그램을 운영하는데 공간이 필요하고 비용이 비교적 많이 드는 것이 약점이나 어린이로부터 청소년에 이르기까지 프로그램이 개발되어 있다.

기독교 스카웃(scout) 프로그램

우리나라가 주 5일 근무제로 바뀌어감에 따라 앞으로 금요일과 토요일을 이용한 기독교 스카웃 프로그램이 활성화 되어야 한다. 현재 미국이나 영국에서 이러한 프로그램을 보급하고 있는 기관으로 파이어니어 미니스트리[29] (Pioneer Ministries, 남녀모두)와 보이즈 브리게이드[30](Boys' Brigade 남자만)가 있다.

파이어니어의 경우, 원래 여학생을 중심으로 시작했으나, 1980년부터 남녀 모두(초등학교 2학년부터 중학교 3학년까지)를 대상으로 프로그램을

---

27) 자세한 내용은 어린이전도협회 홈페이지 http://www.cefkorea.org/ 를 참조하라.
28) 자세한 내용은 어와나 홈페이지 http://www.awanakorea.net/를 참고하라.
29) 자세한 내용은 파이어니어 클럽 홈페이지 http://www.pioneerclubs.org/ 를 참고하라.
30) 자세한 내용은 보이즈브리게이드(영국) 홈페이지http://www.boys-brigade.org.uk/ 를 참고하라.

운용하고 있다. 성경공부와 캠프를 비롯한 야외 활동(outdoor activities)을 통한 전인교육에 좋은 프로그램을 가지고 있다.

브리게이드의 경우, 6세부터 18세까지 남자만을 대상으로 프로그램을 운용한다. 실내에서 교육도 하지만 야외에서의 활동을 많이 한다. 특별히 건전한 남성성(男性性, masculinity)을 잃어가고 있는 현대후기에 있어서 브리게이드는 이를 회복하는데 큰 도움이 될 수 있다.

이러한 프로그램을 그대로 도입하는 것은 합당하지 않고 효과도 많지 않을 것이다. 그러나 이들이 개발한 프로그램들을 우리나라의 실정에 알맞게 변형하여 활용한다면 큰 유익이 있을 것이다.

방학 프로그램

성경학교

교회학교에 있어서 여름성경학교와 수련회는 어린이들과 청소년들의 전도와 양육에 중요한 역할을 해 왔다. 이제는 대부분의 교회학교가 여름뿐만 아니라 겨울에도 성경학교를 개최하고 있다. 성경학교의 장소에 있어서도 많은 교회들이 교회당의 제한된 공간을 탈피하여 수양관이나 기도원, 또는 일반 해수욕장이나 캠프장을 이용하여 개최하고 있다.

대부분의 교회학교는 일주일에 하루, 주일을 이용하여 30분 예배, 그리고 30분 성경공부 시간을 이용하여 신앙교육을 시킨다. 이것을 모으면 1년에 겨우 52시간 남짓한 시간이 된다. 그러나 방학을 이용한 성경학교는 여름과 겨울 두 차례에 3일(매일 5시간 정도) 실시한다고 할 때에 적어도 30시간의 집중적인 신앙교육을 할 수 있다. 따라서 각 교회학교는 성경학교를 통해 전도와 양육에 큰 성과를 얻을 수 있다. 이를 위해 지도자들은 일찌감치 목표와 계획을 세우고, 교사들을 준비시키고, 학생들의 관심을 불러일으켜서 풍성한 열매를 거둘 수 있어야 한다.

캠프[31)]

전인교육을 이야기할 때에, 지정의(知情意)를 중심하여 생각하기도 하지만, 지덕체(智德體)도 함께 생각해야 한다. 오늘날 지나치게 지식 위주의 교육에 한정되어 있는 것이 일반학교나 교회의 공통적인 현실이다. 이를 극복하기 위해 방학 때에는 가능하면 야외에서 프로그램을 가지는 것을 적극적으로 추진해야 한다.

여름방학을 이용한 캠프는 교회가 적극적으로 개발해야 할 과제이다. 캠프는 학교생활에 찌든 학생들의 영육을 자유롭게 하면서도, 신체의 발달과 협동심과 사회성을 계발하는데 매우 중요한 역할을 할 수 있다. 따라서 교회학교 지도자들은 주말을 이용한 1박2일의 캠프와 아울러 방학에 3박4일 정도의 캠프를 적극적으로 추진해야 한다. 캠프는 지덕체의 3가지 요소를 두루 갖춘 프로그램이 되도록 해야 한다.

비전트립

세계가 지구촌화 되어감에 따라 오늘날 해외여행이 우리나라에서 매우 자유로워졌다. 한국교회도 1990년대를 지나면서 청년대학부를 중심으로 비전트립에 관심을 가지게 되었다. 그리고 2000년대에 들어서면서 초등학생까지도 비전트립에 참여하는 일들이 빈번해지고 있다.

비전트립을 위해서는 사전에 꼼꼼한 준비가 필수적이다. 무엇보다도 선교지에 나가있는 선교사들과 긴밀한 연락을 통해서 선교사와 비전트립에 참여하는 학생들이 함께 유익을 얻을 수 있도록 계획을 세워야 한다. 무엇보다도 비전트립을 통해 선교사와 교제하며 그의 사역을 지원하고, 또 학생들의 선교에 대한 비전을 키워주려는 두 가지 목표가 분명해야 한다. 단순한 해외여행이 아님을 학생들에게 주지시키기 위해서는 적어도 두 달 전

---

31) 캠프와 관련하여 보물상자 홈페이지 http://www.bomulsangja.com/ 를 참고하라.

부터 선교지 이해, 선교지에서의 규칙, 선교의 의미, 간단한 현지언어 습득, 전도방법 그리고 체력단련 등의 훈련을 해야 한다. 그리고 이러한 훈련에 통과한 학생들만을 참여시켜야 한다. 아울러 비전트립에 참여하는 비용도 교회가 일부를 지원하지만 반드시 본인이 많은 부분을 부담하도록 요구해야 한다. 또 교회는 그들이 교회 내에서나 성도들의 집에서 일할 수 있는 기회(알바--청소, 세차, 파출부 등)를 제공함으로써 피차 유익을 얻을 수 있다.

선교지로 출발하기 전에 교회학교는 파송예배를 가지고, 돌아와서는 보고회와 선교지 사진전시회 등을 가짐으로써 '보내는 자'나 '가는 자' 모두가 은혜를 경험할 수 있다.

앞 장(章)에서 언급한 교회 절기 프로그램과 달리, 교회 자체의 행사 프로그램이 있다. 이러한 행사는 월별로 특별하게 가지는 프로그램과 매월 정기적으로 시행하는 것이 있다. 매월 정기적으로 가지는 프로그램에는 새가족 환영 파티, 생일파티, 노방전도, 기도회 등이 있다. 그리고 성경공부 단원이 끝나는 때에 맞추어 성경공부 소감 쓰기 및 발표회나, 그림그리기 등을 분기별로 가질 수 있다.

교회가 시행하는 프로그램 전체의 예를 월별로 살펴보면 아래와 같다.

1월 신년축하예배, 신년기도회, 교사양성대학
2월 성경암송대회, 성경퀴즈대회, 전도훈련
3월 신학기 헌신예배
4월 학습/세례 및 성찬예식, 부활절 축하 잔치, 친구초청주일, 1일 부흥사경회
5월 어린이 주일, 어버이 주일, 스승 주일
6월 성령충만기도회, 단기선교사 파송예배
7월 여름성경학교 교사헌신예배

8월 성경암송대회, 성경퀴즈대회, 전도훈련
9월 신학기 헌신예배, 잃어버린 양(장기결석자) 찾기 주일
10월 친구초청주일, 1일 부흥사경회, 종교개혁기념주일
11월 총동원전도주일, 학습 · 세례 및 성찬예식, 추수감사예배,
12월 총동원 출석주일, 성탄축하예배, 수료예배, 연말시상, 송구영신예배

2. 프로그램 개발의 주의점

교회학교의 지도자들은 아동들과 청소년들에게 교회가 재미있는 곳이라는 인식을 심어주어야 한다. 교회학교가 많은 학생들의 관심과 주목의 대상이 될 수 있어야 한다. 그리하여 많은 학생들이 교회학교를 찾아오게 만들어야 한다. 나아가 그 학생들이 교회학교에 계속 참석할 수 있도록 흥미로운 프로그램이 주일과 주중 그리고 방학 기간에 시행되어야 한다. 그러나 학생들을 많이 모으는 것만을 교회학교의 존재목적으로 삼아서는 안된다. 교회학교의 프로그램을 개발하는데 있어서 다음의 것들을 주의해야 한다.

하나님 중심

하나님은 그의 백성들이 먹든지 마시든지 무엇을 하든지 다 하나님의 영광을 위하여 할 것을 명하신다.(고전10:31) 교회학교의 프로그램도 학생들의 흥미와 관심을 유발하는 것으로만 그쳐서는 안된다. 모든 프로그램은 하나님을 기쁘시게 하며 그를 영화롭게 하는 것이어야 한다.

성경중심

교회학교의 모든 프로그램은 우리의 신앙과 생활의 유일한 표준인 성경 곧 하나님의 말씀을 가르치는 데 우선순위를 두어야 한다. 성경은 하나님은 누구시며 어떤 일을 하시는가에 대해서 증거한다. 그리고 성경은 하나님을 믿는 사람이 어떻게 살아야 하는가를 가르쳐 준다. 교회학교는 예배와 분반공부를 비롯한 모든 프로그램을 통해서 성경을 머리로써만이 아니라, 삶과 연관이 되는 교육이 이루어지도록 해야 한다.

교회학교 프로그램 가운데 성경퀴즈 대회가 있다. 교회에서도 많이 하고 연합회에서도 많이 한다. 특별히 연합회 주최 성경퀴즈대회를 보면 살벌하기까지 하다. 사회자의 공정성이 의심받는 경우도 발생하고, 대회를 앞두고 많이 준비했지만 간발의 차이로 탈락하는 학생들은 상처를 받는다. 퀴즈대회는 성경지식을 학생들에게 주입하는 데는 효과적일 수 있다. 그러나 정서적으로는 부작용도 많다. 일등한 학생은 자만심을 갖기 쉽고, 탈락한 학생은 열등감이나 상처를 받기도 한다.(요즈음 '골든벨을 울려라' 식으로 퀴즈대회를 함으로써 이런 부작용이 많이 줄어들긴 하였다.)

퀴즈대회를 폐지할 필요는 없다. 하지만 더 나은 방법으로 성경을 공부한 후 소감을 쓰게 할 수 있다. 이것은 경쟁적인 마음을 내려놓게 하고, 지정의(知情意)를 다 계발하게 만든다. 성경에 대해 다시금 깊이 생각할 수 있고, 말씀과 자신의 삶을 연결할 수 있기 때문이다. 또 서로의 글을 나누어 읽음으로써 신앙적이고 깊이 있는 교제를 할 수 있다.

통전적(通典的)인 면

교회교육은 통전적이어야 한다. 통전적이란 교회 울타리 내에 국한된 내용이 아니라, 가정과 학교와 사회 어디서든지 적용할 수 있게 하는 교육이어야 한다는 뜻이다. 교사는 교회생활을 어떻게 해야 한다는 것을 가르칠 뿐만 아니라, 성경의 원리를 교회 밖에서 어떻게 적용하며 살 것인지를 가르쳐야 한다.

교사는 성경공부 시간뿐만 아니라 상담이나 교제의 시간을 모두 이용해서, 성경에 나타난 하나님의 뜻을 실제 생활에서 어떻게 적용시킬 것인가에 대한 문제를 제기해야 한다. 그리고 학생들의 대답을 주의 깊게 들어야 한다. 대화의 분위기를 만들어, 학생들의 형편을 듣고 그들의 문제를 해결할 수 있는 방안을 공동으로 모색해야 한다.

특별히 캠프 같은 프로그램을 통해서 공동체성과 사회성을 증진시키고, 섬김의 삶을 가르쳐야 한다. 사회적인 이슈를 가지고 토론하며, 교회 주변의 지역사회를 탐방하며 소외된 사람들을 돌아보는 봉사의 프로그램도 활용해야 한다. 이로써 교회 울타리 안에 갇혀진 교육이 아니라, 세상을 향한 교회교육이 되어야 한다.

전체 학생들의 형편을 고려한 프로그램

일반학교에서도 문제가 되지만, 교회학교에 있어서 특별히 고려되어야 할 것은 학생들의 신앙수준의 차이 문제이다. 교회학교에는 항상 신입생이 있다. 학생들 사이에 성경지식의 차이, 신앙훈련의 차이, 신앙적인 가정배경 등의 차이 등이 언제나 있다. 따라서 모든 사람이 적극적으로 참여할 수 있는 프로그램을 지도자들은 구상해야 한다. 예를 들어 수련회 때에는 처음 나온 학생들이나 초신자들을 위한 프로그램이 따로 있어야 한다.

성경공부 시간에 발표를 독점하는 학생이 정해져 있다던가, 성경암송대회나 퀴즈대회, 찬송대회 때에 1등하는 학생이 정해져 있다면, 처음 나오는 학생들은 참여할 의욕을 잃어버릴 것이다. 유도나 권투 같은 시합에서 체중을 따라 급을 달리하여 시합을 하는 것처럼, 교회학교의 프로그램에 있어서도 처음 나온 학생들을 고려하여 대회를 가지고, 시상도 해야 한다.

표2 _ 초등부 연간 행사계획의 예

월	목표	주일	주일 오전 예배와 행사	오후 예배 교육 프로그램	기타
1	꿈세움의달	1 2 3 4 5	• 신년 축하예배와 신입생 환영회(1주) • 비전(꿈)세우기 • 교사 신년 기도회	• 반별 단합 대회 • 신입생 환영 야외 활동 • 생일파티	• 교사 명찰 제작 • 교사, 학생카드 작성 • 반 단합회 재정지원
2	섬김의달	1 2 3 4	• 반별 대 심방 • 성경 퀴즈 대회 • 전도훈련(글없는책배우기) • 생일파티	• 노방 전도 • 성경 퀴즈 대회	• 심방준비, 보고철저. • 친구 초청 주일 홍보, 준비 • 성경퀴즈대회준비
3	전도의달	1 2 3 4	• 친구 초청 주일(3주) • 반별모임과 기도회 • 생일파티 • 모범반과 성경다독시상	• 3.1절 기념 행사(1주) • 레크리에이션(초청 주일) • 공동체 운동 • 반별 모임과 기도회	• 친구초청주일준비 -토요전도
4	부활의달	1 2 3 4	• 고난주간(1주) • 부활절 축하 예배(1주) • 불우이웃돕기(사랑의빵)4주 • 생일파티(4주)	• 부활 축하 잔치 • 불우이웃 돕기 • 노방 전도	• 사랑의 빵 지급(1주)
5	가정의달	1 2 3 4	• 어린이 주일 예배(1주) • 어버이 주일 예배(2주) • 스승의 날 행사(3주) • 야외 예배(생일파티함께)	• 꽃 만들기 • 부모님께 편지쓰기 • 선생님과 함께(반별 단합대회) • 레크레이션(야외활동)	• 1주: 어린이잔치 • 2주: 부모님께 감사 • 3주: 선생님께 감사 -구체적활동계획
6	애국의달	1 2 3 4	• 성령강림주일 축하 예배(1주) • 달란트시장 • 성경 학교 강습회 • 생일파티(마지막주) • 모범반 및 성경 다독 시상 • 결석 없는 날	• 위문편지 쓰기	• 성경학교 준비 위원회 구성 • 보조 교사 모집 • 성경학교기도회 • 달란트시장준비
7	여름행사의달	1 2 3 4	• 성경 학교 자체 강습회 • "성경학교개최" • 성경학교 평가 및 위로회 • 생일파티	• 성경 학교 포스터 만들기 • 성경 학교 노래 배우기 • 노방 전도 • 성경 학교 은혜 나누기	• 성경학교 준비기도 • 안내문 발송 • 참가자 파악 • 성경학교 평가서
8	기도의달	1 2 3 4 5	• 성경 퀴즈 대회 • 생일파티	• 봉사(휴지 줍기, 청소...) • 공동체 훈련 • 성경 퀴즈 대회	• 노회성경고사 준비 • 반별 심방 준비

월	목표	주일	주일 오전 예배와 행사	오후 예배 교육 프로그램	기타
9	심방의 달	1 2 3 4	• 반별 대 심방 • 생일파티 • 모범반 및 성경다독시상		• 심방보고철저 • 반별 찬양 대회준비
10	찬양의 달	1 2 3 4 5	• 반별 찬양 대회 • 성경 퀴즈 대회 • 생일파티 • 추수 감사 예배 • 종교개혁주일	• 야외 예배 • 반별 찬양 대회 준비 • 반별 찬양 대회 • 성경 퀴즈 대회	• 총동원 전도주일 준비위원회 구성 • 총동원 전도주일 준비
11	총동원의 달	1 2 3 4	• 잃은 양 찾기 및 총동원 전도 주일(1주) • 달란트시장 • 생일파티	• 추수 감사절 공동 장식 • 선교사님에게 편지 쓰기	• 연말 시상 준비 • 성탄 행사 준비 • 신년 계획 수립 • 달란트시장준비
12	결산의 달	1 2 3 4	• 성탄예배(25日) • 수료예배(5주) • 연말 시상 • 모범반 및 성경다독시상 • 생일파티 • 결석 없는 날	• 성탄 장식 만들기(추리…) • 성탄 준비 • 성탄 총 연습 • 반별 모임 및 기도회	• 수료생명단작성 • 공과교재구입 • 연말시상과 최종보고서

표3_ 중고등부 연간 행사계획의 예

월	목표	주일	절기와 예배	교육활동	교사와 순장활동	연중 주요행사	담당부서
1	심방의 달	1	신년감사 예배	교사와 반별 소개	오리엔테이션과 기도회		교사
		2	신입생환영 예배		이름표 달아주기 등록카드정리반 별사진 촬영	교사와 학생심방	친교부
		3		반별 순장 선출 (공과시작)	교사대학(19-21)1학기, 순장모임	수련회 준비	
		4		반별 성경빨리 찾기 대회	교사 월례회	동계수련회	친교부
		5		중3헌신예배, 월례회, 전도	교사 기도회	교사강습회	예배부
2	친교의 달	1		반별 데코레이션 대회			예배부
		2		동계수련회 준비			
		3		동계수련회준비 및 기도회	순장 모임		
		4	학생간증 예배	우승반 시상 및 새가족환영	교사 월례회		친교부
3	봉사의 달	1		월례회, 전도	장기결석자 심방		전도부
		2		장애인 시설 봉사(오후)			예배부
		3		골든벨을 울려라	순장모임	친구초청 전도주일 준비(부활절 예배)	친교부
		4		새가족 환영, 학교앞 전도(3)	교사 월례회		찬양부
4	전도의 달	1	종려주일 고난주간	학교앞 전도 (10), 월례회			전도부
		2	부활절예배	친구초청 전도 주일	반별심방		연합
		3		특강1 (이성과 나)	순장모임	청소년 문화 특강	교사
		4		우승반 시상 및 새가족 환영	교사 월례회		총무부

월	목표	주일	절기와 예배	교육활동	교사와 순장활동	연중 주요행사	담당부서
5	가정의 달	1	어린이주일	월례회, 마을 청소 봉사			연합
		2	어버이주일	효도편지쓰기			
		3		중2 헌신예배			
		4		반별 찬양대회	순장 모임		찬양부
6	기도의 달	1		비디오 시사회 (성화)	교사 월례회		
		2		월례회, 전도 골든벨을 울려라		하계수련회 준비 위원회 구성 준비	임역원
		3		1학기 공과 TEST	순장모임	교사강습회	
		4	성령강림 주일	우승반 시상, 새가족 환영	교사 월례회		총부부
7	수련의 달	1	맥추감사 주일	월례회, 전도	출석부, 등록카드재정비, 교사 기도회		전도부
		2			장기 결석자 심방		
		3		성경빨리찾기 대회	순장모임		친교부
		4		새가족 환영 및 레크레이션	교사 월례회		친교부
8	선교의 달	1		월례회, 전도	교사 기도회		전도부
		2		수련회 준비			연합
		3			순장모임	하계수련회	
		4			하계수련회 평가회		
		5	학생간증 예배	우승반 시상새 가족 환영레크레이션	교사 월례회		총무부

월	목표	주일	절기와 예배	교육활동	교사와 순장활동	연중 주요행사	담당부서
9	만남의 달	1		월례회, 전도	교사기도회, 2학기 대심방	문학의밤 준비위원회구성 및 준비	연합
		2		초대 편지 쓰기			친교부
		3		반별 찬양대회	순장모임		찬양부
		4		골든벨을 울려라	교사 월례회		예배부
10	결실의 달	1		월례회, 전도 추수감사절 준비	교사 기도회		전도부
		2		문학의 밤 준비			연합
		3		문학의 밤 준비	순장모임		연합
		4	추수감사 주일	추수감사 특별행사			연합
		5	종교 개혁주일	우승반 시상, 새가족 환영	교사월례회 (문학의밤 평가)	성경통독대회	총무부
11	감사의 달	1		월례회, 전도			전도부
		2		전회원 출석주일			연합
		3		문학의 밤	순장모임	문학의 밤	
		4		총회	교사 월례회		
12	성탄의 달	1		성탄장식, 2학기 공과 TEST			연합
		2		성탄절준비			연합
		3		신입생환영회	송년의 밤	성탄절 친구초청잔치	연합
		4	졸업예배				

✤ 학습 문제

1. 당신의 교회학교의 주일, 주중, 및 방학 프로그램을 이야기해 보라.

2. 당신의 교회학교가 잘 하고 있는 프로그램과 개선하거나 보완해야 할 프로그램이 있다면 무엇인가?

3. 프로그램을 개발할 때에 주의할 점 네 가지를 설명해 보라.

4. 당신의 교회학교의 프로그램을 어떻게 하면 효과적인 것이 될 수 있을지 두 가지 이상 말해보라.

〈읽을 거리〉

고직한, 《청년사역 맨땅에 헤딩하지 말자!》, 홍성사, 2003.

나삼진, 《NG를 잡아라: 21세기 청소년사역 전략》, 영문, 1999.

케네스 겡걸, 《교회교육을 위한 리더십》, Moody Press, 1970.

R. 클라크, R. 쥬크, L. 네프, 신청기 역, 《교회의 아동교육》, 생명의말씀사, 1989.

| 제3부 |

교회학교의 행정

1장

담임목사와 교육담당 교역자

선교사이며 설교가인 죤 모트(John R. Mott)는 말하기를 "교회가 실패한 곳마다 부적절한 리더십이 있었다"고 하였다. 이 말은 교회교육에도 적용할 수 있다. 교회의 지도자는 담임목사이다. 교회학교에 있어서도 담임목사가 교장의 직임을 맡는 것이 보통이다. 교회의 규모가 작을 때에는 담임목사가 교회학교까지 직접 책임을 지고 일해야 한다. 그러나 큰 교회일 경우 담임목사는 교육담당 교역자를 세워 교회학교를 운영한다. 그러나 이 때에도 담임목사는 교회학교의 최고 책임자로서의 역할을 하지 않으면 안 된다. 담임목사와 교육담당 교역자가 유기적인 관계 속에서 합력하여 역할을 수행할 때에 풍성한 결과가 있게 된다.

1. 교회교육에서 담임목사의 역할

'목사' 라는 단어는 우리 말 성경에서는 신구약을 통틀어 한 번(엡4:11)만 나오는 단어이다. 헬라어 성경에는 '포이멘' (목자 牧者)으로 나온다. 다윗은 시편 23편 전반부에서 선한 목자의 모습을 노래하고 있다. 좋은 목자는 아침 해가 솟으면 양떼들을 푸른 풀밭으로 이끌고 가서 그들을 배부르게 먹인다. 때로는 시원한 물가로 데리고 가 마른목을 축이게 한다. 사나운 짐승이 양을 해치려고 할 때에는 그가 지닌 지팡이나 물매로 그들을 물리친다. 해가 질 때면 양떼를 안전한 우리로 인도하여 쉬게 한다.

팔레스틴의 목자들은 보통 1-2백 마리의 양떼를 돌본다고 한다. 오늘날 교회성장학자들은, 한 사람의 목회자가 돌볼 수 있는 교인의 수를 약 200명으로 본다. 그래서 교인의 수가 200 명이 넘어갈 때에는 점차 '목자' (shepherd)로서의 역할보다는 '목장경영자' (rancher) 같은 리더십의 형태를 가져야 한다고 주장한다. 즉 교인의 숫자가 적을 경우에는 담임목사가 목자로서 그들을 직접 돌보아야만 한다. 설교자의 역할에서부터 시작하여 주일학교 교사와 부장, 그리고 관리집사 또는 운전기사에 이르기까지 모든 역할을 혼자서 다 해야 한다. 그러나 교회가 양적으로 부흥하게 되어 여러 부교역자들을 두게 될 때에는, 담임목사는 부교역자들을 직접 돌보며, 부교역자들이 교인들이나 교회의 여러 기관들을 직접 돌보는 형태를 취하게 된다. 이상에서 보는 바와 같이 담임목사의 역할은 교회의 규모에 따라 많은 차이가 있게 된다.

여기서는 교회의 크기에 상관없이 담임목회자가 교회교육에 있어서 담당해야 할 일반적인 역할을 살펴본다.

교회교육의 최고 책임자

오늘날 '교육목회' 라는 말을 많이 사용하고 있다. 이 말은 교육이 목회에 있어서 한 부분을 차지하는 것이 아니라, 교육적인 입장에서 목회의 모든 일들을 해야 한다는 의미이다. 즉 예배, 심방, 성경공부, 전도, 교제 등 이 모든 목회의 활동이 교육적인 성격을 지녀야 한다는 것이다. '교육목회' 는 에베소서 4:11-16에 근거하고 있는데 특별히 12절은 이렇게 말씀한다. "이는 성도를 온전케 하며 봉사의 일을 하게하며 그리스도의 몸을 세우려 하심이라."

담임목사가 교회와 관련된 모든 활동을 교육목회적 입장에서 할 때에 세 가지 방향성을 가지게 된다.

첫째는, 교인들의 잘못을 바로 잡아 온전한 사람으로 세우는 것이다. 둘째는 교회의 일들에 성도들이 참여하여 봉사하도록 가르치는 것이다. 셋째는 성도들이 유기적인 관계 속에서 온전한 모습으로 세상에 나타날 수 있도록 교육하는 것이다. 이러한 방향성을 가지고 담임목사가 모든 목회활동에 임할 때에 교회는 열매가 풍성하게 된다.

예수님의 경우를 보더라도, 예수님은 '선생님' 으로 가장 많이 불려졌다. 또한 그에게 있어서 가장 중요한 공생애 기간 동안의 사역은 무리나 제자들을 가르치는 것이었다. 예수님이 마지막으로 제자들에게 주신 명령도 "가서 제자를 삼아라"는 것이었다. 따라서 담임목사도 가르치는 일이 자신에게 있어서 가장 중요한 책임임을 명심해야 한다. 나아가 그는 모든 기회를 활용하여 교인들을 교육해야 한다.

담임목사는 특별히 설교를 통하여 교회학교의 중요성을 자주 교인들에게 가르쳐야 한다. 그리고 교회학교 교사들을 격려하고 지도해야 한다. 교회 내에서 가장 귀한 직분이면서 가장 힘든 직분 중의 하나가 교회학교 교사이다. 교사는 작은 목회자라고 할 수 있다. 교사는 성경공부 준비, 기도, 심방

등 목회자가 하는 일을 거의 다 해야만 한다. 양적인 면에서 차이가 있을 뿐이지 하는 일은 담임목사와 다를 것이 별로 없다. 교사의 일은 사람들의 눈에 잘 띄는 직분이 아니다. 잘하면 그만이고 잘못하면 욕을 많이 먹는다. 따라서 담임목사는 예배시간에 전 교우들에게 교사의 역할의 중요성을 자주 말하여 협력과 격려를 하도록 권면해야 한다. 또한 교회학교의 발전을 위한 아이디어나 조직의 개선, 그리고 전담 교역자들을 청빙하는 일을 당회나 제직회와 함께 추진해 나아가야 한다.

감독자의 역할

목사의 가장 중심되는 역할은 사도행전 6:4에서 유추할 수 있는 것처럼 "기도하는 것과 말씀 전하는 것"이다. 오늘날 담임목사는 초대교회 당시, 사도들이 가졌던 위치와 똑 같은 위치에 있다고 하기는 어렵다. 따라서 사도들이 천명하였던 기도와 말씀의 책임이 가장 중요하다는 사실을 수긍할 수 있으나, 그 이외의 책임을 맡아서는 안된다는 것은 현실을 무시한 생각이다. 왜냐하면 담임목사는 오늘날 교회 내에서 최고책임자(CEO)로서 다른 당회원들의 협력을 받아 교회의 모든 분야의 일들에 대한 행정가 또는 감독자의 역할을 하게 되기 때문이다. 따라서 담임목사는 교회교육의 분야에서도 감독자의 역할을 효과적으로 수행해야 한다.

교회의 규모가 커지게 될 때에 담임목사는 교육담당 부교역자(목사, 강도사, 전도사, 간사 등)를 두어 자신의 책임을 위임할 수 있다. 이러한 책임의 위임(委任)을 통한 책임의 분담은 사역의 효과성을 높일 수 있는 이점(利點)이 있다. 각 부서의 지도교역자를 청빙할 때에 담임목사는 교회의 필요와 후보자의 자격을 잘 살펴보아야 한다. 후보자의 은사나 경험, 성격적인 자질들을 고려해야 한다. 모든 점에서 완벽한 사람이란 있을 수 없기 때문에 앞으로의 발전 가능성을 고려해야 할 것이며, 특별히 팀워크(team work)

의 면을 고려해야 한다. 또한 최종의 결정 단계에서 그가 해야 할 일을 적은 리스트(job description)를 만들고 서로 합의할 수 있어야 한다.

지도교역자를 청빙한 후에도 담임목사가 주의할 것이 있다. 그것은 책임을 위임한 후에 담임목사가 교회교육의 일들을 방치하는 경우이다. 또 담임목사의 관심이 단순히 출석 인원만을 가지고 교회학교의 교육을 평가하는 경우이다. 출석 인원은 교육을 평가하는데 있어서 좋은 자료가 되어야 한다. 그러나 그것이 교육을 평가하는 유일한 기준이 되어서는 안된다. 이러한 한계를 극복하기 위해서 담임목사는 교회학교 교육의 현장을 자주 들여다보아야 한다. 주일오전이나 오후의 아동 예배나 청소년 예배 시간 또는 성경공부 시간에 직접 참석해 보아야 한다. 그리고 1년에 한 두 차례 정도는 담임목사가 직접 설교를 하거나 축복기도의 순서를 맡음으로써 각 부서의 지도자들이나 학생들에게 담임목사의 관심을 행동으로 보여주어야 한다.

앞에서 언급한대로 교회의 규모가 커질수록 담임목사의 관심은 부교역자들과 당회원들에게 집중되어진다. 담임목사가 교회교육에 있어서 감독자의 역할을 효과적으로 수행하기 위해서는 각 부서의 담당교역자나 부장들에게 특별한 관심을 기울여야 한다. 이를 위해서 담임목사는 새벽기도회 직후 조찬모임(breakfast meeting)을 활용할 수 있다. 매월 또는 격월로 하루를 정해서 간단한 국밥이나 빵을 준비하여, 음식을 나누면서 교회학교의 지도교역자나 부장들과의 간담회를 가질 수 있다. 이때에 교회학교 부서 간의 협력뿐만 아니라, 교회 내의 다른 기관 즉 남녀 전도회나 찬양대, 또는 선교위원회와의 관계에 있어서도 좋은 협력관계를 이루어 갈 수 있다.

감독이란 단지 평가만 하는 것이 아니라, 부교역자들이 어떻게 일을 더 잘 할 수 있는가에 대한 지도(指導)를 포함한다. 부교역자들이 한 일이나 계획에 대해 보고를 받고, 설명을 들으며, 그들에게 일에 대한 동기를 부여해 주어야 한다. 또 그 일의 과정을 점검하여 조언을 하며 격려를 해 줄 때에 바울과 디모데의 관계에서 볼 수 있었던 아름다운 동역관계가 나타나게 된다. 한 교회의 담임목사로서 자신의 교회교육에서의 역할을 다음의 설문을 통해 평가해 보라.

담임목사의 자기 점검(self-evaluation)

각각의 질문에 대하여 1-9까지의 번호 중 하나에 O표 하라. 1은 정말 그렇다; 5는 그럴 때도 있고 그렇지 않을 때도 있다; 9는 전혀 그렇지 않다.	정말 그렇다 전혀 그렇지 않다
1. 내가 섬기는 교회는 다른 전임사역자가 별로 필요 없이, 나 혼자의 힘으로 충분히 잘 돌볼 수 있다.	1 2 3 4 5 6 7 8 9
2. 나는 교회교육의 책임이 최종적으로 나에게 있다고 생각하고 교회학교에 대한 관심을 많이 갖고 있다.	1 2 3 4 5 6 7 8 9
3. 나는 '설교자'로 불리울 뿐만 아니라 '선생'으로 불리워도 좋을 만큼 가르치는 일을 많이 하고 있다.	1 2 3 4 5 6 7 8 9
4. 나는 교회학교 예배에 적어도 1년에 2회 이상은 참여하여 설교를 하거나 축복기도를 하고 있다.	1 2 3 4 5 6 7 8 9
5. 나는 설교시간에 자주 교회학교 교육의 중요성을 강조하며, 교사들의 노고를 격려한다.	1 2 3 4 5 6 7 8 9
6. 나는 교회학교의 지도자들과 적어도 3개월에 한번 정도는 만나 허심탄회하게 의견을 교환하는 일을 한다.	1 2 3 4 5 6 7 8 9
7. 나는 교회학교의 지도교역자들의 개인적인 형편을 잘 알고 있으며, 그들의 어려움을 교회에 알림으로써 또는 개인적으로 그들에게 도움을 베푼다.	1 2 3 4 5 6 7 8 9
8. 나는 교회교육의 발전을 위해 책을 보며, 교회교육에 관계되는 잡지를 구독하고 있고, 세미나에도 참석하고 있다.	1 2 3 4 5 6 7 8 9
9. 나는 현재 교회교육의 측면에서 담임목사로서의 역할을 성공적으로 수행하고 있다고 생각한다.	1 2 3 4 5 6 7 8 9

질문 1: 답이 왼쪽으로 치우칠수록 담임목사의 지도력의 형태는 목자의 역할에 가깝게 되어 목사와 교인의 관계가 직접적으로 이루어진다. 반면에 오른쪽으로 가면, 담임목사는 목장경영자의 역할을 하게 된다. 따라서 교회

나 주일학교의 지도자들과의 관계가 일반 교인들과의 관계보다 더 중요하게 생각해야만 하고, 시간적인 면에서도 지도자들과 더 많이 보내야 한다.

질문 2: 교회교육에 대한 담임목사의 책임을 확인하는 질문이다. 부교역자들이나 부장에게 일임하고 그것을 이유로 무관심한 생태에 있지는 않은가?

질문 3: 교육목회의 정도를 묻는 질문이다. 담임목사로서 모든 기회를 교육의 기회로 삼고 있는가를 평가해 보아야 한다. 예수님의 지상명령은 가서 세례를 주고 가르쳐 지키게 하는 교육과 밀접한 관계가 있음을 기억해야 한다.

질문 4: 2번 질문을 보다 구체화한 질문이다. 담임목사로서 현장을 살피는 일은 중요하다. "백문이불여일견"이란 말을 기억하고 교회학교에 참석하고 순서에 참여하라.

질문 5: 담임목사로서 교회학교 교육이 전체 교인들의 관심의 대상이 되도록 만들어야 한다. 이렇게 해야 교회학교가 힘을 얻고, 교사들의 사기(士氣)가 높아지게 된다.

질문 6: 담임목사는 교회학교의 지도자들과 만나 그들이 현재 하고 있는 일들과 계획하는 일들을 청취할 기회를 가져야 한다. 또한 교회학교 내에서의 갈등이나 교회 내의 다른 기관과의 갈등을 예방 내지 중재하며, 서로 유기적인 관계 가운데 서로를 발전시킬 수 있도록 도와야 한다. 이를 위해 담임목사는 지도자들을 자주 만나 교제하며 합력의 기회를 만들어야 한다.

질문 7: 교육담당 부교역자를 목회하는 것이 담임목사(특별히 규모가 큰 교회에서)의 가장 중요한 책임 중 하나이다. 이 책임을 잘 이행하지 못할 때에 팀웍이 잘 이루어지지 못하게 되어 교회 전체의 사역에 큰 손실을 가져오게 된다.

질문 8: 담임목사는 교회 전체의 최고책임자이다. 따라서 교회교육에 대해서도 관심을 가져야 한다. 부교역자들이 많은 경우, 그들로 하여금 좋은 글이나 기사를 스크랩해서 담임목사에게 브리핑하게 할 수도 있다.

질문 9: 담임목사 자신의 역할을 전체적으로 평가하는 질문이다. 이 질문에 신중히 대답하면서 자신에게 있는 장점과 개선해야 할 점을 적어볼 필요가 있다. 그리고 구체적으로 실천해 보라.

2. 교육담당 교역자

교육담당 교역자(교육목사/강도사/전도사, 교육사 포함)의 임무

교육담당 교역자가 교회교육에서 마땅히 해야 할 일은 무엇인가

목적 · 목표 수립

교회교육에 있어서 전체적인 목적을 세워야 한다. 그 목적은 총회적으로 세워진 것을 교회가 그대로 사용할 수도 있고, 총회의 것을 기초로 해서 교회가 새롭게 만들 수도 있다. 교육담당 교역자는 교회가 지향해야 할 교회학교의 목표를 담임목사 및 다른 지도자들과 함께 의논하고 확정해야 한다.

그러한 목표에 근거하여 교육담당 교역자는 장기(5-10년), 중기(3-5년), 단기(1-2년) 그리고 분기별, 부서별 교육의 목표를 세워야 한다. 이러한 목표는 양적인 성장과 질적인 성숙의 양면을 다 포함해야 한다. 교육담당 교역자들의 임기는 보통 1년이고, 대개 1년 동안의 성과(成果)에 따라 임기가 연장되거나 이동하게 되기 때문에, 그들의 목표가 양적성장에 치우치는 경우가 많다. 부교역자들은 마땅히 숫적성장을 추구해야 한다. 그러나 숫적성장을 위해 질적성장을 희생시켜서는 안된다. 담임목사는 부교역자들이 장기적으로 봉사할 수 있도록 배려해야 한다. 그럼으로써 그들이 장기적인 목표를 가지고 질적성장을 추구할 수 있도록 해야 한다.

커리큘럼 선택 · 수립

교육담당 교역자는 수립된 목적과 목표를 근거로 하여, 무엇을, 어떻게 가르칠 것인가를 정해야 한다. 곧 커리큘럼을 세워야 한다. 영아부로부터 성인부에 이르기까지 교육의 내용과 방법을 계획해야 한다.

이 일을 올바로 수행하기 위해서 교육담당 교역자는 먼저 교회 내의 현황을 파악해야 한다. 각 연령층의 인원과 구성원의 성격(신급, 교회생활 경력, 신앙의 정도, 교육배경, 사회적 성향 등)을 이해하고 있어야 한다. 또한 교회가 위치하고 있는 지역의 사회적인 현황을 파악하고 있어야 한다. 교회의 안과 밖의 형편을 잘 알고 있을 때에, 각 연령층에 맞는 교과과정을 세우며, 거기에 맞는 교재를 선택할 수 있다.

모든 교재는 장단점을 함께 가지고 있다. 완전한 교재란 존재하지 않는다. 따라서 교육담당 교역자는 성경이나 신학적으로 잘못된 부분을 바로 잡아주어야 하고, 교재의 부족한 부분을 보충해서 교사들이나 학생들에게 설명해 줄 수 있어야 한다.

오늘날 주일학교의 영아부에서부터 중,고등부까지는 시리즈로 된 교재가 많이 나와 있다. 또 교단에서 출판한 교재가 있다. 따라서 총회에서 간행된 교재를 선택하면 제일 무난할 수 있다. 그러나 대학청년부나 성인부의 경우에는 시리즈로 된 교과과정이 드물다. 따라서 교육담당 교역자는 교회의 형편을 잘 살펴서 대학청년부나 성인들을 위한 교과과정을 개발하고 거기에 맞는 교재를 선택해야 한다.

아울러 교육담당 교역자는 전도훈련이나 새가족반, 그리고 구역예배나 제자특별훈련, 사역훈련을 위한 프로그램이나 교재의 개발 또는 선택에 관심을 가져야 한다. 교회의 숫적성장은 이러한 프로그램에 크게 영향을 받는다. 따라서 교육담당 교역자는 이러한 분야에 관심을 가지고 총체적인 프로그램을 개발하고 지속적으로 개선하며 지속적으로 시행할 수 있도록 해야 한다.

교사양성

교육목사나 전도사는 교회교육에 있어서 교사를 비롯한 지도자를 양성해야 하고, 기존 교사들을 재교육해야 한다. 교회교육의 성패는 교사들에게 달려있다. 교사양성과 교사 재교육은 그들에게 가장 중요한 책임이라고 할 수도 있다. 나아가 교사들의 계속적인 능력배양과 사기진작을 위하여 1년에 1-2회 정도의 교사부흥회나 세미나를 계획하고 실시해야 한다.

교회학교 교사들은 모두가 자원봉사자이다. 따라서 자신의 능력에 대해 불안감을 갖기가 쉽고, 또 나타나는 결과에 대해 쉽게 실망하고 포기하는 경우도 많다. 따라서 그들을 개인면담을 통해 격려하고 그들의 열정을 다시 불붙게 하는 것도 교육담당 교역자의 책임이다.

교육위원회의 책임

교육위원회 책임. 교육담당 교역자는 교육위원회의 장(長) 또는 위원으로서의 역할을 한다. 교육위원회는 교회 전체의 교육에 관계되는 모든 책임을 맡는 기관이다. 교회의 규모가 큰 경우 교육목사가 교육위원장의 책임을 진다. 어떤 일이든지 혼자의 힘으로는 좋은 성과를 거두기가 어렵다. 따라서 교회의 규모가 커짐에 따라 교육위원회가 활발히 활동해야 한다. 여러 부서가 유기적인 관계 속에서 인적, 헌금, 시설물 등의 자원을 효율적으로 동원하고 사용하도록 교육위원장은 계획하고 조정하는 역할을 해야 한다.

교육위원장은 교육위원회의 결정사항들을 담임목사와 당회에 효과적으로 전달할 책임이 있다. 그러한 결정들이 구체적으로 사역에 반영될 수 있도록 해야 한다. 일반적으로 교회학교의 사역들은 일반 교인들의 눈에 드러나지 않기가 쉽다. 따라서 교육위원장을 중심으로 교육위원들이 교회학교의 일들을 적극적으로 홍보하므로 교사나 재정확보에 많은 유익을 얻을 수 있다.

특별프로그램 책임

교회가 수양관이나 독서실, 공부방, 문화교실 등을 운영하는 경우, 교육담당 교역자는 이러한 시설을 사용하여 질적, 양적인 성장을 도모하는 프로그램을 시도할 수 있다. 문화교실이나 공부방의 경우 교회당의 기존 시설을 잘 활용하면 최소한의 투자로 많은 지역주민들을 교회당에 발을 들여놓게 할 수 있다.

교육담당 교역자는 캠프나 수련회를 정기적으로 운영해야 한다. 대부분의 수양관이나 기도원 시설은 신청을 먼저 하는 교회나 단체에게 사용권을 준다. 다라서 교역자가 일찍이 계획을 세워 추진할 때에 시설확보에 도움이 되고, 질적, 양적 성장을 도모할 수 있다.

말씀과 기도

교육담당 교역자는 학생들을 위해 말씀과 기도의 수고를 감당해야 한다. 이것은 가장 중요한 책임이라고도 할 수 있다. 설교를 잘 준비하고 성령충만한 가운데 설교할 때에 놀라운 변화가 학생들에게 나타날 것이다. 또한 맡은 어린이들이나 학생들을 위해서 중보의 기도를 할 때에 하나님의 은혜가 그들에게 임할 것이다.

상담

교역자는 상담자의 역할을 해야 한다. 교사나 학생들의 개인적인 형편을 살피고, 상담함으로써 그들의 영적, 정신적인 문제들을 성경적으로 해결하는데 도움을 주어야 한다. 구원의 확신에 대한 점검을 상담을 통해서 할 수 있다. 또한 오늘날 많은 사람들이 스트레스를 느끼며 살고 있다. 청소년들의 경우 이러한 문제는 심각하다. 따라서 그들이 배운 성경의 진리를 구체적으로 실생활에서 어떻게 적용하고 살아야 하는가에 대해 교육담당 교역자는 상담을 통하여 확인하고 지도해야 한다.

교육담당 교역자의 대인관계

담임목사와의 관계

교육담당 교역자는 담임목사로부터 교회학교를 돌볼 책임을 위임 받았음을 항상 기억해야 한다. 담임목사는 교회 전체의 최고책임자로서 교회 내에서 일어나는 모든 일들을 지도하고 중재하는 책임을 갖는다. 이에 비해 교육담당자는 담임목사로부터 임명을 받아 교회교육의 일을 하게 된다. 따라서 담임목사의 권위를 항상 존중하고, 주 안에서 그에게 순종해야 한다.

교육담당 교역자는 교회교육 분야에서 일어나는 일들을 담임목사에게 성실하게 보고하고, 평가를 받으며 지도를 구해야 한다. 새로운 계획에 대해 담임목사의 의견을 구하고 도움을 요청함으로써 불협화음이 일어나지 않도록 할 때에 사역에 좋은 열매가 맺히게 된다.

종종 담임목사와 부교역자 사이에 일어나는 마찰로 말미암아 교회가 어려움을 겪는 경우가 있다. 이들이 가지고 있는 신학이나 목회철학이 맞지 않던가, 담임목사의 리더십 스타일이 부교역자의 마음에 들지 않을 때에 갈등이 일어날 수 있다. 또 교인들이 건의하는 사안에 대해 서로 다른 견해를 가질 때에 마찰이 일어난다. 부교역자는 담임목사에 대해 존경하는 마음을 잃어버려서는 안된다. 차이점이 있을 때에는 부교역자는 반드시 담임목사에게 개인적으로 이야기를 하든지, 아니면 침묵해야 한다. 이러한 차이점과 불만을 교인들에게 이야기를 하는 것은 옳지 않다. 또한 교인들의 불만에 동조하거나, 담임목사를 비방하는 것 역시 해서는 안된다. 담임목사의 신학이나 목회방침을 양심상 받아들일 수 없는 경우에는 먼저 담임목사에게 겸손히 조언을 해야 한다. 이러한 대화 후에도 생각이 좁혀지지 않을 때에는 부교역자는 지혜롭게 사임하는 것이 옳다.

부교역자가 담임목사를 도와 은혜와 진리 안에서 아름다운 동역을 이루어 갈 때에, 그 교회는 좋은 열매를 풍성히 맺게 된다. 동역은 결코 쉬운 일이 아니다. 그러나 성령 안에서 하나되게 하신 것을 힘써 지키며, 서로를 존중하며 책임을 따라 충성할 때에, 하나님께서는 질적, 양적 성장을 허락하신다.

각부 또는 해당 부서의 부장과의 관계

교육담당 교역자의 각 부서의 부장과의 관계는 매우 중요하다. 부장과의 관계가 나쁘면 피차 큰 불편을 느끼게 된다. 그리고 그러한 나쁜 감정은 교사들과 학생들에게까지 악영향을 미치게 된다. 교역자는 부장과 정기적으로 만나 함께 기도하며 지난 일들을 평가하며 앞으로의 일들을 계획해야 한다.

교육담당 교역자는 각 부서의 전체적인 일들에 대해 비전을 제시하고, 목표를 수립하고, 방법들을 가르쳐야 한다. 부장은 이러한 목표와 계획과 방법들을 교사들이 잘 인식하고 구체적으로 적용할 수 있도록, 행정적인 면에서 확인하고 격려하고 보완하는 역할을 해야 한다.

교사들과의 관계

교육담당 교역자가 전체 교사들을 세심하게 돌본다는 것은 교회의 규모에 따라 다르겠지만 쉽지는 않은 일이다. 따라서 특별한 책임을 맡은 교사들이나 또는 문제를 가지고 있는 교사들을 개별적으로 접촉하며, 대화하는 일들을 중점적으로 해야 한다. 교회의 규모가 크지 않을 경우에는 1년에 2회 정도 교사들과 개인적 또는 집단적으로 상담을 한다.

학생들과의 관계

역시 교회의 크기에 따라 교역자의 역할이 많이 다를 것이다. 그러나 교역자는 학생들과 교사 사이의 관계를 최대한 존중해야 한다. 교역자는 학생들을 돌아보는 일에 있어서 각 교사가 제 몫을 다하도록 도와주고 격려해야 한다. 그러나 특별한 경우에는 교사의 위임을 받아 학생들을 만나 개인상담을 하고 도움을 주어야 한다. 교사를 통해서 학생들을 돌아보는 구조(System)를 확실히 할 때에 사역의 효율성이 높아지게 된다.

✣ 학습 문제

1. 교회교육에 있어서 담임목사는 어떤 역할을 해야 하는가? (두 가지)

2. 담임목사가 교회교육의 최고 책임자와 감독자로서의 역할을 잘할 수 있도록 돕기 위해 당신이 할 수 있는 일은 무엇이라고 생각하는가?

3. 교육담당교역자의 책임이 무엇인가?(일곱 가지)

4. 교육담당교역자가 역할을 잘할 수 있기 위해 당신이 할 수 있는 일은 무엇이라고 생각하는가?

5. 교육담당 교역자가 관심을 가져야 할 대인관계는 무엇인가? (네 가지)

6. 당신이 이러한 대인관계를 원활히 만들기 위해서 할 수 있는 일은 무엇인가?

〈읽을 거리〉

임수택, 《교육전도사론》, 개혁주의신행협회, 1991.

한치호, 《교육전도사론》, 늘빛출판사, 1994.

케네스 겡걸, 《교회교육을 위한 리더십》, Moody Press, 1970.

2장

교사의 중요성과 교사양성

모든 교육에 있어서 교사 한 사람의 중요성은 아무리 강조해도 부족하다. 어떤 열악한 환경에 처한 학교라 할지라도 꿈과 사랑 그리고 실력이 있는 교사는 탁월한 교육을 수행한다. 이러한 교사는 간혹 천부적인 자질과 함께 나타나기도 하나, 많은 경우에 있어서는 탁월한 교사의 모범(modeling)과 멘토링, 또는 효과적인 교사교육을 통해서 배출된다.

교회교육에서 교사교육의 중요성을 살펴보려 한다. 먼저 교회학교에 있어서 교사가 갖추어야 할 자질이 무엇인지를 규명해 본다. 둘째로, 오늘의 현실을 통해 교회가 교사교육에 힘을 쏟아야 할 이유를 찾아본다. 마지막으로 교사교육에 있어서 교사양성교육과 교사계속교육의 필요성과 중요성을 밝힌다.

1. 교회학교의 교사는 어떤 자질(資質)을 갖추어야 하는가?

교회학교 교사는, 한 사람이 그리스도인이 되게 하며 성숙한 하나님의 사람으로 자라가게 하는 데 있어서, 하나님의 동역자의 역할을 한다. 이 역할을 수행하는 데 있어서 교회학교 교사 개개인의 자질은 큰 영향을 미친다. 그리스도의 구원의 복음을 증거하며 그가 분부하신 모든 것을 학생들에게 가르쳐 지키게 하는 교회학교 교사가 되기 위해, 구비하여야 할 자질은 어떤 것인가를 알아본다.

거듭남(중생, 구원의 확신)

거듭난 사람이어야 한다. 교회학교 교사는 한 사람을 그리스도에게로 인도하는 역할을 맡은 자이다. 따라서 그는 성령님의 거듭나게 하시는 은혜를 덧입어 예수 그리스도를 구주(救主)와 주(主)(The Savior and Lord)로 알고 믿고 고백하는 자여야 한다. 예수 그리스도 안에 있게 됨으로 말미암아 죄와 사망과 심판으로부터 얻게 된 구원의 은혜로 인하여 기뻐하며 감사하는 자여야 한다. 예수 그리스도의 구원의 은혜를 진정 누리는 자만이 그의 증인이 될 수 있고 가르치는 교사가 될 수 있다.

예수님을 닮아감

그리스도를 아는 지식과 은혜 가운데 예수님을 닮아가는 사람이어야 한다. 교회학교의 졸업장은 이 세상을 떠나는 날 받게 된다. 신앙교육에 있어서 결코 졸업은 없는 것이다. 따라서 교회학교의 교사도 계속 그리스도를 아는 지식과 은혜 가운데 성장하는 사람이 되어야 한다. 학생들을 가르치기 위해서만 성경을 읽는 것이 아니라, 좀 더 주님을 알고 좀 더 주님의 모습을 닮고자 하는 열망 때문에 기도하며 성경을 상고하는 교사가 되어야 한다. 고린도전서 11장 1절에서 사도바울은 성령의 감동하심을 입어 고린도에 있는 성도들에게 이렇게 권면한다(11:1). "내가 그리스도를 본받는 자 된 것같이 너희는 나를 본받는자 되라."

교육에 있어서 가장 효과적인 방법은 모범을 보이는 것이다. 아무리 많은 말로써 가르칠지라도, 그것을 행동으로써 삶의 현장에서 보여주지 않으면 학생들의 삶에는 변화가 일어나기가 어렵다. 교육은 교사에 의해서 가르쳐지는 것이라기보다 학생들이 붙잡는 것이 교육이다(Education is not taught but caught).

교사가 말씀과 기도를 통하여 예수 그리스도를 닮아갈 때에 그의 마음에는 기쁨이 있게 된다. 이 기쁨은 곧 학생들을 만나며 가르치는 일에 대한 열망으로 나타나게 된다. 교사가 열정을 가지고 준비하며 학생들을 가르칠 때에, 학생들은 교사의 말에서 권위를 느끼게 되고 말씀대로 살고자하는 열심을 품게 된다. 이런 교사는 많은 열매를 맺게 된다.

성령님께 순종

기도하며 성령님의 인도하심에 순종하는 사람이어야 한다. 교회교육은 한 사람이 거듭나 하나님의 자녀가 되도록 도우며, 그리스도의 제자로서 성장해 가며, 예수님의 증인으로서 또 세상의 소금과 빛의 역할을 하게 만드는 것을 목표로 한다. 이러한 목표는 인간의 힘으로는 결코 달성할 수 없는 것들이다. 사람이 거듭나는 것은 성령님의 사역이다. 예수 그리스도와 같이 사랑, 희락, 화평, 오래참음, 자비, 양선, 충성, 온유, 절제의 인격을 소유하는 방법은 성령님의 은혜로 되어지는 것이다. 예수님의 증인이 되기 위해서는 성령님이 임하셔야 비로소 가능하다. 세상을 이기며 하나님의 영광을 드러내는 일도 성령님이 주시는 지혜와 능력이 아니고서는 불가능하다. 교회교육은 성령님이 함께 하지 아니하시면 어느 한 가지 일도 수행할 수 없다. 따라서 교회학교 교사는 기도하므로 성령께서 자신에게 충만히 역사하사 성령님의 도구로 사용해 주시도록 구해야 한다. 또 성령께서 학생들의 눈을 열어 주의 법의 기이함을 보게 하시며 그들의 삶을 변화시켜 주시도록 간구해야 한다.

비전(vision)의 사람

학생들을 향한 비전을 소유한 사람이어야 한다. 부활하신 예수님은 제자들에게 온 세상을 향한 비전을 제시하신다. "그러므로 너희는 가서 모든 족속으로 제자를 삼으라."(마28:19) 승천하시기 직전에 예수님은 그의 제자들에게 말씀하신다. "오직 성령이 너희에게 임하시면 너희가 권능을 받고 예루살렘과 온 유대와 땅끝까지 이르러 내 증인이 되리라."(행1:8)

교회학교 교사는 예수님과 같이 하나님의 나라의 확장과 세계의 복음화에 대한 비전을 소유해야 한다. 학생들을 향한 비전을 품게 되면 하나님이 자신을 교사로 부르셨음을 확인할 수 있게 된다. 교사가 비전이 없으면 하나님이 자신을 교사로 부르셨다는 확신을 갖기 어렵게 된다. 비전을 잃어버리게 되면, 조그만 어려움이 부닥쳐도 낙심하게 된다. 코흘리개 아이들이나 천방지축의 학생들을 가르치고 지도할 때에, 하나님이 주신 꿈이 희미해지면 교사로서의 책임을 소홀히 하게 된다. 그러나 하나님이 주신 비전을 품은 자는 어떤 어려움 속에서도 소망을 가지게 된다. 또 현실에 대해서 불평하지 않고, 도리어 주어진 형편에서 최선을 다하며 하나님의 때를 기다린다. 그리하여 하나님의 영광(기적적인 사건을 통해서 등)을 보게 된다.

교회개혁자 마틴 루터(Martin Luther)가 어린 학생으로서 아이제나흐

(Eisneach)에서 중학교 과정을 다닐 때에 교사 중의 트레보니우스(Trebonius)는 교실에 들어올 때마다 어린 학생들에게 머리를 정중히 숙이며 인사를 하곤 했다고 한다. 어느 날 학생들이 그 이유를 그에게 물었을 때에 그 나이가 지긋한 백발의 교사는 이렇게 말했다. "여러분 중에서 장차 이 나라를 이끌고 갈 지도자들이 나올 것이기 때문입니다." 어른들의 눈으로 볼 때에 학생들이 별로 대수롭지 않게 보일 수도 있을 것이다. 그러나 그들에게는 하나님께서 두신 큰 잠재력과 가능성이 있다. 따라서 교사들은 그들에게 두신 하나님의 놀라운 계획을 생각하며 비전을 가져야 한다.

교사는 어떻게 비전을 가질 수 있고, 어떻게 학생들에게 그 비전을 심을 수가 있는가? 사무엘상 3장 1절을 보면 "아이 사무엘이 엘리 앞에서 여호와를 섬길 때에는 여호와의 말씀이 희귀하여 이상이 흔히 보이지 않았더라"라고 했다. 하나님의 말씀을 가까이 하지 않으면 이 세상의 가치관과 처세술을 따라 살아가게 된다. 그러나 하나님의 말씀을 읽고 상고하고 묵상할 때에 비전을 얻을 수가 있다.

교사는 또한 성령님을 통해 비전을 받게 된다. 사도행전 2장 17-18절에서 베드로는 요엘 선지자의 글을 인용하면서 말했다. "하나님이 가라사대 말세에 내가 내 영으로 모든 육체에게 부어 주리니 너희의 자녀들은 예언할 것이요 너희의 젊은이들은 환상을 보고 너희의 늙은이들은 꿈을 꾸리라…" 누가복음 11장 13절에서 예수님께서 약속하신 대로 기도하므로 교사는 성령님의 충만함을 받고, 꿈과 비전을 가지고 학생들을 양육할 수 있다.

사랑

학생들을 그리스도의 심장으로 사랑하는 사람이어야 한다. 교사가 꿈과 비전을 갖게 될 때에, 학생들을 목적으로 보기보다 수단으로 이용하려는 함정에 빠지기가 쉽다. 교사가 목표지향적이 될 때에 학생들을 순수한 마음으로 사랑하는 마음을 잃어버리는 경우가 생기는 것이다. 그래서 똑똑하고 자기의 말을 잘 듣는 학생들은 좋아하고, 그렇지 못한 아이들은 무시하는 잘못에 빠질 수가 있다. 이렇게 학생들을 편애하게 되면 자신이 목표한 업적은 남길 수 있을지 모르나, 진정한 하나님의 뜻을 이루는 데는 실패하게 된다.

교사는 학생들을 외모로 판단하고 차별해서는 안된다. 고린도전서 1장 26절 이하에서 가르쳐 주시는 대로 하나님은 미련한 자를 택하사 지혜 있는 자들을 부끄럽게 하시고, 세상의 약한 것들을 택하사 강한 것들을 부끄럽게 하시며, 세상의 천한 것들과 멸시 받는 것들과 없는 것들을 택하사 있는 것들을 폐하신다. 이 말씀은 어떤 육체적인 조건도 하나님 앞에서 자랑거리가 될 수 없음과, 도리어 세상적인 지혜나 능력이 없다는 것이 하나님께 영광 돌릴 수 있는 좋은 기회가 됨을 가르쳐 준다. 교사는 모든 학생들에 대해, 아가페의 사랑으로 관심을 기울이고 돌보며 섬겨야 한다.

지식

성경과 교리와 신학의 지식, 그리고 일반상식이 풍부한 사람이어야 한다. 교사는 학생들을 가르치는 사람이다. 교회학교 교사는 특별히 하나님의 말씀을 가르친다. 따라서 그는 성경을 많이 알고 있어야 한다. 정확하고 풍부한 성경지식을 갖추기 위해서 교사는 부지런히 성경을 읽어야 한다.

성경은 해석이 필요한 책이다. 성경을 잘못 해석하면 극단적 칼빈주의자(Hyper-Calvinist)처럼 전도무용론(傳道無用論)을 주장할 수도 있고, 여호와의 증인처럼 수혈(輸血)을 거부하여 환자를 죽게 할 수도 있게 된다. 이러한 예는 좀 극단적인 예이기는 하지만 성경해석의 중요성을 일깨워준다. 성경을 바로 해석하기 위해서는 교리와 신학과 관련한 기본적인 지식을 교회학교 교사는 가져야 한다. 이를 위해 교사는 설교를 잘 들어야 하고, 교단에서 발행하는 월간지나 신문에 나오는 칼럼들을 주의 깊게 읽을 필요가 있다. 또 평신도를 위한 신학강좌와 함께 교사들을 위한 재교육, 계속교육 등에 참여해야 한다.

올바른 신앙생활은 가정이나 사회 그리고 국가와 세계와의 관계에서 이루어지게 된다. 특별히 청소년기에 있는 학생들이나 청년대학생들에게, 교사는 그리스도인으로서 사회에 대한 책임을 잘 가르칠 수 있어야 한다. 이를 위해서 교사는 성경적 세계관을 가지고 있어야 한다. 또 국가나 세계의 역사, 정치, 경제, 사회, 문화와 관련된 기본적인 상식을 필요로 한다.

교사는 성경을 읽을 뿐만 아니라 신문이나 월간지 그리고 다양한 책들을 읽을 필요가 있다. 그럼으로써 외골수적인 신앙생활이 아니라, 세계를 품고 하나님 나라를 확장하는 그리스도의 좋은 일군들을 세우는데 기여할 수 있게 된다.

가르치는 은사

가르치는 은사를 계발하는 사람이어야 한다. 예수님은 진리 자체이시다. 그는 성경(구약)을 잘 알고 계셨고 또한 진리를 전달하는 탁월한 기술을 가지신 분이셨다. 예수님은 사단의 시험을 받을 때에 구약을 인용하여 물리치셨다. 그가 가버나움 회당에서 가르치셨을 때에 사람들은 그의 교훈이 권세 있는 자와 같고 서기관들과 같지 않은 데 대해 크게 놀랐다. 예수님은 말씀을 듣는 사람들의 형편을 섬세하게 이해하셨을 뿐만 아니라, 다양한 방법으로 하나님의 뜻을 전하셨다. 산상보훈과 같은 설교, 제자들을 전도하도록 보내시면서 하신 강의, 천국과 관련한 일곱 가지의 비유, 선한 사마리아인 이야기나 탕자의 비유로 알려진 재미있는 이야기, 들의 백합화나 공중나는 새를 가리키시면서 하신 실물교육(object lesson) 또는 시청각교육, 니고데모와의 토론, 중반기 제자훈련을 마무리 지으시면서 제자들에게

"너희는 나를 누구라 하느냐?"하시는 질문과 대답(Q&A) 방법, 그리고 제자들을 전도훈련에 내보내시는 실습방법 등을, 예수님은 제자들과 무리들을 가르치시는데 사용하셨다.

성령님은 예수 그리스도의 영으로서 교회학교 교사들에게 가르치는 은사를 주신다. "너희는 더욱 큰 은사를 사모하라"신 말씀을 따라 교사들은 가르치는 은사를 사모하고, 성령님께 간구해야 한다. 성경공부 교재에는 다양한 교수방법들이 포함되어 있다. 교사가 성령님의 도우심을 구하며 이러한 방법들을 사용해 보아야 한다. 이렇게 다양한 교수방법들을 사용하면서 학생들을 가르침으로써 교수능력은 발전하게 된다. 또 교사는 교회교육과 관련된 월간지를 읽어야 하며, 교사 세미나에 참석해서 교수방법이나 교재 사용법에 관한 새로운 정보들을 얻어야 한다. 이렇게 가르치는 은사를 계발하는 사람은 성령님의 도우심으로 효과적인 교사로 성장하게 된다.

신실함(충성)

가정과 교회와 사회에서 신실한(충성된) 사람이어야 한다. 교회학교 교사는 삶의 모든 영역에서 학생들에게 모범을 보여야 한다. 교사가 가정에서 남편이요 아버지라면, 아내를 사랑하고 자식들을 주의 교훈과 훈계로 양육하는 사람이어야 한다. 그는 교회에서 목사님을 존경하며 그의 지도를 잘 따르며 교인으로서의 책임을 다하는 사람이어야 한다. 또 그가 속한 부서의 조직에서 덕을 세우는 사람이어야 한다. 사회에서는 자신이 근무하는 직장이나 운영하는 사업에서 그리스도의 향기를 나타내며 주위 사람들로부터 하나님의 사람으로 인정을 받아야 한다. 예수님은 산에 오르사 무리들에게 천국시민장전(The Magna Carta of the God' s Kingdom)을 가르치시면서 말씀하셨다. "이같이 너희 빛을 사람 앞에 비취게 하여 저희로 너희 착한 행실을 보고 하늘에 계신 너희 아버지께 영광을 돌리게 하라." 교사는 가정과 교회와 사회에서 착한 행실을 나타내므로 말미암아 학생들에게 사표(師表)가 되며, 불신세상에서 복음의 문을 활짝 열 수 있어야 한다.

사람으로서 위의 자질을 다 갖춘다는 것은 불가능한 일이다. 이런 자질을 갖추기 위해서는 개인적인 노력이 필요하다. 그러나 개인적인 노력과 더불어 교사양성과정과 교사계속교육과정을 통하여 자신과 서로를 점검하는 제도적인 장치가 있어야 한다.

2. 교사의 역할

이제 교사가 하는 일이 무엇인가 구체적으로 알아보자.

학생들을 위해 기도하는 일

교사가 해야 할 가장 중요한 일은 학생들을 위해서 기도하는 일이다. 한 학생의 영적인 변화는 오직 성령님만이 할 수 있다. 따라서 교사는 성령님의 도우심을 덧입어야 한다. 따라서 교사는 기도함으로써 성령님의 인도를 받을 수 있고, 성령님의 역사하심을 누릴 수 있다.

하나님의 말씀을 준비하고 가르치는 일

교사가 가르쳐야 할 내용은 하나님의 말씀인 성경이다. 따라서 교사는 자신이 먼저 성경을 많이 읽고 묵상하고 실천하면서 하나님의 은혜를 풍성히 누려야 한다. 그리고 받은바 은혜를 학생들에게 지혜롭게 가르쳐야 한다.

학생들의 영적 상태를 살피고 지도하는 일

교사는 성경의 지식을 전달하는데 그쳐서는 안된다. 하나님의 뜻을 학생들에게 지식적으로 가르치고, 그들이 하나님의 말씀을 이해하고 실천하고 있는지를 파악해야 한다. 그리고 잘하는 일은 격려하고, 잘못하는 일은 지혜롭게 꾸짖고 열심을 내어 하나님의 뜻대로 살도록 지도해야 한다.

학생들의 부모와 더불어 학생들의 신앙상태를 의논하고 돕는 일

믿음의 가정에서 나오는 학생들의 신앙교육의 1차적인 책임은 그 부모에게 있다. 따라서 교사는 학부형들과 함께 학생들의 신앙상태를 점검하고 지도해야 한다. 불신가정의 학생들을 위해서도 가능하면 학부형들과 대화를 나누어야 한다.

다른 교사들과 팀워크를 이루어 교회 전체의 유익을 구하는 일

교회의 일은 공동체적으로 진행된다. 따라서 교사는 교회학교의 공동체의 유익을 추구해야 한다.

전도하는 일

교사는 자기가 맡은 학생들을 성숙한 그리스도인이 되도록 도와야 한다. 나아가 믿지 않는 학생들에 대해서 관심을 가지고 전도해야 한다. 교사 자신이 직접 전도할 뿐만 아니라, 반학생들을 훈련시키고 격려하여 그들이 친구들과 이웃을 전도하도록 지원해야 한다.

제자를 세우는 일

교사는 학생들이 예수님을 개인적으로 영접하도록 도와야 한다. 나아가 그들이 말씀과 기도를 통하여 그리스도의 성숙한 제자로 성장하도록 도와야 한다.

학생들을 동역자로 세우는 일

제자훈련의 궁극적인 목표는 재생산하는 제자를 세우는 것이다. 즉 학생들을 서로간에 좋은 협력자로 세우고, 교사 자신과 담임목사의 동역자로 세우는 일이다. 학생들을 양의 위치에만 머물러 있게 해서는 안된다. 그들이 목동이 되어 또 다른 친구들을 전도하고 예수님을 닮아가도록 도우며, 그들을 동역자로 세우는 사역에 동참하도록 해야 한다.

3. 교회가 교사교육에 힘을 쏟아야 할 이유는 무엇인가?

가정의 신앙교육 소홀

교인들의 가정에서 신앙교육이 잘 이루어지지 않고 있기 때문이다. 신앙교육의 일차적이고 궁극적인 책임은 누구에게 있는가? 그것은 부모에게 있다. 신명기 6:4-9, 그리고 에베소서 6:4은 이에 대해 분명하게 밝히고 있다. 그러나 오늘날의 많은 가정의 부모들이 신앙교육의 책임을 소홀히 하고 있거나 포기하고 있는 듯하다. 자녀들의 신앙교육에 대해 관심이 있는 부모들조차도 교회에 그 책임을 전부 전가(轉嫁)하는 경우가 많은 듯하다.

왜 부모들이 신앙교육의 책임을 소홀히 하고 있는가? 많은 이유가 있겠지만 부모 자신이 올바른 신앙생활을 하지 못하고 있기 때문일 것이다. 그들이 삶의 중심에 하나님을 두지 않고, 신앙생활을 삶의 한 부분으로만 생각하는 경향이 있다. 즉 많은 부모들이 자녀들의 신앙교육을 주일예배에 참석시키는 것만으로도 충분하다고 생각한다. 더구나 주일에 학교나 학원에 가야할 일이 생기면, 그것을 예배보다 더 중요하게 생각하기도 한다. 신앙생활은 교회생활이고, 교회 밖에서는 세상의 풍조를 거스려 살기를 원하지 않는다. 이런 현실 가운데서 부모를 통한 다음 세대를 위한 신앙교육은 기대하기가 어렵다.

교회는 이런 상황 속에서 부모교육에 먼저 관심을 가져야 한다. 신앙은 장신구(裝身具 accessories) 같이 기분이 좋으면 받아들이고 그렇지 않으면 거부해도 되는 것이 아니다. 신앙은 하나님 앞에서의 삶으로서, 사람의 감정이나 환경까지도 주장하는 것이어야 한다. 따라서 부모들이 신앙과 삶이 분리되지 않고 유기적인 연결을 갖는 전인적인 신앙생활을 하도록 교회는 도와야 한다. 그들이 자녀들에게 이러한 올바른 신앙을 갖도록 교육하는 일에 관심과 책임을 가지도록 도와야 한다. 나아가 교회는 신앙생활의 모범을 보이는 일이든지, 가정예배의 지침을 제공하는 일, 그리고 교회학교와 협력하는 일 같은 구체적인 신앙교육의 방법을 가르쳐야 한다.

이러한 부모교육과 더불어 교회는 주일학교나 중 고등부 그리고 청년대학부를 통한 교육에 힘을 써야 한다. 이러한 교육의 출발은 무엇보다도 교사교육을 통해서 이루어진다. 더욱이 교회교육에 참여하는 어린이나 청소년들 그리고 청년들 중에는 믿지 않는 부모를 둔 사람들이 많이 있다. 이런 사람들을 위한 신앙교육의 책임은 전적으로 교회가 담당해야 한다. 교회의 담임목사와 그들을 직접 대면하여 교육하는 교사의 책임이 중요하다. 불신가정에서 교회에 나오는 사람들을 믿음의 사람들로 양육하기 위해서는 이러한 역할을 효과적으로 감당할 수 있는 교사를 양육해야 한다. 따라서 교사교육이 중요하다.

일반교육의 압력

오늘날 사회교육의 비중은 점점 커지는 반면에 교회교육이 위축되고 있기 때문이다. 유치원에도 가기 전에 웅변학원, 미술학원, 영어학원, 피아노학원, 태권도장에 다니는 아이들이 많다. 성인들을 위한 사회교육 또는 연장교육 프로그램도 오늘날 활발하게 제공되고 있다. 이러한 가운데 교회교육은 많은 과외 공부나 활동 중 하나로 치부되는 경향이 있다. 이에 따라 교회 안팎의 사람들의 교회교육에 대한 관심은 미미해지고 있는 형편이다. 더욱이 소위 좋은 대학에 들어가야 한다는 강박관념은 대부분의 한국 국민들의 머리를 지배하고 있다. 이런 상황 속에서 고3이 되면 신앙의 모라토리움(moratorium, 유예) 현상까지 생기고 있다.

이러한 일반교육의 내용은 대부분 도구적인 지식이나 기술을 가르치는 것이 주된 내용이요, 삶의 목적에 관한 내용이나 인성(人性) 교육에 대한 관심은 아예 없거나 있어도 미미한 형편이다. 이런 상황 속에서 교회는 창조, 타락, 구속, 심판의 세계관 속에서 의미 있고 활력 있는 인생을 위한 진리를 가르칠 수 있는 특별한 어쩌면 유일한 교육기관이다.

나아가 교육은 지정의(知情意) 영역을 포함하는 전인(全人)에 대해 이루어져야 한다. 이러한 교육을 맡아 수행할 기관은 교회 외에는 찾기가 힘들다. 오늘날 교회에서 조차도 지식 위주의 교육에 치중하는 상황인 듯하다.

교회교육은 학생들의 전인적인 삶에 변화를 가져오도록 해야 한다. 이 변화는 교회의 울타리 안에서만 나타나는 것이 아니라, 그들의 삶의 모든 영역에서 표현되어야 한다. 따라서 교사는 성경의 내용을 전달하는 데서 발전하여, 성경의 교훈을 개인과 교회와 사회에 적용하는 일에 관심을 기울여야 한다. 이를 위해 교사는 학생들이 성경의 가르침에 대한 반응을 보일 수 있는 기회를 주어야 한다. 성경의 가르침에 근거해서 자신이 교회의 안팎에서 취해야 할 태도나 행동에 대해 학생들이 이야기할 시간을 주거나 아니면 글로써 표현할 기회를 제공해야 한다. 또한 그러한 결심에 따르는 순종(활동)의 결과를 서로 나눌 수 있도록 함으로써 전인교육을 이룰 수 있다.

이렇게 학생들을 전인적으로 가르치기 위해서는 교사들을 특별히 교육하지 않고서는 불가능하다. 따라서 성경적인 세계관에 입각한 교육과 전인적인 교육을 위해서는 교사교육이 절대적으로 필요하다.

세속문화의 영향

오늘날, 케이블 텔레비전을 비롯한 대중매체의 만화영화, 연속극, 그리고 쇼(개콘, 웃찾사 등) 프로그램이 아이들의 관심을 독점하고 있다. 영화나 비디오, 스포츠 등의 레져 문화는 사람들을 교회로부터 멀어지게 만들고 있다. 컴퓨터 게임이나 가상현실체험, 그리고 인터넷은 아이들로 하여금 점점 더 교회에 대해 등을 돌리는 구실을 준다.

이런 상황에서 교회가 비디오 시설을 하고, 빔프로젝터를 설치하는 등 멀티미디어를 많이 활용해야 할 필요가 있다. 그러나 이런 기자재나 기술을 가지고 교육의 질을 일반 사회의 교육기관과 경쟁하려고 할 때에 교회교육은 승산이 희박하다.

사람에게 있어서 가장 흥미 있고 가치 있는 것은 인간관계에서 찾을 수 있다. 다른 말로 하면 사랑이다. 사람에게 있어서 사랑보다 더 중요한 것은 없다. 많은 아이들이 현대문명의 산물에 현혹되어 있는 듯이 보이나, 그들이 진정 원하는 것은 사랑이다. 자기를 사랑해 주는 사람을 발견할 수 없기 때문에, 또는 사랑을 기대했다가 실망하고 상처받은 적이 있기 때문에, 그들은 대리만족의 수단을 추구하게 된다. 그들은 인간관계로부터 안전감(need of security)과 중요감(need of significance)을 얻기를 포기하고, 비디오게임이나 인터넷에 중독 되는 것이라고도 할 수 있다.

일반 교육은 지식이나 기술의 전달을 통해 피교육자가 신분상승을 이루고 자아실현이나 성취감을 맛보도록 하는 것을 목표로 삼는다. 여기에는 참 생명의 근원이신 하나님이 배제되어 있다. 교육자와 피교육자 사이에 인격적인 관계성이 말살된다. 그러나 교회교육은 그렇지 않다. 교회교육은 교사나 학생 모두가 하나님 앞에서 자신을 생각할 기회를 제공한다. 그의 진리와 은혜 가운데서 하나님과의 만남과 교제를 가지게 한다. 나아가 은혜와 진리 안에서 참다운 인간관계를 회복하는 즐거움을 얻게 한다. 따라서 교회교육은 이에 참가하는 모두에게 진정한 기쁨과 감사를 갖게 만든다.

현대문명과 사회교육을 상대로 경쟁함에 있어서 교회교육은 탁월한 내용과 방법을 가지고 있다. 문제는 교회교육에 관계된 사람들이 자신들이 가지고 있는 것들을 과소평가하고 있다는 것이다. 그리하여 사회교육의 방법이나 현대문명에 의존하려고 하므로, 계속적으로 실패하게 된다. 교회교육의 지도자들은 성경의 메시지를 다시 강조해야 한다. 하나님과 이웃과의 관계를 파괴하는 죄의 문제를 제기해야 한다. 그리고 이를 해결해 주시는 하나님의 거룩하심과 사랑, 그리고 이에 기초한 인간관계를 분명하게 선포해야 한다.

교회교육의 지도자들은 성경의 진리를 확신을 가지고 선포해야 한다. 또한 이를 위하여 성령님의 능력을 의지해야 한다. 교회교육은 단순히 인간의 지식과 노력으로만 이루어지는 것이 아니다. 교회교육에는 성령께서 함께 하시며 일하신다. 교회교육은 하나님을 대적하는 어떠한 강력한 진을 파할 수 있다(고후10:4).

따라서 교회는 멀티미디어를 갖추고 이러한 기자재(機資材)를 효과적으로 다룰 수 있는 교사들을 양성해야 할뿐만 아니라, 사람을 귀하게 여기고 사랑하며 성령님을 의지하는 교사를 양육해야 한다.

4. 교사양성교육과 교사계속교육의 중요성

교회교육에 있어서 가장 중요한 것은 교사 자신이다. 아무리 교육환경이 나쁘다고 해도 믿음과 비전과 열심 있는 교사가 있으면 거의 모든 문제들을 극복할 수 있다. 나아가 교회학교가 성장하며 부흥이 일어날 수 있다. 교사 한사람 한사람이 교회교육의 비전과 책임을 느끼고 충성할 때에 어떤 문제도 극복이 되고, 내일의 한국교회를 부흥케 할 일군들이 배출될 수 있다.

교사는 교회 안의 다양한 사역 중 가장 힘든 책임 중에 하나이다. 그래서 많은 교회들이 교사지원자가 적어서 고민을 한다. 또 좋은 교사가 되는 것은 결코 쉬운 일이 아니다. 그러나 이 세상에서 교사만큼 가치 있는 일도 없다. 사도 바울은 성령의 감동하심을 입어 이렇게 고백하고 있다. "우리의 소망이나 기쁨이나 자랑의 면류관이 무엇이냐? 그의 강림하실 때에 우리 주 예수 앞에 너희가 아니냐? 너희는 우리의 영광이요 기쁨이니라." (살전 2:19-20)

교회(특별히 담임목사)는 비전을 가지고 교사의 은사를 가진 사람들을 발견하고 교사로 헌신하도록 도전해야 한다. 그리고 그들을 위한 교사양성교육 프로그램을 개발하고 시행해야 하며 총회교사대학에 참여할 수 있어야 한다. 어느 정도 규모가 있는 교회는 공식적인 교사양성반 프로그램을 만들어 연례적(年例的)으로 시행해야 한다. 규모가 적은 교회의 경우에는 멘토링 또는 도제제도(교사와 보조 교사 형태) 형식으로 교사양성을 할 수 있다.

교사양성 프로그램을 수료함으로써 교사자격을 얻었다고 해서 유능한 교사가 되는 것은 아니다. 실제로 교사의 역할을 하는 가운데 유능한 교사로 성장하는 것이 일반적인 현상이다. 따라서 교회는 교사들을 위해 계속 교육의 기회를 제공해야 한다. 매주 교사회로 모일 때마다 미니강습회나 독후감 발표회 등을 가짐으로써 연장교육을 할 수 있다. 그리고 교회 자체적으로 또는 지역 연합으로 각종 세미나(교수방법, 반목회, 상담, 전도 등)에 교사들을 참여시켜 교사의 실력을 높일 수 있다. 교회가 교사들에게 각종 교회교육 월간지나 교육에 관한 유익한 서적을 비치하거나 상(賞)으로 주거나 싼 가격에 보급하고 토론하는 시간을 가짐으로써 계속 교육을 도모할 수 있다.

5. 교사양성 또는 계속교육 프로그램

교사양성을 위해 교회는 10-11월이나 1-2월에 각각 6-8주에 걸쳐서 훈련 프로그램(교회 형편에 따라 시기나 기간은 조정 가능)을 운영할 수 있다. 가을에는 새로운 교사양성을 중심으로 하고, 겨울에는 기존 교사들의 연장교육으로 나누어서 교육할 수도 있다.

교육 내용이 많을 경우에는 2년 과정으로 편성하여, 1차년도 수료후 보조교사의 자격을 주고, 2차년도 수료 후 정교사의 자격을 줄 수 있다. 매 주일 오후를 이용하여 2-3시간 강의와 실습(workshop)을 함께 가지는 것이 좋다. 이러한 프로그램에 '교사양성대학'이라는 이름을 붙이는 것도 효과가 있다.

프로그램 일자와 교과과정과 강사를 정한 후, 시작 한 달 전부터는 주보와 포스터 등을 이용하여 광고를 한다. 그리고 등록교인들 명단을 참고하고, 구역장들을 통해 교사후보자를 파악하면서 개별 접촉을 병행한다. 입학원서가 포함된 광고지(廣告紙)도 준비하여 주보와 함께 배포한다. 관심이 있는 사람들로 입학원서를 작성하게 하여 제출하게 하고, 교재도 미리 만들어 나누어줌으로써 기대감과 흥미를 증진시킨다.

교사양성 프로그램에서 제공해야 할 과목들로는 크게 세 가지 종류가 있고, 세부적인 과목은 아래와 같다. 교사연장교육의 경우에는 아래의 과목의 심화(深化) 또는 각론(各論) 과목으로 커리큘럼을 편성할 수 있다.

- 성경 및 신학과 관련한 과목: 신,구약개론, 교회사, 조직신학개론, 교회교육개론, 전도/선교학 등
- 교수 능력 개발을 위한 과목: 교육심리, 공과교수방법, 소그룹 인도, 반운영 및 학생상담 등
- 교양 및 상식 과목: 창조와 진화론, 통일과 평화교육, 이단종파 비판, 타종교이해 등

6. 교사 탈진현상의 극복

많은 교사들이 반을 맡아 봉사하다가 실망하고 교사직을 떠나는 경우가 종종 있다. 교사로서 일하다가 어려움을 겪고 탈진(burnout)하는 이유 중 다음과 같은 것들이 있다.

- 꿈과 비전이 희미해지므로 교사로서의 사역을 겨우겨우 수행하는 경우가 있다.
- 개인적인 죄(도덕적 범죄 또는 열심의 상실)로 말미암아 양심의 불편을 느끼며, 교사로서의 사역을 포기하기 직전에 있는 경우가 있다.
- 자신의 교사로서의 능력이 부족하다는 사실을 깨닫는 가운데 그만 두려는 경우가 있다.
- 일정 기간 교사로서 열심히 수고를 하였지만, 성과가 빨리 나타나지 않으므로 힘들어하는 경우도 있다.
- 그리스도인으로 성실하게 살려고 힘쓰는 가운데 교회로부터 여러 가지 책임을 떠맡게 되는 경우가 있다. 이럴 때에 책임이 너무 과중하므

로 인간의 한계에 부닥쳐 괴로워 할 수도 있다.

꿈과 비전이 희미해지는 경우 성경읽기와 묵상 그리고 기도생활에 열심을 내는 것이 먼저 있어야 한다. 그리고 경건생활과 관련한 책을 읽을 필요가 있다. 신앙의 선배와의 상담도 도움이 된다. 자신이 맡은 학생들을 깊이 생각하며 축복하고, 비전을 새롭게 주시길 기도한다. 개인적인 죄가 있을 경우 속히 하나님 앞에서 죄를 고백한다. 죄 용서함의 확신이 잘 들지 않는 경우에는 자신의 비밀을 지켜줄 수 있는 신실한 선배에게 고백할 수도 있다.

자신의 능력에 한계를 느낄 경우, 장기적인 비전을 갖고 사역에 임한다. 능력이 부족하다고 포기하면 사역을 더 이상 할 수 없게 된다. 따라서 사역을 계속 수행하면서 능력을 주시도록 하나님의 은혜를 구하는 것이 옳다. 교사의 일은 결코 포기해서는 안된다. 성과가 빨리 나타나지 않는 경우에도, 하나님 앞에서 자신을 돌아보고 부족하고 잘못된 부분은 고쳐야 한다. 하나님은 제사보다 순종을 원하신다. 따라서 교사는 비록 더딜지라도 하나님을 의지하면서 인내해야 한다. 교회에서 너무나 많은 책임을 맡음으로써 힘이 드는 경우. 교회의 지도자들과 상의하여 일을 줄이는 방안을 모색해야 한다. 자신이 받은 은사를 살피고, 적당한 사역이나 책임을 한, 두 가지만 맡도록 한다.

교회의 지도자들이 교사들을 잘 살피고 상황에 맞는 지원과 배려를 베풂으로써 해결될 수 있다. 이에 더하여 교사계속교육을 통해서 교사들이 서로의 문제를 나누고 해결책을 찾으며, 서로를 격려할 때에 시너지(synergy)효과가 있게 된다. 또 교사로서의 역할을 보다 효과적으로 수행하는 방법을 찾고 나눔으로써 발전적인 방향으로 탈진의 문제를 해결할 수 있다.

✤ 학습 문제

1. 교사가 갖추어야 할 자질은 무엇인가? (여덟 가지) 그리고 당신이 교사로서 지금 잘 갖추고 있는 것과 갖추기 위해 노력해야 할 것 각각 한 가지씩을 말해 보라.

2. 교회가 교사교육에 힘써야 할 이유 세 가지를 말해 보라.

3. 당신의 교회에서 교회학교에 대한 관심을 높이는 방안을 말해 보라.

4. 교사가 하는 일 여덟 가지를 말해 보라. 그리고 당신이 교사로서 지금 잘하고 있는 것과 더 잘하기 위해 노력해야 할 것 각각 한 가지씩을 말해 보라.

5. 교회학교의 상황이 아무리 열악(劣惡)하다고 해도 이를 극복할 수 있는 열쇠는 누구에게 있는가?

6. 당신은 언제, 어디서, 어떻게, 교회학교 교사로서 사역을 시작하게 되었는지 말해 보라. 그리고 교회학교 교사로서의 당신이 경험하는 보람과 어려움에 대해 말해 보라.

7. 당신의 교회에서 시행하고 있는 교사양성 또는 계속교육 프로그램을 이야기해 보라.

8. 당신의 교회의 교사양성 또는 계속교육 프로그램의 개선방안을 말해 보라.

9. 교사 탈진 현상이 발생하게 되는 주된 원인 다섯 가지를 말해 보라. 그리고 당신이 경험한 탈진 현상을 설명하고, 어떻게 극복하였는지 말해 보라.

〈읽을 거리〉

박홍철, 《변화하는 교사, 새로워지는 주일학교》, 영문, 1999.
최윤식, 《교사열정이 주일학교를 살린다》, 규장, 2001.
영화, "죽은 시인의 사회", "코러스", "프리덤 라이터즈"

3장

교육위원회

간혹 교회 내의 교육부서 사이에 마찰이 일어난다. 두 부서 사이에 교실의 사용시간이 중복되므로 다툼이 일기도 한다. 때로는 교사 한 사람을 두고 유치부와 초등부 사이에 줄다리기가 벌어지는 경우도 있다. 어떤 때에는 대학부에서 사용한 교재를 청년회에서 다시 사용하게 되어 참여율이 떨어지는 사태도 발생한다.

교회교육은 영아 유치부에서부터 청년대학부에 이르기까지, 더 나아가 장년부에까지 일관성 있게 이루어져야 한다. 성도들의 헌금을 사용하는 교회학교는 이를 지혜롭게 조정하고 배분하여 사용해야 한다. 교육부서들이 각각 지나치게 독립성을 주장하다 보면 교육교재나 기자재들을 구입하는 데 있어서 절약을 하지 못하거나, 중복(重複) 구입으로 청지기의 책임을 소홀히 할 수도 있다.

교회의 규모가 어느 정도 되어 여러 명의 교역자가 부서들을 맡아 사역을 하게 되면, 교육위원회를 두는 것은 성령께서 하나 되게 하신 것을 지키며 효율적인 행정을 이루기 위해 필수적이다. 교회의 규모가 작은 경우, 교육담당 교역자를 둔다는 것 자체가 어려울 수도 있다. 이때에는 담임목사가 교회학교의 부장과 더불어 (교육위원회라는 기구는 없더라도) 정기적으로 만나야 한다.

1. 교육위원회의 역할

교회는 그리스도를 믿는 사람들의 모임이다. 그리고 성령께서는 각 사람에게 은사를 나누어주셔서 교회의 덕을 세우게 하신다. 성경은 교회를 가리켜 그리스도를 머리로 한 몸이요 지체의 각 부분이라고 한다. 교회가 하나님의 영광을 드러내기 위해서는 머리이신 예수 그리스도를 중심으로 마음을 같이 하고 힘을 합해야 한다.

그런데 마음을 같이 하고 힘을 합하기가 그리 쉽지 않다는 것이 문제이다. 우리의 교회가 머리되시는 주님도 한 분이시오 성경도 하나이지만, 성경의 일부분을 제각기 달리 해석하고 적용은 아전인수 격으로 하므로 서로 간에 자주 마찰과 충돌과 갈등이 있게 된다. 더욱이 교회학교는 자원봉사자들을 통해 일이 이루어진다. 따라서 참여하는 사람들의 의견을 잘 듣고 수렴하여 공동의 목표와 합의에 의한 계획을 가질 때에 헌신과 자기희생을 기꺼이 하게 된다. 서로 대립되는 일이 발생할 때에 공의롭고 지혜롭게 해결하지 않으면 불화와 역기능 그리고 분열의 아픔이 있게 된다. 그리고 이러한 대립은 하나님의 영광을 크게 훼손케 만든다.

많은 사람들이 함께 모여 일을 하게 될 경우, 서로의 생각과 주장을 조정하여 협력의 관계를 이루며, 공동의 목표를 가지고 힘을 합해야 한다. 이를 위해 하나이면서 효과적인(unity and effectiveness) 조직이 필요하게 된다. 교회학교 내의 교육부서들이 불화와 혼돈과 분열을 피하기 위해, 그리고 일관성 있는 목표를 가지고 함께 하나님의 영광을 드러내기 위해 논의의 자리가 있어야 한다. 이러한 이유로 교육위원회가 필요하다.

교육위원회의 역할을 아래에 보다 자세하게 설명한다.

목적, 목표, 계획 수립

교육위원회는 교회교육에 있어서 목적과 목표를 제시하는 역할을 해야 한다. 교육위원회는 각 부서의 의견을 수렴하며 조정하는 가운데 교회교육의 장기적인 목표들과 종합적인 계획들을 수립해야 한다. 일반적으로 사람은 자기중심적인 경향이 강하다. 전체를 생각하기 보다는 우선 자기나 자기가 속한 부서를 더 생각한다. 그리하여 단기적인 목표를 달성하는데 급급하여 교회학교의 본질적인 존재목적에 배치되는 프로그램이나 방법들을 마구잡이로 사용할 수 있다.

이러한 과정에서 원칙을 주장하는 사람들과 결과를 우선시하는 사람들 사이에서 불화와 대립이 나타난다. 따라서 교육위원회는 각 부서가 전체적인 안목을 가지고 각 부서에 맡겨진 목표들을 단계적으로 수행해 나아갈 수 있도록, 교회 전체의 교육목적과 장단기 목표를 세워야 한다. 교육위원회는 이를 위하여 교단적으로 세워진 교육목적과 목표, 그리고 총회적으로 계발된 주일학교나 성인들을 위한 성경공부 교재를 검토해야 한다. 그리하여 각 교회의 실정에 맞는 교육목적과 목표, 그리고 단계적인 성경공부 교과과정을 확립해야 한다.

교육내용 조직과 프로그램 평가와 개발

교육위원회는 이러한 교육목적과 목표를 표준으로 하여, 이를 이룰 수 있는 교육내용을 수집하고 조직하는 일을 해야 한다. 교육내용 수집이나 조직의 작업은 한 교회가 하기는 어렵다. 따라서 대부분의 교회는 총회나 시중에 나와 있는 교재를 검토하고 적합한 것을 선택하는 방법을 취한다. 이때에 각 부서 사이의 연계성을 특별히 주의 깊게 살펴야 한다. 중복되는 부분이나 꼭 가르쳐야 할 내용이 빠져있지는 않은지를 살펴서 일관성이 있으며 내용이 충실한 교육이 되도록 할 것이다.

나아가 교육위원회는 각 기관에 현존하는 프로그램을 평가하고, 새로운 프로그램을 개발할 수 있도록 지원해야 한다. 이를 위해 교육위원회는 현재의 교인들의 인적사항을 살피고, 구성원들의 개별적인 필요성을 파악해야 한다. 나아가 현존하는 각 부서의 프로그램의 장, 단점을 검토하고 새로운 아이디어를 교환하는 자리를 마련해야 한다.

교육위원회가 존재하는 이유는 각 부서의 활동을 교회 전체의 틀 속에서 보고 상호 불화를 피하고 협력을 증진시키기 위함이다. 또한 많은 사람들이 교회 전체의 유익을 구할 때에 보다 유익한 결과가 있게 된다.

연중계획 수립

교육위원회는 특별히 새해가 시작되기 전에 각 부서의 연중행사계획을 수집하여 일목요연하게 정리하고 이를 모두에게 알려야 한다. 나아가 매월 또는 분기별 정기모임을 통해서 이러한 계획들이 어떻게 추진되고 있는가를 점검하고, 부서들 사이에서 발생할 수 있는 갈등의 여지(시간, 장소, 인적자원, 재정 등)를 사전에 해소하고 조정해야 한다. 그리고 서로 인적 물적 자원이 부족할 경우 서로 돕고 지원하는 분위기를 만들어야 한다. 일례(一

例)로 총동원주일 같은 행사의 경우 비슷한 시기에 하도록 일정을 조정함으로써 시너지효과를 유도할 수도 있다.

자원(資源) 개발 및 동원

교육위원회는 교육기관이 필요로 하는 자원들(인적, 재정적, 기자재, 공간 등)을 장기적인 안목을 가지고 개발하고 동원하는 일에 앞장서야 한다. 특별히 교사확보를 위해 계획을 세우고 홍보하며, 교사양성 프로그램을 만들어 정기적으로 실시해야 한다. 재정적인 면에서도 각 부서의 필요를 파악하고 재원을 마련해야 한다.

교육위원회는 시설 면에서도 기존하고 있는 공간을 최대한으로 활용할 수 있는 방안을 세워야 한다. 일반적으로 대부분의 교회들이 주일 오전 9시에서 11시까지에 모든 교육 프로그램을 실시하는 경향이 있다. 그리고 나머지 시간들은 교회의 시설물을 일부만 사용하는 경우가 많다. 따라서 교육위원회는 각 부서의 상황을 살피고 창의적으로 조정을 한다면, 교회의 시설을 보다 효과적으로 사용할 수 있을 것이다. 기존시설을 최대한으로 활용하면서, 아울러 장기적으로 시설을 확충하는 방안들을 계획하여 교회 앞에 제시하는 일도 교육위원회가 주도해서 할 수 있는 일이다.

인사관리

교육위원회는 각 부서의 인사관리를 철저하게 해야 한다. 교사를 양성하고 확보하는 일 뿐만 아니라 그들을 각 부서에 합당하게 배치해야 한다. 교사의 임명 과정에서 교육위원회는 당회의 인준을 받아야 하며, 교장인 담임목사가 임명하는 형식을 취해야 한다.

새로운 교사를 세우기 위한 교사양성 프로그램을 교육위원회가 주축이 되어 시행해야 하며, 기존 교사들을 위한 연장교육 프로그램 역시 운영해야 한다. 교사들의 인적사항과 교육사항 및 경력사항을 데이터베이스(DB)화 하여 인사관리에 만전을 기하는 교육위원회가 되어야 한다.

당회와 교인 사이의 가교역할

교육위원회는 담임목사와 당회의 위임을 받아서 교회교육을 책임 맡게 된다. 교육위원회는 당회와 교인 사이에 가교(架橋 다리)역할을 해야 한다. 교인들의 교육적인 필요와 관심거리들을 파악하여 당회에 전달하고, 당회가 추진하고자 하는 교육방침을 효과적으로 교인들에게 시행할 수 있는 방안을 마련해서 결과를 만들어 낼 수 있어야 한다. 예를 들면, 학생들은 한 주간의 시간 중 약 2%만을 교회에서 보낸다. 반면에 가정에서는 약 30% 이상을 보낸다. 따라서 교육위원회는 학생들의 교회교육 시간을 연장하는 방안이나, 부모교육 프로그램 등을 개발하여 당회에 승인을 받고, 교인들을 적극적으로 교육해야 한다.

평가

마지막으로 교육위원회는 정기적으로 교회학교의 교육사역을 평가해야 한다. 평가는 기존의 목적과 목표, 그리고 계획과 분리될 수 없다. 교육위원회는 "지금까지 우리가 어떤 목표를 가지고, 어떻게 사역을 해 왔고, 그 결과가 어떠했는가?"에 대해 질문해야 한다. 그리고 신중하게 때로는 냉정하게 차거운 머리와 따듯한 가슴으로 지금까지의 한 일들과 그 결과를 평가해야 한다. 그리고 평가의 결과를 근거로 수정된 목표를 가지거나, 내용과 방법을 보완한다. 교회 안과 밖의 현실을 조사 분석하여 신자들의 필요를 채워주며, 불신자들을 교회로 불러들이는 교육과 방법을 꾸준히 개발해야 한다.

2. 교육위원회의 구성

교육위원회는 몇 명으로 이루어지며, 어떤 사람으로 구성되어야 하는가? 이러한 문제는 각 교회의 크기와 조직에 따라 정해진다. 일반적으로 의견 교환과 토의가 생산적으로 이루어지는데 관한 연구를 그룹 다이나믹스(group dynamics)라는 분야에서 한다. 이 분야의 연구에 따르면 대체로 5명에서 15명 사이의 사람들이 모여 이야기를 나눌 때에 효과적인 결과가 있게 된다고 한다. 교육위원회의 구성 인원의 수도 이것을 참고해서 정한다. 즉 교회원의 수가 적은 경우에는 5명 정도, 교회원의 수가 많은 경우에는 15명을 초과하지 않는 범위에서 구성을 하는 것이 좋다. 그러나 이것이 철칙은 아니다. 중요한 것은 교회교육에 있어서 어떻게 각 부서와 교회 전체의 의견을 반영시키고 조정하여 교육사역을 효과적으로 추진할 수 있겠는가가 더 중요하다. 따라서 이러한 원칙하에 구성 인원의 수를 조정한다.

교육위원회를 효과적으로 구성하기 위해서 교회의 교육부서가 어떻게 조직되어 있는가를 먼저 살펴보라. 교육위원회는 각 부서의 장(長)과 그 부서를 담당하고 있는 교역자들이 중심이 되어 구성하는 것이 보통이다. 그리고 당회와 학부형을 대표하는 사람들을 각각 추가할 수 있다. 그리고 담임목사에게는 자동적으로 회원의 자격을 주어 언제든지 원할 시에는 참여할 수 있는 길을 열어놓아야 한다. 만약 교회의 교육 전체를 책임지는 교육목사가 있을 경우, 그가 교육위원회의 위원장으로서 전체의 사무와 회의를 관장한다.

교육위원회의 회원 자격은 다른 어느 직분자의 자격과 대동소이할 것이다. (만일 자격을 갖추지 못한 사람이 회원이 되었다면, 다음에 열거하는 자격을 갖추면서 겸손히 책임을 수행해야 한다.)

첫째로, 구원의 확신과 믿음의 비밀을 가진 자라야 한다. 둘째로, 교육에 대한 어느 정도의 경험과 훈련을 받은 사람이 좋다. 셋째로, 하나님의 능력에 대해 믿고 기도하는 사람이어야 한다. 넷째로, 매사에 긍정적인 자세를 가지고, 과거와 오늘의 현실을 분석하며, 내일에 대한 비전을 가지고 일을 계획하며 추진하는 지혜로운 사람이어야 한다.

이에 더하여 다른 사람들을 존중하고 그들과 협력하여 일하고자 하는 자세가 교육위원에게 요구된다. 앞에서 언급한 대로 교육위원회는 각 부서들이 서로 일체감을 가지고 교회의 교육사역을 총체적으로 이루기 위한 기구이다. 따라서 서로에 대한 관심과 교회의 사역에 대한 전체적인 안목을 유지하는 것은 무엇보다도 교육위원에게 필요한 자질이다.

3. 교육위원회의 운영

교육위원회는 어떻게 운영되어져야 하는가? 교육위원회는 2개월 또는 3개월마다 모이는 정기적인 모임이 있어야 하고, 특별한 일이 있을 경우에 임시회로 모인다. 정기모임은 1부 예배와 2부 회무처리의 순서로 진행한다. 많은 모임들이 1부 예배순서를 형식적으로 가지곤 한다. 그러나 위원장은 1부 예배시간을 통해 하나님의 임재하심과 그 영광에 교육위원들 모두가 참예하는 경험을 갖도록 도와야 한다. 그리하여 교육위원들이 교육사역에 대한 비전을 새롭게 하고, 그 중요성을 환기시키며, 이 책임에 재헌신하는 더할 나위 없는 좋은 기회로 사용해야 한다.

제2부 회무처리에 있어서는 다음과 같은 순서를 따른다.

- 회원점명
- 전회록 낭독
- 전(前) 월/분기 각 부서 및 전체 사업보고 및 재정보고

- 교사 변동(사면, 임명, 출,결석) 상황 보고
- 학생 변동(신입, 전출, 출,결석) 상황 보고
- 차기 월/분기 각 부서 및 전체 사업계획 발표 및 조정
- 신 안건토의
- 기도회

교육위원회의 임시회의 경우, 1부 예배는 기도와 성경봉독으로 간소화할 수도 있다. 제2부 회무처리에 있어서는 소집 이유가 된 안건에 국한시켜 집중적으로 의논할 것이다.

교육위원회가 생산적인 결과를 나타내기 위해서는 정기모임에 임하기 전에 위원장은 각 부서의 책임자들이 보고서를 미리 작성하도록 하고, 이것을 일목요연하게 정리하여 배부해야 한다. 또한 교육위원들은 피동적으로 자리만 채우는 것이 아니라, 각자 나름대로 사역들을 평가해 보고, 발전적인 제안들을 준비하여 참가해야 한다. 이러한 분위기를 만들어 갈 때에 교육위원회는 지속적으로 교회교육의 책임 있는 중심 기관으로서 역할을 하게 될 것이다. 뿐만 아니라 이러한 교육에 대한 열정은 각 부서에 파급이 되어 풍성한 질적 양적 성장의 열매를 맺게 될 것이다.

교육위원회는 다른 어떤 조직과 마찬가지로 시간이 지남에 따라 매너리즘(mannerism)에 빠지기 쉽다. 교육위원회의 계획들을 당회가 받아들이지 않을 때에 무력감을 느끼는 경우도 있을 것이다. 교육사역은 단기간에 열매가 나타나지 않는 경우가 대부분이다. 이러한 어려움이 분명히 있지만, 하나님께서 주신 교육위원들이 새롭게 가짐으로써 앞에 놓인 장애물들을 극복해 나아갈 수 있다.

교회의 교육사역이 계속적으로 활발하게 진행되기 위해서는 교육위원회가 효과적으로 운영되어져야 한다. 이를 위해서 교육위원들이 교회 내에서 다른 책임을 많이 맡지 않는 것이 좋다. 이 일의 중요성을 인식하고 이 일에

최선을 다 할 때에 좋은 결과를 나타낼 수 있다.

교육위원들은 교인들의 의견을 수렴하며, 그들의 필요(needs)를 잘 파악해야 한다. 나아가 교회가 위치하고 있는 지역사회의 형편에 대해서도 항상 눈과 귀를 열고 살펴야 한다. 그리하여 기존의 교회원들과 새로운 사람들이 함께 교육사역을 통하여 새생명을 얻고, 하나님의 영광을 드러내는 일에 참여하도록 도와야 한다.

✢ 학습 문제

1. 교육위원회의 역할 일곱 가지를 설명해 보라.

2. 당신의 교회학교에서 교육위원회가 필요한 이유는 무엇인가?

3. 교육위원회가 효과적으로 운영되려면 어떻게 해야 하는가?

4. 당신의 교회의 교육위원회가 생산적인 활동을 하기 위해 고쳐야 할 한 가지를 말해 보라.

〈읽을 거리〉

김동호, 《교사바이블》 규장, 2002.

케네스 겡걸, 《교회교육을 위한 리더십》, Moody Press, 1970.

4장

교회 학교의 행정

'행정' 이란 무엇인가? 국어사전에서는 "정치나 사무를 행함; 법률을 집행하여 나라 일을 실현하는 통치 작용"[33]으로 풀이한다. '행정' 이란 단어와 통하는 말에 '경영' 이 있다. '경영' 을 국어 사전에서는 "일정한 조직을 베풀어 기업이나 사업을 관리하고 운영함"[34]으로 정의한다. 영어에서는 '행정' 과 '경영' , 두 단어를 '어드미니스트레이션' (administration)이란 한 단어로 사용한다. 두 단어는 같은 의미를 가지고 있다고 할 수 있는데, '행정' 은 보통 공익을 우선으로 하는 기관에서, '경영' 은 이윤을 추구하는 기

---

33) 한글학회, 《우리말 큰사전》, 어문각, 1992.
34) 앞의 책.

업과 관련하여 사용한다.

1. 교회 학교 행정의 필요성과 과정

사람은 이타적인 마음도 가지고 있으나 자기중심성이 더 강하다. 모든 것을 자기중심적으로 생각하고 행동하려는 사람들을 교회교육을 위하여 공동의 목표를 갖도록 하기 위해서는 행정이 필요하다. 공동의 목표를 가지고 있다고 해도 일을 하다 보면 개인적으로나 부서적으로 갈등이 발생하는 경우가 많다. 이런 경우 지도자는 구성원들을 지도하고 감독해야 하며, 부서 간에 생기는 다툼을 중재하는 역할을 해야 한다. 행정의 각 단계마다 지도자의 행정적인 역할은 필수적이다. 다양한 사람들이 그리스도를 머리로 한 교회 그리고 교회학교에서 함께 일을 해 나가면서 하나님께 영광을 돌리려면 지도자가 행정을 잘 해야 한다.

'교회학교의 행정' 이라고 하면, 하나님께서 교회학교에 맡기신 일을 하나님의 뜻을 따라 효과적이며 효율적으로 수행하기 위해 다음의 7 가지의 과정을 따라 활동하는 것이다.

비전(vision)을 품는 일

바람직한 행정의 출발점은 비전을 품는 것이다. 비전이 없으면 행정은 그리 필요하지 않다. 비전이란, 내가 속한 교회학교에서 나를 통해 어떤 일을 이루시려는 하나님의 마음을 내가 소유하는 것을 말한다. 하나님은 우리 교회학교를 통해서 귀한 하나님의 사람들이 양육되기를 원하신다.(질적성장) 그리고 우리 교회학교가 숫적으로도 성장하기를 하나님은 원하신다.(양적성장) 이러한 하나님의 소원을 나의 소원으로 품을 때에 행정은 시작된다.

하나님은 성경말씀을 묵상하는 사람에게 비전을 주신다. 사무엘상 3:1을 보면 엘리 제사장 시절에 하나님의 말씀이 희귀하여 이상(비전)이 흔히 보이지 않았다. 사람이 먹고 살기에 너무 바쁘거나, 이 세상의 쾌락을 추구하는데 생각이 빠져있어 하나님의 말씀을 가까이 하지 않을 때에 비전을 가질 수가 없다. 하나님은 또한 기도하는 사람에게 성령님을 보내주시며(눅 11:13), 성령님은 기도하는 사람들에게 예언을 하게 하시며, 환상을 보여주시며, 꿈을 주신다(행2:17).

비전은 교회학교의 존재목적과 깊은 연관이 있다. 우리 교회학교가 존재하는 이유가 무엇인가? 하나님은 우리 교회학교를 통해 어떤 일을 이루기를 원하시는가? 이러한 질문에 대한 답을 성경에서 찾으며 기도할 때에 하나님은 비전을 주시고 또 구체적인 답을 주신다. 이러한 존재목적을 교회학교의 구성원들이 나누며 확정해야 한다.

비전(존재목적) 위에 교회학교의 장기 및 단기 목표를 세우는 일

이제 교회학교가 존재목적을 구체적으로 세우게 되면, 그 존재목적을 어떻게 실현시킬 것인가에 대해 지도자는 구상을 해야 한다. 여기서 교회학교는 장기(5년이상), 중기(中期 3-5년), 그리고 단기(1-2년)의 목표를 세우게 된다. 여기서 지도자들은 각 부서 그리고 연도별(年度別)로 어떤 사람들을 양성할 것이며(질적성장), 숫적으로 어느 정도의 성장(양적성장)을 추구할 것인가를 논의하고 목표를 정한다.

목표에 근거하여 계획을 세우는 일

장,단기 목표가 세워지면, 이러한 목표를 달성하기 위해 계획을 세우게 된다. 계획에는 전략과 방법을 찾아내며, 매주일 고정적인 프로그램과 특별한 시기에 이벤트를 기획하는 일이 요구된다. 이것이 계획을 세우는 일이다. 지도자는 성경적인 원칙을 가지고 있어야 하며, 과거의 잘한 일과 실패했던 일을 거울로 삼는 지혜가 필요하다. 또한 멀리보는 안목이 필요하며, 현실을 세밀히 살펴 효과적인 방법들을 찾아서 계획을 세워야 한다.

기구를 조직하고 책임자를 세우는 일

계획이 세워지면 그 계획을 수행할 조직과 각각의 책임자를 세우게 된다. 기존의 조직이 있을 경우에는 그 조직이 새로운 계획을 수행하는 데 있어서 얼마나 효과적인가를 검토해야 한다. 그리고 더 나은 결과를 위해 조직개발(organizational development)이 있어야 한다. 조직개발이란 조직의 유효성(목적달성도)과 건전성(만족도)을 증대시키기 위해서 조직에 변화를 꾀하는 것을 말한다. 현재 조직이 없을 경우에는, 목표와 계획 그리고 현재의 구성원들의 재능과 은사를 고려하여 조직을 만들어야 한다.

조직이 만들어지면 조직도(組織圖)를 만들어야 한다. 그리하여 각 사람이 어떤 위치에서 어떤 일을 하며, 누구의 지시를 받고 누구에게 보고하며, 누구와 함께 일을 하는 것인가를 알게 해야 한다.

조직에는 간단히 말해서 두 가지 종류가 있다. 하나는 모세가 그의 장인 이드로의 조언(출18:13이하)을 받아들여 세운 피라미드 형 조직이 있다. 피라미드 형 조직은 부서조직에서 잘 볼 수 있으며, 상하관계가 분명하고 전체 속에서 각 구성원의 역할이 분담되어 있다. 다른 하나는 태스크포스(TF, taskforce) 형 조직이다. 프로젝트 팀 조직이라고도 한다. 이것은 특정한 과업을 해결하기 위하여 소수의 사람들을 하나의 팀으로 만들어 일을 맡기는 형태이다. 태스크포스 형은 소수의 사람들이 독립적으로 일을 하므로 창의성과 모험심이 요구되기도 한다. 이 조직형태에서는 하나의 일을 전담하게 되므로 동기유발과 성취욕이 강하게 나타나며, 결과에 대한 평가가 용이하다.

오늘날에는 피라미드 형 조직보다는 새가족팀, 양육팀, 분반공부팀, 여름성경학교팀 등과 같이 태스크포스 형으로 조직을 선호한다.

감독하고 조정하는 일

교회학교에 조직이 세워지고 각 부서나 태스크포스 팀에 책임자와 부원들이 배치되면 본격적으로 일이 시작된다. 조직의 구성원들은 각기 나름대로 열심히 일을 하나 미숙한 점이 나타나기 마련이다. 또 각 부서나 팀이 열심을 가지고 일을 하다가 보면, 서로 부딪치는 일들이 발생한다. 유한한 교회시설이나 재정을 서로가 편리한 시간에 많이 사용하려다가 보면 다툼이 있게 된다. 연말이 되면 교사를 확보하기 위해 각 부서는 비상이 걸리기도 한다.

이런 일이 지나치면 교회 안에 불미스러운 분쟁도 일어나게 된다. 따라서 지도자는 교회학교의 전체를 감독하면서 각 구성원들과 부서들을 교육하고 격려하고 칭찬하는 일들을 해야 한다. 그리고 서로 간에 갈등의 조짐이 보일 때에는 지체(肢體)의식을 가지고 협력하여 교회학교 전체의 유익을 도모하도록 지도자는 도와야 한다. 특별히 지도자는 분쟁을 예방하는 것이 중요하며, 분쟁이 일어났을 경우에는 지혜롭게 조정할 수 있어야 한다.

예산을 세우고 자원을 동원하는 일

이 땅에서의 대부분의 일은 돈을 필요로 한다. 교회학교도 마찬가지이다. 교회학교는 자체적인 헌금 또는 후원금과 교회의 지원금으로 운영된다. 지도자는 교회학교의 목표와 계획을 수행하기 위해 어느 정도의 재정이 필요한가를 헤아려 예산을 세운다. 그리고 예산을 집행하기 위해 헌금과 후원금 그리고 교회의 지원금을 어떻게 동원할 것인가 계획을 세운다.

교회학교의 재정확보를 위해 지도자는 무엇보다도 먼저 하나님의 도우심을 구하며 기도해야 한다. 그 다음으로 중요한 것은 교회학교가 하나님의 영광을 위해 어떤 위대한 일을 하고 있고 또 하려고 하는가를 제시하며 감동을 주는 것이다. 지도자가 비전을 가지고 교회학교를 섬기며, 학생들과 성도들과 교회의 중직자들에게 구체적인 계획들을 제시할 때에 재정은 채워지기 마련이다.

평가하는 일

행정이란 조직에 있어서 효과적이며 효율적인 관리와 운영을 목표로 한다. '효과적' 이란 말은 일정 기간의 활동을 통해 나타난 결과만을 가지고 평가하는 것을 말한다. 반면에 '효율적' 이라는 말은 투입된 자원에 비추어 나타난 결과를 함께 평가하는 것이다. 평가는 항상 처음 목표가 무엇이었는가에 비추어 이루어져야 한다. 그리고 평가는 그 일에 몇 사람이 참여했고 얼마의 재정이 사용되었으며, 얼마만한 기간에 어떤 결과가 나타났는가를 근거로 이루어진다.

그리스도인들은 은혜와 진리 모두가 함께 충만히 있어야 한다. 그러나 많은 경우에 있어서 은혜가 지나치게 강조되어 철저한 평가 없이 그냥 대충 넘어가기가 쉽다. 교회학교는 하나님께서 허락하신 인적, 물적, 시간적, 공간적 자원을 보다 효과적이며 효율적으로 사용하기 위해서, 금년보다 나은 내년의 사역을 위해서 지혜로운 평가를 할 수 있어야 한다. 이를 위해 지도자는 모든 구성원들이 공감할 수 있는 기준(특별히 목표를 중심으로)을 가지고, 동역자들에 대해서는 때로 관대하나 일에 대해서는 엄격하게 평가해야 한다.

2. 교회학교의 평가

교회학교 행정의 일곱 단계 중 평가만을 좀 더 자세하게 살펴본다.

평가의 중요성

인간과 여타 생물의 다른 점이 무엇인가 많은 차이점들이 있다. 그러나 그 중에 가장 특별한 차이는 다음과 같다. 인간은 자기나 다른 사람이 한 일을 평가하고 기록을 남김으로써 과거의 잘못을 최소화하고 더 나은 미래를 건설해 나가는 것이다. 오천년 전이나 이천년 전이나 까치는 오늘날 하는 것과 똑같이 높은 나무 위에 짚이나 나뭇가지를 모아다가 집을 짓는다. 그러나 인간은 굴이나 움막에서 살다가, 흙으로 벽돌을 만들어 집을 지었고, 이제는 철근 콘크리트를 이용하여 100 층 이상의 빌딩을 지어 생활공간으로 활용하고 있다. 이러한 차이는 다른 동물들과는 달리 하나님께서 인간을 그의 형상대로 지으셨기 때문이다. 그래서 인간은 자신의 행동이나 주변에서 일어나는 일들에 대해 평가하고 앞 일을 예측하며 개선하는 가운데 문명을 발전시켜 왔다.

교회학교에 있어서도 역시 발전을 도모하고 풍성한 결실을 이루려면, 평가가 요구된다. 평가를 통하여 일정 기간 동안에 투입(投入)한 인적, 재정적, 시간적, 공간적 자원들(input)을 나타난 결과(output)와 비교하여 보고, 잘된 것과 잘못된 것을 확인하고 개선해 나아가는 작업이 필요하다.

성경은 평가에 대한 많은 긍정적인 예들을 통하여 평가의 당위성을 증거한다. 예수님은 제자들이 전도여행에서 돌아왔을 때에 그들의 보고를 낱낱이 들으셨다(막6:30). 하나님의 말씀은, 우리의 이 땅 위에서의 삶이 평가받을 때가 있음을 거듭 증거하고 있다(마12:36, 25장, 히9:27 등).

교회학교의 평가의 두 가지 면

교회교육의 평가는 두 가지 면에서 이루어져야 한다. 첫째는 피교육자 개개인에게 어떤 변화가 있게 되었는가를 평가해야 한다. 고린도후서 13:5은 우리 자신을 평가해 보라고 이렇게 충고한다. "너희가 믿음에 있는가 너희 자신을 시험하고 너희 자신을 확증하라 …" 베드로후서 3:18 말씀은 "오직 우리 주 곧 구주 예수 그리스도의 은혜와 저를 아는 지식에서 자라가라"고 명하신다. 따라서 교회학교의 지도자는 학생들이 얼마나 성경 지식이 늘어났는가, 또 그들이 하나님의 은혜를 얼마나 깨닫고 누리고 있는가를 평가해 보아야 한다.

둘째는, 교회학교의 운영면에서 좀 더 효과적인 자원의 사용과 더 나은 결과를 가져올 수 있었겠는가 하는 면을 평가해야 한다. 사도행전 6장에 보면, 예루살렘 교회가 구제의 문제로 분쟁의 소용돌이에 말려들 상황에 처한 적이 있다. 이때에 사도들은 현실을 지혜롭게 살피고 평가하는 가운데 일곱 사람을 특별히 뽑아 공궤(구제)하는 일을 전담케 하므로 위기를 극복하였다. 예루살렘 교회에 일어난 평가의 결과를 이렇게 증거한다. "하나님의 말씀이 점점 왕성하여 예루살렘에 있는 제자의 수가 더 심히 많아지고 허다한 제사장의 무리도 이 도에 복종하니라."(행6:7)

사도들은 평가를 통해 조직개발을 하였다. 교회학교에 있어서도 학생 개개인의 평가와 더불어 교회학교의 인사, 재정, 사무, 교육 프로그램 등의 면에서 평가를 해야 한다. 그리할 때에 발전과 성장이 있게 된다.

평가의 방법

첫째로, 학생 개개인의 성장을 시험해 보고 평가하려면 교육 목표가 중요한 기준이 된다. 총회나 교회의 교육 목적 또는 목표, 공과공부에 제시된 학기, 단원 또는 매 과(課)의 목표를 근거로 구체적인 평가기준을 세울 수 있다.

이러한 표준을 가지고 평가할 때에 배운 성경공과에 대해 시험(test)의 방법을 사용할 수 있다. 매 단원 또는 학기가 끝날 때에 성경고사대회를 전체적으로 시행하는 경우이다. 시험은 지적인 면을 평가하는 좋은 수단이 된다. 그러나 시험은 단지 기억하고 있는 것을 측정할 뿐이다. 따라서 교회교육이 추구하는 전인적 교육이라는 면에서 시험은 완전한 평가 도구가 될 수는 없다.

시험의 한계를 넘기 위해서 교사는 학생들에게 설문조사를 할 수 있다. "성경을 읽고 묵상하는 생활을 어떻게 하고 있는가? 구제생활을 하고 있는가? 어떤 방식으로 하는가? 친구에게 전도를 어떻게 하고 있는가?" 등을 물어볼 수 있다. 또한 교사는 개인 또는 집단 상담을 통하여 개인의 신앙생활을 평가해 볼 수도 있다. 교사가 학생들의 생활에 대해 그들로부터 보고를 받던가, 그들의 생활을 직접 관찰하거나 학부모와 상담함으로써 평가할 수도 있다.

전인적인 평가를 위해 앞으로 많이 활용해야 할 방법은 소감문(所感文)을 쓰게 하는 방법이다. 오늘날 일반 교육에서 논술이 굉장한 관심을 끌고 있다. 따라서 교회학교에서 일정기간 성경을 공부한 후에 소감을 쓰게 한다면 지정의(知情意)의 전인적인 면에서 평가를 할 수 있다.

둘째로, 교회학교의 지도자들은 매번 특정한 행사가 끝난 후에 평가를 해야 한다. 나아가 주별, 월별, 분기별(매 3개월), 또는 연말에 정기적으로 평가를 함으로써 교회교육의 발전을 도모해야 한다. 이러한 평가를 위해서도 각 행사 또는 일정 기간의 계획을 세울 때부터 각각의 목표를 세우는 것이 절대적으로 중요하다. 이러한 목표가 분명할 때에 객관적인 평가가 이루어진다. 아래에 구체적인 평가 기준을 제시한다.[35]

조직면에서

교회학교의 영아부에서부터 장년부에 이르기까지의 프로그램이 계단적이면서 일관성 있게 조직되어 있는가? 아니면 각 부서가 다른 부서와 아무런 연관성이 없이 운영되고 있는가? 이러한 조정과 체계적인 운영을 위해 교육위원회와 같은 기구가 있어서 계획과 조정의 기능을 발휘하고 있는가? 교육위원회가 없다면 담임목사나 담당교역자 또는 부장이 이런 역할을 하고 있는가? 이러한 기구나 교역자가 교회학교 내의 장기적인 교육활동과 프로그램뿐만 아니라, 매 월 또는 매 분기의 각 부서의 활동들이 장소사용이나 인원동원에 있어 상충되지 않도록 조정하고 있는가?

여기에 덧붙여서 각 부서의 크기를 조정하는 책임을 잘 하고 있는가? 예를 들면, 초등학생 전체를 한 부서로 운영하다가 학생의 수가 증가함에 따라 두 부서(유년부와 초등부)로, 나아가 세 부서(1-2, 3-4, 5-6 학년)로, 더 성장하게 되면 각 학년별로 교역자 또는 부장을 두어서 운영하는 체제로 기동성 있게 대처해 나아가야 한다.

조직적인 면에서 볼 때에 한 부서가 지나치게 비대하게 되면 관리가 부실하게 되고, 성장이 느려지는 경향이 있다. 이를 극복하기 위해서는 현실을 신중하게 분석하고 조직을 소규모로 재편성하는 결단이 있어야 한다.

- 교회학교에 관련된 사람이 다 알 수 있도록 교회학교의 조직도(組織圖)가 게시되어 있고, 교사수첩 같은데 포함이 되어 있는가? 또한 교회학교 내규나 운영규칙을 모든 교사들이 잘 알고 있는가?

  교회학교의 교역자나 부장은 이러한 절차를 교사들이 잘 알 수 있도록 교육함으로써, 모든 교사들이 학급 운영에 필요한 도구나 재정 등의 도움을 적절하게 얻을 수 있게 해야 한다. 또한 이를 통하여 그들을 감독하며 지도하는데 대한 정당성을 확립할 수 있어야 한다.

---

35) Kenneth O. Gangel, *Leadership for Church Education* (Chicago: Moody Press, 1970).

- 교회학교의 교사나 임원(부장, 총무, 서기, 회계 등)의 책임이 명문화 되어 있는가? 또 그들의 자격이나 임기, 그리고 선출방법을 모든 사람들이 알고 있는가?

교과과정과 교수방법의 평가

- 교사들은 다양한 교수방법을 사용하여 가르치고 있는가? 또한 시청각교재를 사용하고 있는가?

  교회학교의 열악한 환경으로 말미암아 교사들은 강의식 방법과 공과책만을 가지고 가르치기가 쉽다. 그러나 조금만 더 생각하고 교구(敎具)를 개발하면 비싼 돈을 들이지 않아도 하나님의 진리를 보다 효과적으로 가르칠 수 있다.

  질문하고 대답하는 방법이나, 성경공부 후 생활에 적용하는 부분에 대해 토의케 하는 방법(버즈그룹, 두뇌폭풍 같은 방법으로)은 매우 효과적인 교수법이다. 또한 성경암송 구절을 달력 뒷면에 매직펜으로 적어서 학생들에게 보여주면 좋은 시각자료가 된다.
- 사용하고 있는 교재는 총회가 지향하고 있는 신학에 근거하고 있는 것인가? 또 교육심리학적으로 적합한가?(단어의 난이도, 교육방법의 다양함, 교육시간의 적합성 등)

  교재는 교회가 지향하고 있는 목표나 필요를 잘 채워주는가? 교사나 학생들이 그 교재를 어느 정도 활용하고 있는가?
- 분반공부 시간에 학생들이 참여를 잘 하는가? 교사가 일방적으로 가르치기만 하는가? 아니면 학생들이 생각하고 발표할 기회를 제공하는가? 교사가 학생들에게 시작 또는 마치는 기도를 부탁하고 있는가?
- 성경책이 분반공부 시간에 읽혀지고, 성경이 가장 중요한 교재로 인정 받고 있는가? 아니면 성경책은 뒷전에 팽개쳐 있지는 않는가?
- 교사는 예수님의 마음으로 학생들에 대한 사랑과 그들의 영혼에 대한

열정을 가지고 가르치는가? 아니면 형식적으로 시간만 채우고 있는가?

교사발굴과 양성

히브리서 5:12은, 교회에 어느 정도 출석한 사람은 마땅히 선생이 되어야 한다고 선언한다. 모든 그리스도인은 비록 활동하는 영역은 다를지라도 다른 사람을 가르치는 교사의 역할을 해야 한다. 따라서 교회학교의 지도자들은 모든 세례교인들을 대상으로 교사양성교육을 시행해야 한다. 아울러 교사들을 위한 계속교육을 실시함으로써 교수방법의 지혜를 갖게 하며 교사의 사명을 새롭게 불타오르게 도와야 한다.

- 정기적인 교사양성 프로그램을 가지고 있는가?
  최소한 1년에 1회 이상의 교사양성 학교를 개설해야 한다. 이 학교는 매주 1회 주일 오후나 평일의 저녁시간을 이용하여 가질 수 있으며, 5주에서 10주 정도의 기간에 구약개론, 신약개론, 기독교 기본교리, 교육심리, 교수방법, 학급운영, 상담방법, 전도법, 성경공부 인도법 등의 과목을 가르쳐야 한다.
- 교사들을 위한 계속교육의 기회를 제공하고 있는가?
  총회적으로 하고 있는 교사통신대학이나 성경통신대학을 이용하거나, 자체 교사수련회, 또는 노회적으로 하는 세미나, 어린이전도협회 같은 단체에서 주최하는 세미나를 선별하여 교사들을 교육시킬 수도 있다.

교회와 가정의 관계

- 교회학교는 학부모들의 관심과 협력을 유도하기 위해 노력하고 있는가? 가정통신문을 발행하고 있는가? 학부모 참관일을 가지고 있는가? 교회절기 또는 학기말에 발표회 등을 가지고 있는가?
- 교사들은 가정방문을 하고 있는가? 학부모를 만나 학생의 교회학교

에서의 생활과 가정과 학교에서의 생활 등 신앙생활 전반에 대하여 의견을 교환하고 있는가?

- 오후예배의 특별활동 시간에 학부모들이 참여할 수 있는 기회를 제공하는가? (직업소개, 진로상담, 특별한 신앙경험 간증 등)

교회학교의 시설과 도구

- 현재의 시설을 효과적으로 사용하기 위한 방안을 마련하고 있는가?
- 장기적으로 시설의 확장을 위한 계획을 하고 있는가? 당회와 의견을 교환하고 있는가?
- 각 부서와 각 반의 인원구성을 파악하여 적당한 시간에 적당한 규모의 교실을 효과적으로 배당하고 있는가?
- 교실들마다 필요한 교구(敎具)들 – 피아노, 찬송가궤도, 칠판, OHP, 빔프로젝터, 책상과 의자 등 – 이 적절하게 구비되어 있는가?

평가지침

- 평가자는 위의 질문들을 이용하여 각 교회의 실정에 맞는 평가표를 미리 작성해야 한다. 그리하여 일관성 있고, 객관적인 평가를 해야 한다.
- 평가는 가능하면 그 교회와 관련이 별로 없는 사람으로서, 교육에 기본적인 지식이 있는 사람이 하는 것이 좋다. 교육담당 교역자들이 한 주일쯤 교회를 바꾸어 참여하면서 평가를 한다면 서로가 유익할 것이다. 장기를 둘 때에 훈수하는 사람이 때로는 새로운 수를 더 잘 보는 것 같이 외부의 사람이 평가할 때에 새로운 것을 발견하고 개선책을 제시하는 경우가 많다.
- 외부인에 의한 평가는 교회 전체의 사정을 간과한 것이 될 수도 있다. 따라서 그러한 평가를 수용하는 당사자들은 교회 전체의 현실을 고려하여 받아들여야 한다.

- 평가는 잘못된 것뿐만 아니라 잘하고 있는 것도 반드시 언급되어야 한다.
- 평가에 있어서 비판뿐만 아니라 대안이 반드시 제시되어야 한다. 그렇게 할 때에 건설적인 비판이 될 수 있다.
- 평가의 결과는 모든 교회교육에 참여하는 사람들이 함께 생각하는 가운데 발전적인 방향과 방법이 모색되어져야 한다. 어떤 특정인을 공격하는데 사용되어져서는 결코 안된다. 모든 평가에 대해 공동적인 책임을 지도록 해야 한다.

대부분의 교역자들이나 교회학교 부장들이 평가의 중요성이나 필요성을 인식하고 있다. 그러나 교회학교의 운영이 소위 자원봉사자들에 의해 이루어지기 때문에, 평가 자체가 엄격하게 이루어지기가 쉽지 않다. 또한 교회교육의 평가는 성령님의 인도하심이 절대적으로 요구되기 때문에 기도 없이 이루어질 때에 많은 부작용이 나타나게 된다. 평가를 주도하는 지도자들은 기도하는 가운데 성령의 충만하심을 입고, 하나님을 사랑하고 교회와 그 일군들을 사랑하는 중심에서 평가가 이루어지도록 세심한 배려를 해야 한다.

아울러 진실되고 겸손하게 그리고 담대한 마음으로 평가를 할 때에 변화와 성장이 따른다. 이렇게 하는 가운데 하나님께는 영광이요, 교회교육에 참여하는 모든 이들에게 큰 은혜가 된다.

✤ 학습 문제

1. 교회학교 행정의 일곱 가지 과정을 말해 보라.

2. 당신의 교회학교에 있어서 행정이 더욱 원활하게 이루어지기 위해서 꼭 필요한 것 한 가지를 말해 보라.

3. 평가가 중요한 이유는 무엇인가?

4. 교회학교의 지도자로서 당신 자신과 당신의 교회학교의 일들을 위의 지침을 가지고 평가해 볼 때에, 특별히 당신 자신과 교회학교에서 개선해야 할 것 한 가지씩을 말해 보라.

〈읽을 거리〉

현유광, 《갈등을 넘는 목회》, 생명의 양식, 2007.
케네스 겡걸, 《교회교육을 위한 리더십》, Moody Press, 1970.

5장

교회학교의 성장

교회와 교회학교의 성장이 1990년대 초부터 둔화 내지 감소되고 있다. 이에 대한 정확한 통계가 2006년 11월1일 발표되었다. 이 통계에 의하면 한국 기독교 인구는 2005년 기준으로 861만6천명이며, 이는 10년 전인 1995년의 876만 명 보다 1.6% 줄어든 숫자이다. 이에 반하여 천주교는 95년도에 295만1천명이던 것이 2005년에는 514만6천명으로 74.4%가 늘어났고, 불교는 같은 기간에 3.9% 증가하여 1072만6천명에 이르렀다.[36]

우리나라 총인구는 2005년 기준으로 4728만 명이며, 이 중 종교인구는 2497만 명으로 전체 국민의 53.1%이다. 이 수치는 1995년에 비해 종교인

36) 통계청, 《2005 인구주택총조사》.

구는 10.5% 증가했으나 기독교는 오히려 14만4천여명이 줄어들었음을 보여준다. 아동인구는 1970년대 이후 계속적으로 감소하고 있는데 0~14세의 경우 1970년에 1371만명이었는데 1995년에는 1040만명, 2005년에는 924만명에 불과한 것으로 나타나고 있다. 전체 인구와 대비한 연령구조로 분석해 보면 1970년에 0~14세가 차지하던 비율이 전체의 42.5%이던 것이 1995년에는 23.2%로 두 배 가까이 낮아졌고, 2005년에는 19.2%로 낮아졌다.[37] 이러한 현상은 전체 인구 중 아동인구의 감소와 노령인구의 증가와 맞물려 교회학교의 학생수의 감소를 쉽게 추정하게 만든다.

이런 현실 속에서 교회학교의 지도자들은 어떻게 해야 하는가? 이제 교회학교의 숫적인 성장은 포기해야 하는가? 양적인 성장은 제쳐놓고 질적인 성장만을 추구해야 하는가?

1. 질적성장과 양적성장의 관계

질적성장과 양적성장은 서로 순환적이고 보완적인 관계에 있다. 즉 질적성장이 이루어지면 양적성장으로 열매가 나타나야 한다. 양적성장이 이루어질 때에는 반드시 질적성장을 이루어야 한다. 예수님의 공생애 사역을 보면, 그는 소수의 제자들을 양육하였을 뿐만 아니라 큰 무리들을 돌보셨다. 많은 사람들이 예수님의 제자훈련을 강조하는 가운데 그의 대중적인 사역을 무시한다 그러나 복음서를 편견이 없이 읽어보면, 예수님은 소수의 제자와 다수의 무리를 균형 있게 돌보셨다.

예수님은 병을 고치고 귀신을 쫓아내는 사역을 통하여 메시야가 왔고, 하나님의 나라가 임하였음을 증거하셨다. 그러나 예수님의 기적은 동시에 사

---

37) 기독교타임즈, http://www.kmctimes.com/news/articleView.html?idxno=24133 통계청, 《장래인구추계》, 2006. http://chsh.egloos.com/1026753

람들의 관심을 집중시키고 사람들을 불러모으는 결과를 가져왔다. 예수님은 큰 무리들을 잘 돌보시기 위해 소수의 제자들을 훈련시키셨다.

오늘날 교회학교 사역이 단순히 소수의 사람들을 제자로 양육하는데 국한 되어서는 안된다. 소수의 사람들을 제자로 세우는 것은 보다 많은 사람들을 돌보기 위함이다. 따라서 교회학교의 지도자들은 학생들이 질적으로 성장할 뿐만 아니라, 성숙한 그들이 많은 이웃들을 섬기는 가운데 교회가 숫적으로 성장해야 된다.

2. 성장의 기초

지도자들의 성령충만과 비전

교회학교가 지속적으로 성장하기 위해서는 지도자들의 성령충만이 요구된다. 말씀과 기도로 성령충만한 가운데 비전과 열정과 지혜와 능력을 하나님으로부터 받을 때에 질적성장과 양적성장이 가능하다. 질적성장의 비전은, "교회학교에 속한 학생들이 이런 사람이 되게 하소서"하는 것이다.[38] 이런 사람이란 간단히 말하면, "하나님의 자녀의 권세를 누리며, 예수님을 닮아가는 제자가 되며, 예수님의 증인과, 세상의 소금과 빛이 되는 사람"을 가리킨다. 양적성장의 비전은, "우리 교회가 위치하고 있는 지역의 모든 이들이 복음을 듣고 그리스도와 교회로 나아온다"와 같은 것이다.

이미지(image)

전도하기 위해 가장 중요한 것은 예수님을 믿음으로 말미암아 얻게 되는

38) "이런 사람"에 대해서는 이 책의 제5장 교회교육의 목표를 참고하라.

구원의 기쁨과 감격이다. 그러나 사람들을 교회학교로 인도하기 위해 중요한 것은, 학생들이 교회학교에 대해 어떤 이미지를 갖고 있느냐와 관계가 있다. 학생들이 교회학교 교역자나 부장 선생님 그리고 교사들이 자기들을 정말 사랑하고 있다고 느낀다면, 그들은 친구들을 교회학교로 데리고 온다. 그러나 교회학교의 지도자들로부터 사랑과 존중을 받지 못하고 있다는 이미지를 갖고 있으면 전도는 할지 몰라도, 교회학교로 그들을 인도하지는 않는다.

따라서 지도자들은 학생들을 정말 귀하게 여기고 사랑해야 한다. 지도자들은 학생들을 정말 사랑하기 때문에 나이를 상관하지 않고 그들과 어울려 놀 수도 있어야 한다. 그리고 때로는 책망도 하고 눈물을 흘리며 그들을 위해 기도해야 한다. 이러한 진정한 사랑의 관계성이 형성되는 것이 하루 아침에 되는 것은 아니다. 그러나 이런 관계성을 세워 나아갈 때에 학생들은 좋은 이미지를 갖게 된다. 그리고 친구들을 강권해서 교회학교로 데리고 오게 된다.

목표 설정

지도자들은 비전을 이루기 위해 목표를 세워야 한다. 질적성장의 비전을 이 땅에서 완전히 이룬다는 것은 불가능한 일이라고 하겠다. 양적성장의 비전도 마찬가지이다. 그렇기 때문에 지도자들은 내년 한 해 동안 하나님께서 우리에게 어느 정도 일하기를 원하시는가를 생각하면서 목표를 세워야 한다. 이때에 현재의 형편을 충분히 고려하는 것이 필요하다. 그러나 또한 성령님의 인도를 구하면서 현실에 얽매이지 않는 자유로움이 있어야 한다. 근대선교의 아버지인 캐리(Willaim Carey)는 "하나님으로부터 오는 큰 은혜를 기대하라. 그리고 하나님을 위하여 위대한 일을 시도하라"고 외쳤다.[39)]

목표는 5년 이상, 3-5년, 그리고 1-2년을 단위로 세울 수 있다. 이러한 목표는 교회학교의 교역자, 부장, 교사, 학생 대표들이 함께 의견을 나누는 가운데 확정을 지어야 한다. 그리고 합의된 목표는 구성원들이 항상 기억하며 기도할 수 있도록 홍보해야 한다. 또 그 목표를 이루는 일에 참여하도록, 지도자들은 구성원들을 격려해야 한다.

문화적 장벽 제거

지도자들은 현재 교회학교에 출석하고 있는 어린이나 학생들이 신앙적으로 잘 성숙해 나아가도록 하는데 관심을 가질 뿐만 아니라, 현재 교회 밖에 있는 학생들이 교회에 나아올 수 있는 방안들을 강구해야 한다. 교회성장학자들은, 불신자들이 교회의 예배와 다른 프로그램에 대해 문화적 장벽을 느낀다고 지적한다. 따라서 텔레비전 문화, 비디오 문화, 인터넷 문화, 스포츠 문화 등에 젖어 있는 학생들이 교회에 나와서 쉽게 적응할 수 있는 분위기와 프로그램들을 만들어야 한다. 이것은 복음진리를 왜곡시키라는 것은 결코 아니다. 진리를 접촉할 수 있고 수용할 수 있는 환경을 만들어야 한다는 것이다.

이웃 접촉

전도에 있어서 가장 효과적인 방법은 관계전도의 방법이다. 안드레가 예수님을 만난 후 자기 형제 시몬에게 전도하였고, 빌립은 친구 나다나엘에게 "와 보라"라고 하며, 예수님께 인도했다. 교회학교 지도자들은 따라서 학생들이 불신 친구들에게 전도할 수 있도록 도전해야 한다. 가족/친구초

---

39) 영어로는, "Expect great things from God. Attempt great things for God."

청잔치, 총동원 전도잔치, 야외예배, 운동회, 찬양과 경배 모임 등의 행사를 할 수 있다.

교회학교에 새로 나온 사람들이 계속 출석할 수 있는 계기를 마련해야 한다. 한번 나온 사람들에게 환영과 감사의 편지를 보내고, 전도편지를 보낼 수 있다. 교사들과 학생들이 새가족에게 전화를 하고 심방을 한다.

새 가족 영접 준비

지도자들이 이러한 성장의 목표를 가지고 준비할 때에 고려해야 할 일은 새로운 사람들을 지도할 교사를 확보하고, 시설을 마련해 놓아야 한다는 것이다. 지도자들은 신입반 운영에 대한 구체적인 계획을 가지고 있어야 하며, 그들이 등반한 후에 그들을 지도할 정규반 교사들이 있어야 한다. 대체로 각 반은 5명에서 8명 정도로 구성하는 것이 적당하다. 5명 미만이 되면 서먹서먹한 분위가 생기고, 8명 이상이 되면 소외감을 느낄 수 있다. 따라서 한 반의 인원이 10명 이상이 되면 분반을 하는 것이 유익하다.

교회학교는 늘어난 인원을 수용할 수 있는 교실이나 예배실을 확보해야 한다. 시설의 확장에는 많은 시간과 재원(財源)이 요구된다. 그러므로 우선은 기존의 시설을 최대한 활용할 수 있는 방안을 찾아야 한다. 각 부 부서들이 서로 협조한다면 새로운 시설을 건축하지 않아도 유휴공간을 활용함으로써 해결할 수 있다.

3. 성장의 방편

프로그램/이벤트

새로운 사람들이 교회학교에 찾아올 때에 어떻게 해야 하는가? 교회학교의 프로그램이 세상의 문화에 젖어있던 어린이나 청소년들에게 "내가 교회에 정말 잘 왔다"는 생각이 들만큼 의미가 있어야 한다. 교회학교의 교육목표나 교과과정 그리고 진행방법은 반드시 성경적이어야 한다. 또 교육내용은 실제의 생활과 깊은 연관성이 있어야만 하고 또 흥미가 있어야 한다. 교육내용이 성경적이라고 하는 것이 반드시 사람들의 흥미를 불러일으키는 것은 아니다. 따라서 성경의 가르침을 21세기에 살고 있는 어린이나 학생들이 이해하고 받아들일 수 있도록 오늘이라는 문화의 옷을 입혀야 한다.

교회학교의 프로그램은 각 연령별 성격에 따라 특성이 있어야 하며, 또한 교회학교 전체의 프로그램과 연관성을 지녀야 한다. 아울러 행정적인 서식의 통일성과 각종 대회의 시상, 그리고 각 단계를 수료하는데 적용되는 규칙이 잘 연계되어 있어야 한다.

심방

리스만(David Riesman)은 1950년에 《고독한 군중》이란 책을 출판했다.[40] 1980년대에 많은 사람들은 비디오의 보급으로 영화는 사양산업이 될 것으로 전망했으나, 네이스빗(John Naisbitt)은 사람들이 고독을 극복하기 위해 도리어 영화관을 더 많이 찾을 것이라 했고, 그가 옳았음이 증명되고

40) David Riesman, *The Lonely Crowd* (1950).
41) John Naisbitt, *Megatrends*, (*Warner* Books 1982).

있다.[41] 오늘날 많은 사람들이 소외감을 느끼며 살아간다. 문명은 발달하고 게임기와 비디오와 인터넷을 통한 오락거리는 넘쳐나고 있으나 사람들은 외로움을 느끼며 산다. 사람들은 그러면서도 관계에 대해서는 부정적인 태도를 견지한다. 상처를 받을까 두려워하기 때문이다. 이러한 두려움을 피하는 방편이 게임, 인터넷, 알코홀, 도박 중독이라고 할 수도 있다.

이러한 현대의 병폐를 극복하기 위해 적극적인 심방이 필요하고 의미있는 대화가 필요하다. 심방의 종류에는 세 가지가 있다.

결석자 심방

등록을 한 사람이 결석할 때에 찾아보는 것이다. 그들은 중생한 신자일 수도 있고, 그렇지 않을 수도 있다. 이들을 심방하기 위해서는 먼저 이들이 단기 결석자인가 장기 결석자인가를 살펴야 한다. 그리고 이들이 결석하는 이유에 대해 알아보아야 한다. 그런 후에 이들을 다시 교회학교로 이끌 방안을 찾아 보아야 한다. 이를 위해서는 교회학교가 출결석 및 지각 확인을 매 주일 정확하게 해야 한다. 그리고 담임교사(1회 결석자 심방)와 교회학교의 부장급 임원(2회 연속결석자 심방) 그리고 교역자(3회 연속 결석자 심방) 사이에 공조체제가 있어야 한다. 이런 단계적인 심방을 통해 결석자를 효과적으로 회복시키며 양육을 할 수 있다.

후보자 심방

현재 교회학교에 나오고 있지는 않으나 출석할 가능성이 있는 사람을 심방하는 것이다. 후보자가 되는 사람은 현재 교회에 나오고 있는 사람의 가족이나 친구이다. 또는 그 지역에 새로 이사 온 사람이다. 이런 사람들을 찾아가서 복음을 제시하고 교회가 도움을 베풀 수 있다. 교회가 그들에 대해 관심을 가지고 있음을 전하며, 교회의 예배와 다른 모임에 초대한다. 이러한 심방에서 교회에 나올 가능성이 있는 사람들의 인적사항을 조사해 둠으로써 장기적인 접촉을 시도할 수 있다.

전도심방

교회성장에 있어서 세 가지 경로가 있는데, 첫째는 믿는 가정에 아기가 태어남에 따라 교회가 성장하는 생물학적 성장의 방법이 있고, 둘째는 농촌교회나 다른 교회에 다니던 사람이 교회를 옮김으로써 한 교회는 감소이나, 다른 교회는 늘어나는 이전(移轉)성장 방법이 있다. 셋째는 믿지 않던 사람이나 교회를 떠났던 사람이 다시 교회에 돌아오는 회심(悔心)성장이다.

생물학적 성장이나 회심 성장만이 진정한 의미에서의 교회 성장이다. 전도심방은 회심 성장과 직접적인 연관이 있다. 모든 교회와 교회학교는 이 전도 심방에 대한 열심을 잃어버려서는 결코 안된다. 전도심방은 교회학교가 가장 관심을 가지고 지속적으로 해야 할 일이다.

전도의 방법

베일리(Joseph Bayly)는 복음비행선[42]이라는 책에서 전도사업이 잘 안되는 8 가지 이유를 다음과 같이 들고 있다.

- 전도에 대한 계획이 아예 없음
- 복음을 직접 전하는 대신에 단순히 "교회에 오라"고만 말함
- 무관심
- 교회 밖의 사람들에 대해 정죄하는 자세를 가짐
- 전도할 수 있도록 교인들을 훈련시키지 않음
- 기도하지 않음

---

42) Joseph Bayly, *The Gospel Blimp*, 1992.

- 교인이 아닌 사람과 아예 사귀지를 아니함
- 교인들의 자기중심적인 생활방식

교회학교는 마땅히 설교를 통해서 훈련을 통해서 전도에 대한 관심을 불러 일으키고 도전하여, 교인들이 믿지 않는 사람들의 집을 찾아 나아가 전도하도록 도와야 한다. 그리하여 불신자들이 복음을 듣고 가부간 응답을 하도록 해야 한다.

이제 전도의 구체적인 방법 몇 가지이 있다.

개인전도

1:1의 관계성 속에서 삶을 나누며 예수 그리스도를 증거하는 방법이다. 경제적인 발전으로 인해 대중적인 전도는 효과가 미미하다. 결국 이러한 상황에서는 친밀한 인간관계를 통한 방법이 전도에 효과적이다. 경제적인 여유는 사람들 간의 관계를 피상적이 되게 하고, 사람들은 고독을 느끼기가 쉽다. 따라서 한 그리스도인이 사랑을 가지고 불신자와 좋은 친구가 되어주는 것이 중요하다.

소그룹 성경공부

이 방법은 어린이전도협회에서 하는 새소식반이나, 3일클럽 형식으로 전도하는 것이다. 성인들을 대상으로는 불신자들을 성경공부에 초대하여 전도할 수 있다. 학생이나 주부 또는 직장인들을 초청하여 복음서를 중심으로 쉽고 간단하게, 때로는 귀납법을 이용한 질문응답식 성경공부는 매우 효과적이다. 성경공부와 함께 삶을 나누며 교제하면 좋은 결과를 얻을 수 있다.

편지전도

이슬비 편지와 같은 방법이다. 기존의 상품화된 편지를 사용할 수도 있고, 교회가 자체적으로 개발하여 엽서나 편지를 만들어 사용할 수도 있다. 요즘 이메일이 보편화되고 있는 현실에서 편지를 받는 것은 특별한 기쁨이 될 수 있고, 마음을 보다 잘 전할 수 있으므로 많이 활용할 필요가 있다.

전도식사

점심이나 저녁 식사(아침식사도 가능)를 잘 준비하고 친구를 식사에 초대하여 음식을 나누면서 전도하는 방법이다. 소란한 잔치의 성격보다는 조용한 음악과 함께 식사와 간단한 여흥을 준비하고 짧은 메시지를 전한다. 그 후 차를 마시며 기독교 신앙에 대한 가벼운 대화를 할 수 있다. 기독실업인회(CBMC)에서 잘 사용하는 방법인데, 교회학교에서도 조금 변형하여 효과적으로 사용할 수 있다.

오늘날 사람들은 개인적으로 존중을 받고 싶어 하므로, 정중한 초대와 식사 분위기를 통해 진지하게 전도를 할 수 있다. 중,고등부나 대학부에서도 부모님들이나 교사들 또는 여전도회의 도움을 얻어 학생들을 초대하고 전도식사를 할 수 있다.

까페 전도

앞의 전도식사와의 차이는 식사 대신에 차나 간단한 스낵을 제공하는 점이다. 경비도 절감하면서 전도의 분위기는 오히려 더 진지할 수도 있다. 이 방법은 고등학생 이상의 연령층에서 효과적일 것이다.

특별 프로그램 전도

문학의 밤, 연극 상연, 비디오 상영 등의 방법으로 불신자가 거부감을 느끼지 않는 특별 프로그램에 사람들을 초대하여 전도하는 방법이다.

교회성장에는 결국 전도와 심방이 가장 효과적이라고 할 수 있다. 전도는 예수님이 친히 우리에게 명하신 것이다.(마28:18-20, 행1:8) 또한 예수님은 다양한 심방을 통해서 사람들을 자기에게로 이끄셨다. 예수님은 갈릴리에서 고기 잡는 베드로를 찾아 직장 심방을 하였고, 죽은 나사로의 집을 찾아 상가(喪家) 심방도 하셨다. 또한 예수님은 여리고의 세리장인 삭개오의 집에 찾아가 전도 심방을 하셨고, 베드로의 장모를 위해 환자 심방도 하셨다.

전도와 심방의 방법이 열매를 많이 맺기 위해서는 성령님의 역사가 무엇보다도 중요하다. 따라서 교회학교의 지도자들과 교사와 학생들은 모여서 기도해야 한다. 그리고 이 모든 일을 주관하시는 하나님을 믿고 낙망하지 않고 푯대를 향하여 전진해야 한다. 그리할 때에 교회학교에는 질적성장과 양적성장이 있게 된다. 그리고 하나님께서 영광을 받으실 것이다.

수용과 정착

햇볕이 잘 들지 않는 곳에 심겨진 장미나무에는 좋은 꽃이 피기가 어렵다. 이런 경우에 정원사는 나무를 양지 바른 곳으로 옮겨 심는다. 나무뿌리를 상하지 않게 나무 주위를 가능한 한 넓게 파서 흙과 함께 나무를 떠낸다. 그리고 미리 파놓은 웅덩이에 나무를 놓고 흙을 채운다. 그런 다음 물을 충분히 붓는다. 조심스럽게 이런 절차를 밟았다고 해도 때로는 나무가 죽는 경우도 생긴다. 이때에 정원사는 결코 나무를 탓하지 않는다. 도리어 자신이 무엇을 잘못했는가를 살피고, 다음에는 어떻게 해야 할지를 연구한다.

수용이란 무엇인가?

수용이란 간단히 말해서 교회학교에 처음 나온 사람(새가족)을 받아들이는 과정을 가리킨다. 수용의 과정을 통하여 새가족은 자신이 교회학교에 나오게 된 것을 기쁘게 생각하고, 계속 이 모임에 참석해야 하겠다는 생각이 들게 된다. 또한 자신이 이 교회학교의 한 부분이라는 정체감과 소속감을 가지게 된다.

이 수용의 과정에서 있어야 할 것에는 크게 두 가지가 있다. 첫째는, 새가족이 교회학교에서 만나는 사람들과의 관계이다. 그가 만나는 사람들이 자기를 환영해 주고, 편하게 해 주고, 중요한 사람으로 생각해 준다고 느낄 때에, 그는 비로소 소속감을 가지게 된다. 그리고 계속해서 그곳에 참여할 마음을 가지게 된다.

둘째는, 새가족이 예수 그리스도와 개인적인 관계를 맺는 것이다. 앞에서 이야기한 인간적인 관계를 통한 수용은 그가 교회학교에 정착하기 위한 중요한 요소임에는 틀림이 없다. 그러나 그가 예수님에 대해서 배우고, 예수님을 자신의 구주와 주로 모시는 기회가 주어지지 않는다면, 교회학교의 존재의미는 없다. 따라서 교회학교의 지도자들은 새가족을 수용하는 과정에서, 십자가에서 죽으시고 부활하셔서 오늘도 살아계시는 예수 그리스도를 증거해야 한다. 교회학교는 새가족이 예수님을 알고 믿고 고백하며 영접하도록 도와야 한다. 새가족이 한 교회학교의 일원으로서 소속감을 가질 뿐만 아니라 그리스도인으로서의 정체감을 가지게 될 때에 수용의 과정은 일단락된다. 물론 이 두 과정은 선후가 바뀔 수도 있다.

교회학교의 지도자들은 새가족들이 소속감과 그리스도의 사람으로서의 정체감을 가질 수 있도록 배려와 가르침이 있어야 한다. 이 수용의 과정을 잘 하는 교회학교가 궁극적으로 성장하며 많은 열매로 하나님을 기쁘시게 할 수 있다.

수용의 과정이 잘 이루어지려면?

수용의 과정이 효과적으로 이루어지려면 어떻게 해야 하는가? 첫째로, 교회학교의 지도자들과 학생들의 태도의 변화가 무엇보다도 필수적이다. 사람들에게는 정도의 차이는 있겠지만 낯선 사람을 두려워하는 마음이 있다. 이 마음은 의식적으로 노력하지 않는 한 극복이 잘 안된다. 교회학교에 참석하는 사람들이 어디에 앉는가 관찰하여 보라. 대부분의 사람들이 방에 들어오자마자 자기와 친한 사람이 어디에 앉아있는가를 살핀다. 아는 사람이 없는 경우, 대개 맨 뒷자리, 또는 구석진 자리에 앉는다.

사람들은 변화를 원하면서도 또한 안정을 원하는 마음이 있다. 교회학교가 빨리 성장하기를 원하다가도 좀 편안히 쉬기를 원한다. 자신이 인도한 친구에 대해서는 그래도 관심을 가지지만, 다른 사람이 데리고 온 사람들에 대해서는 그냥 지나쳐버린다. 많은 사람들이 교회를 찾아오지만 정착하지 못하고 교회를 떠나는 이유가 여기에 있다. 교회에 정을 붙이고 계속 나오고 싶지만, 따돌림을 받는 기분을 느낄 때에 교회를 떠나게 된다.

교회성장학자들은 1:7의 원리를 이야기한다. 새로 교회에 나온 사람이 6개월 동안에 7명의 새 친구를 사귀게 되면, 그는 그 교회에 확실하게 정착한다는 것이다. 교회학교의 지도자들은 이런 점에서 학생들에게 새가족에 대한 친절운동을 전개해야 하고, 안내위원들을 특별히 훈련시킬 필요가 있다.

두 번째로, 수용이 잘 이루어지기 위해서는 새가족을 환영하는 행정적인 절차를 잘 갖추어야 한다. 그리고 새가족들이 참여할 수 있는 프로그램을 개발해야 한다. 사람들에게는 상반되는 두 가지 태도가 있다. 하나는 자기를 가능하면 숨기려하는 것과, 다른 하나는 자기 자신이 인정받고 나타나지기를 원하는 마음이다. 사람들은 멍석을 펴주면 머쓱해 하고, 멍석을 펴주지 않으면 자기를 알아주지 않는다고 불평하는 성향이 있다. 교회학교는 "억지 춘향"식으로 새가족을 환영하므로 그들이 불편해 하지 않게 하며, 또 "꾸어다 놓은 보릿자루"처럼 새가족을 내버려 두지도 않는 지혜로운 환영 절차와 프로그램을 개발해야 한다.

새가족 정착을 위한 효과적인 방법

새가족 정착을 위해 가장 먼저 있어야 할 태도는 그들을 가장 중요한 사람(VIP = very important person)으로 교회학교 구성원들이 인정하는 것이다. 누가복음 15:7을 찾아 읽어보라. 새가족은 교회학교에서 가장 중요한 사람이다. 따라서 가장 중요한 사람으로 대접해 주어야 한다. 또한 그들이 정착하여 좋은 그리스도인이 될 수 있도록 행정적인 절차를 갖추어야 한다. 이를 위해 다음과 같은 방법을 사용할 수 있다.

- 교회학교에 처음 나온 이들을 공식적으로 소개하고 환영한다.
- 새가족의 이름표와 함께 선물을 준다.
- 전체 모임/예배 후 담당교역자, 인도자, 그리고 담임 교사가 새가족과 함께 사진 촬영을 한다.
- 교회학교 서기는 새가족의 인적사항을 파악하여 담임교역자, 새가족반 교사, 그리고 주보 편집자에게 전달하여 새가족을 돌보고 홍보하는데 효과적으로 사용하도록 한다. '바나바' 나 '멘토' 를 정해, 그를 가까이서 지속적으로 도울 수 있도록 한다.
- 주보나 소식지에 새가족을 1면 톱기사로 소개한다.
- 새가족 게시판을 두어 지속적으로 소개하고 홍보함으로써 친밀감을 느낄 수 있게 한다.
- 새가족을 위한 4주 내외의 교육 프로그램을 운영한다. 교회를 소개하고 예수님을 개인적으로 영접할 기회를 준다.
- 새가족반 수료식을 통해 다시 한번 환영하며 상(賞)과 선물을 통해 사랑을 전한다.
- 환영회, 수련회, 퇴수회, 운동회, 등산, 또는 야유회를 통해 보다 친밀한 관계를 갖도록 한다.
- 새가족반 다음 단계로 구역이나 성경공부반에 참여 하도록 돕는다.

교회학교의 지도자들은 항상 새가족을 돌보는 것이 하나님께 가장 큰 기쁨이요 영광이 됨을 기억해야 한다. 정기적으로 새가족들이 어떤 상태에 있는가를 점검해야 한다. 또한 새가족반을 거쳐 나간 이들이 어떻게 교회생활에 적응하고 있으며, 신앙적으로 성장하고 있는가를 확인해야 한다.

나아가 새가족 수용의 절차와 프로그램들이 효과적으로 운영되고 있는가를 평가하고 개선을 도모해야 한다. 새가족반을 거쳐나간 사람들의 의견을 들어보고, 또 그들 중 신앙적으로 잘 성장하고 있는 사람들을 새가족위원회에 참여시킴으로써 더 좋은 새가족 프로그램을 만들 수 있다.

✤ 학습 문제

1. 교회학교 성장의 기초 여섯 가지가 무엇인가?

2. 당신의 교회학교에서 성장의 기초 여섯 가지 중 시급히 고려해야 할 것은 무엇이며, 그 이유는 무엇인가?

3. 교회학교 성장의 방편 네 가지가 무엇인가?

4. 당신의 교회학교에서 성장의 방편 중 잘 하고 있는 것과 개선해야 할 것 각각 한 가지씩을 말해 보라.

〈읽을 거리〉

소강석, 《신도시 목회의 성공키를 잡아라》, 쿰란출판사, 2004.

폴 W. 포웰, 천복현 역, 《교회성장의 실제와 사례》, 요단출판사, 1988(1982).